# 新时代背景下中国企业伦理研究

李文彬　李昕应　荣　幸　著

中国财经出版传媒集团
中国财政经济出版社

**图书在版编目（CIP）数据**

新时代背景下中国企业伦理研究 / 李文彬，李昕应，荣幸著. --北京：中国财政经济出版社，2022.6

ISBN 978-7-5223-1423-5

Ⅰ.①新… Ⅱ.①李… ②李… ③荣… Ⅲ.①企业伦理-研究-中国 Ⅳ.①F272-05

中国版本图书馆 CIP 数据核字（2022）第 078533 号

责任编辑：葛　新　　　　责任校对：徐艳丽

封面设计：孙俪铭　　　　责任印制：史大鹏

**新时代背景下中国企业伦理研究**

**XINSHIDAI BEIJINGXIA ZHONGGUO QIYE LUNLI YANJIU**

中国财政经济出版社 出版

**URL**：http：//www. cfeph. cn

E-mail：cfeph@ cfeph. cn



社址：北京市海淀区阜成路甲 28 号　邮政编码：100142

营销中心电话：010-88191522　编辑部门电话：010-88190640

天猫网店：中国财政经济出版社旗舰店

网址：https：//zgczjjcbs. tmall. com

北京财经印刷厂印刷　各地新华书店经销

成品尺寸：170mm×240mm　16 开　15 印张　223 000 字

2022 年 6 月第 1 版　2022 年 6 月北京第 1 次印刷

定价：68.00 元

ISBN 978-7-5223-1423-5

（图书出现印装问题，本社负责调换，电话：010-88190548）

本社质量投诉电话：010-88190744

**打击盗版举报热线：010-88191661　QQ：2242791300**

# 摘 要

企业伦理问题已经成为当今中国企业界、甚至世界范围内企业正在关注的重要理论和实践问题。本书的研究目标是以社会主义核心价值观为理论基础，并将其与中国传统文化相融合，在新时代构建以社会主义核心价值观为核心内容的中国企业伦理价值体系，为中国梦的实现贡献力量。习近平总书记指出：“人类社会发展的历史表明，对一个民族、一个国家来说，最持久、最深层的力量是全社会共同认可的核心价值观。核心价值观，承载着一个民族、一个国家的精神追求，体现着一个社会评判是非曲直的价值标准。核心价值观是一个民族赖以维系的精神纽带，是一个国家共同的思想道德基础。如果没有共同的核心价值观，一个民族、一个国家就会魂无定所、行无依归。”新时代社会主义核心价值观是治国理政的价值引领，把国家、社会、公民的价值要求融为一体，是企业经营活动的指南。随着市场经济的深入发展以及越来越多的企业陷入伦理困境，企业伦理已逐渐成为企业界人士以及全社会关注的焦点之一。

中国传统文化是一种“伦理”文化，伦即人伦，理即道理、事理，伦理即人与人相处的道德规范。其中“伦”有“关系”的意思。但这种“关系”与目前中国企业的不“伦理”现象在义利观上有着本质区别。传统文化认为，求社会之“利”为“义”，求个人之“利”为“利”。中国传统文化非常重视“义”，倡导“仁、义、礼、智、信”的伦理法则。中国企业目前出现的不“伦理”现象更注重“利”，很多企业的“伦理”行为偏离甚至违背了中国社会的伦理法则甚至法律。在中国企业伦理体系构建中，应充分吸收中国传统文化中的精华，并将其融入中国企业的伦理实践中，指导中国企业的可持续发展。

中国企业在现阶段生产经营活动中存在的伦理问题是中国经济社会转型、法治建设滞后、企业伦理教育薄弱的产物，在义利观上与中国传统文化有着本质区别。企业伦理管理是管理者按照自己的认同所形成的文化传统、道德信念，并以此进行资源配置，使资源配置格局朝着理想的状态发生变化，使资源配置产生最大效用的管理过程。这种管理思想的负面影响仅具有“过渡性”的特色，随着中国经济社会改革的不断深入和法治社会建设进程的加快，以及其与中国传统文化不断结合，其正能量会逐步提升。

在新时代和国内（外）社会、经济背景下，研究企业伦理在社会主义核心价值观下的管理理论和管理机制具有重要的理论和现实意义。

因此，本书试图从社会主义核心价值观出发，通过企业伦理在社会主义核心价值观的国家层面、社会层面、个人层面运行与管理，分析在核心价值指导下企业如何通过价值构建、价值维持、资源动员来获取可持续发展资源的思路，进而建立一个基于社会主义核心价值观的企业伦理分析框架。基于此目的，本书分为三部分，共九章，主要讨论以下七个问题：

1. 企业伦理理论由一般关系协调向核心价值关系治理演进。企业伦理理论发展到今天，主要按照两条路径发展：一是“股东至上”的委托—代理理论，它是基于产权关系的治理理论；二是“共同治理”的利益相关者理论，它是基于超产权关系的治理理论。它们是基于一般关系协调的企业伦理运行模式。社会主义核心价值观是新时期治国理政的价值引领，把国家、社会、公民的价值要求有机地融为一体。基于社会主义核心价值观的企业伦理是超越一般产权关系的企业伦理，其本质是以社会主义核心价值观为基础的新型企业价值观的运营与管理。

2. 证明社会主义核心价值观的三个层面与企业伦理和企业发展绩效的关系。为了研究的方便，本书从社会主义核心价值观的三个层面：国家层面、社会层面、个人层面展开研究。通过实证证明了社会主义核心价值观的三个层面分别与企业绩效存在强的正相关关系。

3. 企业以国家层面的价值观为理论基础的企业伦理运营与管理机制。主要围绕企业如何协调、处理好企业发展与国家宏观利益的关系，建立和维护企业新价值体系，通过与国家宏观利益关系的构建，不断形成新的价值资源，为企业的生存和发展构建经济平台。

4. 企业以社会层面的价值观为理论基础的企业伦理运营与管理机制。主要围绕企业构建“自由、平等、公正、法治”的美好社会，坚持以人为本，尊重员工和消费者的主体地位，关注他们的利益诉求和价值愿望，协调企业与各利益相关者的利益关系，充分发挥社会网络中的强关系、弱关系以及结构洞作用，努力使企业成为“Key stone”，树立优秀的社会形象，以此改善企业的社会生态环境。

5. 企业以个人层面的价值观为理论基础的企业伦理运营与管理机制。主要围绕提升民族和人民的精神境界、建设民族精神家园，以振奋起人们的精气神、增强全民族的精神纽带为中心，企业利用“粘致效应”，构建企业—顾客诚信高地，形成科学有效的利益协调机制，实现企业发展与道德提升相互促进，形成好人好报、恩将德报的正向效应，培植企业忠诚的消费者群，通过消费者的稳定购买，使企业拥有持续的现金流，提升企业的非财务指标的吸引力，建立自己的“常青基业”。

6. 数字经济条件下中国企业伦理的运行和发展新趋势。数字经济是新的经济业态，新的业态下企业伦理发展以及对中国治理现代化的贡献现实推动作用很大。中国社会其他领域的“伦理”受到中国传统文化“仁、义、礼、智、信”思想的影响比较大，体现了“固有”的中国特色。与之比较，中国企业在生产经营活动中存在的伦理问题的原因主要在三个方面：经济转型、法治建设滞后、企业伦理教育薄弱。随着法律制度的健全及市场体制的完善，推进中国企业伦理进步就必须构建完整的企业伦理制度和规范体系，以社会主义核心价值观为理论指导，树立良好的企业伦理观念，强化市场经济法制规范，注重企业家的人格塑造，吸收借鉴中国传统伦理精髓，将伦理和儒家文化中符合现代化的元素相结合，实现中国企业伦理的健康发展，推动和完善社会和国家治理现代化。

7. 案例分析与对策。根据笔者对企业的访谈实例，并通过对实例的分析，提出了相关企业基于社会主义核心价值观的企业伦理运行的建议和对策。

本书在以下三个方面有一定的理论创新。首先，在选题方面。从目前所涉及的研究文献看，国内外此方向的研究较少。本书将社会主义核心价值观与我国企业伦理研究相结合作为研究突破口，旨在将管理学、伦理学、经济学、社会学的最新研究内容运用于企业伦理运行管理中，争取有所创新，在企业管理不断多元化的条件下，为企业伦理的研究提供一个新的分析视角。其次，在企业伦理理论的演进方面。企业伦理理论发展到今天，主要按照两条路径发展：一是“股东至上”的委托—代理理论，它是基于产权关系的治理理论；二是“共同治理”的利益相关者理论，它是基于超产权关系的治理理论。它们是基于一般关系协调的企业伦理运行模式。笔者认为，在社会主义核心价值观指导下，企业伦理的本质是企业核心价值关系的管理；基于社会主义核心价值观的企业伦理管理是超越一般产权关系的企业伦理管理，并提出了基于社会主义核心价值观的企业伦理理论研究框架，丰富了企业伦理的研究内容。最后，研究方法方面。根据已有的相关研究成果，以社会主义核心价值观的三个层面：国家层面、社会层面与个人层面为研究出发点，分别讨论了基于不同层面的企业伦理的管理机制。经过实地访问相关企业高管和管理专家，根据专家的建议和已有的研究文献，笔者设计了社会主义核心价值观与企业经营绩效关系相关性测度量表，并进行了实证验证。

ABSTRACT

Enterprise ethics has become an important theoretical and practical issue that Chinese enterprises and even enterprises all over the world are paying attention to. The research goal of this book is to take the socialist core values as the theoretical basis, and integrate them with Chinese traditional culture, and build the Chinese enterprise ethical value system with the socialist core values as the core content in the new era. General Secretary Xi Jinping pointed out: "The history of the development of human society shows that the most lasting and deepest strength for a nation or country is the core values recognized by the whole society." Core values carry the spiritual pursuit of a nation and a country and embody the value standard for a society to judge right and wrong. core values are the spiritual bond that a nation depends on and the common ideological and moral foundation of a country. Without common core values, a nation and a country will have no fixed place for their soul and no way to go. The core values of socialism in the new era are the value guidance of governing the country and integrating the value requirements of the state, society and citizens. They are the guide of enterprise business activities. With the in-depth development of market economy and more and more enterprises falling into ethical difficulties, corporate ethics has gradually become one of the focuses of business people and the whole society.

Chinese traditional culture is a kind of "ethical" culture. Ethics is human relations, reason is truth and reason, and ethics is the code of ethics for people to get along with each other. Among them, "Lun" means "relationship". However, this "relationship" is essentially different from the unethical phenomenon of Chinese enterprises. Traditional culture holds that seeking social "benefit" is "righteousness", and seeking personal "benefit" is "benefit". Chinese traditional culture attaches great importance to "righteousness" and advocates the ethical law of "benevolence, righteousness, courtesy, wisdom and faith". The current unethical phenomenon of Chinese enterprises pays more attention to "profit". The "ethical" behavior of many enterprises deviates from or even violates the ethical laws and even laws of Chinese society. In the construction of Chinese enterprise ethics system, we should fully absorb the essence of Chinese traditional culture and integrate it into the ethical practice of Chinese enterprises to guide the sustainable development of Chinese enterprises.

The ethical problems existing in the production and operation activities of Chinese enterprises at the present stage are the product of China's economic and social transformation, the lagging construction of the rule of law and the weak enterprise ethics education. They are essentially different from Chinese traditional culture in the concept of righteousness and benefit. Enterprise ethical management is a management process in which managers allocate resources according to their own cultural traditions and moral beliefs, so as to change the pattern of resource allocation towards the ideal state and maximize the effectiveness of resource allocation. The negative impact of this management thought only has the characteristics of "transition". With the continuous deepening of China's economic and social reform, the acceleration of the construction of a society ruled by law and its continuous combination with China's excellent traditional culture, its positive energy will gradually increase.

In the new era and the social and economic background at home and abroad, it is of great theoretical and practical significance to study the management theory and management mechanism of enterprise ethics under the socialist core values.

Therefore, starting from the theory of socialist core values, this book attempts to analyze how enterprises can obtain sustainable development resources through value construction, value maintenance and resource mobilization under the guidance of core values through the operation and management of enterprise ethics at the national level, social level and individual level of socialist core values, as well as state-owned enterprises and non-public enterprises, Then establish a framework of enterprise ethics analysis based on socialist core values. For this purpose, this book is divided into three parts and nine chapters, mainly discussing the following seven issues:

1. The theory of enterprise ethics has evolved from general relationship coordination to core value relationship governance. Today, the development of enterprise ethics theory mainly follows two paths: one is the principal-agent theory of "shareholder first", which is a governance theory based on property rights; The second is the stakeholder theory of "joint governance", which is a governance theory based on super property rights. They are the operation mode of enterprise ethics based on general relationship coordination. The socialist core values are the value guidance of governing the country and government in the new era, and organically integrate the value requirements of the state, society and citizens. Enterprise ethics based on socialist core values is an enterprise ethics that goes beyond the general property right relationship. Its essence is the operation and management of new enterprise values based on the theory of socialist core values.

2. Prove the relationship between the three levels of socialist core values and enterprise ethics and enterprise development performance. For the convenience of research, this book studies the three levels of socialist core values: national level, social level and individual level, as well as the two main subjects of enterprise ethics construction of state-owned enterprises and non-public enterprises. It is proved that there is a strong positive correlation between the three levels of socialist core values and enterprise performance.

3. Two types of enterprise ethical operation and management mechanisms

based on national values. It mainly focuses on how to coordinate and deal with the relationship between enterprise development and national macro interests, establish and maintain a new enterprise value system, constantly form new value resources through the construction of the relationship with national macro interests, and build an economic platform for the survival and development of enterprises.

4. Two types of enterprise ethical operation and management mechanisms based on social values. Focusing on enterprises to build a beautiful society of "freedom, equality, justice and the rule of law", adhere to people-oriented, respect the dominant position of employees and consumers, pay attention to their interest demands and value aspirations, coordinate the interest relationship between enterprises and various stakeholders, give full play to the strong relationship, weak relationship and structural hole in the social network, and strive to make enterprises become "key stone" and establish an excellent social image, In order to improve the social and ecological environment of enterprises.

5. Two types of enterprise ethical operation and management mechanisms based on personal values. Focusing on improving the spiritual realm of the nation and the people and building a national spiritual home, focusing on invigorating people's spirit and strengthening the spiritual bond of the whole nation, enterprises use the "stickiness effect" to build a highland of enterprise customer integrity, form a scientific and effective interest coordination mechanism, realize the mutual promotion of enterprise development and moral improvement, form a positive effect of good deeds and good deeds, and cultivate a loyal consumer group of enterprises, Through the stable purchase of consumers, enterprises can have sustained cash flow, enhance the attractiveness of non-financial indicators, and establish their own "Evergreen Foundation".

6. New trends in the operation and development of Chinese enterprise ethics under the condition of digital economy. Digital economy is a new economic business form. Under the new business form, the development of enterprise ethics and its contribution to China's governance modernization play a great role in promoting real-

ity. The "ethics" in other fields of Chinese society is greatly influenced by the thought of "benevolence, righteousness, courtesy, wisdom and faith" in Chinese traditional culture, which reflects the "inherent" Chinese characteristics. In contrast, the reasons for the ethical problems existing in the production and operation activities of Chinese enterprises are mainly in three aspects: economic transformation, lagging construction of the rule of law and weak enterprise ethics education. With the improvement of the legal system and the market system, to promote the progress of Chinese enterprise ethics, we must build a complete enterprise ethics system and normative system, take the socialist core values as the theoretical guidance, establish a good enterprise ethics concept, strengthen the legal norms of market economy, pay attention to the shaping of entrepreneurs' personality, absorb and learn from the essence of Chinese traditional ethics, and combine ethics with modern elements in Confucian culture, Promote the healthy development and improvement of China's enterprise ethics and social governance.

7. Case analysis and countermeasures. According to the author's interview with enterprises and through case analysis, this paper puts forward some suggestions and Countermeasures for the operation of enterprise ethics of relevant companies based on socialist core values.

After research, this book has certain theoretical innovation in the following three aspects. First of all, in terms of topic selection. At present, there are few studies in this direction at home and abroad. This book combines the socialist core values with the study of enterprise ethics in China as a research breakthrough. It aims to apply the latest research contents of management, ethics, economics and sociology to the operation and management of enterprise ethics, strive for innovation, and provide a new analytical perspective for the study of enterprise ethics under the condition of continuous diversification of enterprise management. Secondly, in the evolution of enterprise ethics theory. Today, the development of enterprise ethics theory mainly follows two paths: one is the principal-agent theory of "shareholder first", which is a governance theory based on property rights; The second is the stakeholder theory of "joint governance", which is a governance theory based on super property rights. They are the operation mode of enterprise ethics based on general relationship coordination. The author believes that under the guidance of socialist core values, the essence of enterprise ethics is the management of enterprise core value relationship; The enterprise ethics management based on the socialist core values is the enterprise ethics management beyond the general property right relationship, and puts forward the theoretical research framework of enterprise ethics based on the socialist core values, which enriches the research content of enterprise ethics. Finally, research methods. According to the existing relevant research results, this paper discusses the operation and management mechanism of enterprise ethics of state-owned enterprises and non-public enterprises from three levels of socialist core values: national level, social level and individual level. After field visits to relevant enterprise executives and management experts, according to the experts' suggestions and existing research literature, the author designed the correlation measurement scale between socialist core values and enterprise performance, and carried out empirical verification.

# 目 录

# 第1章 序言

## 1.1 国内外相关研究梳理及研究动态

### 1.1.1 “企业伦理”被认为是中国企业管理的关键

中国儒家的恕道和仁道可以作为全球伦理的基本原则（Hans Kung, 2001）。美籍华人学者成中英（1998）指出，“仁”和“义”是中国最大的传统美德，许多中国哲学家对它们做出了普遍而现代的诠释。“仁”和“义”是人性和人类正义的普遍美德，问题是如何将它们与现代化和经济发展联系起来。这两种美德与现代化的关系非常重要，然而至今无人谈及，那就是它们关系到政府甚至企业高层的态度和决策立场。政策从这些德行中产生，决定从这些德行中得到支持，因此，它们对政治、行政和管理有重大而且丰富的意义。基本的伦理水准对经济的繁荣和持续的经济成功是不可或缺的（乔治·恩德勒，2002）。国内学者周祖城（1999）认为，管理与伦理的结合是管理思想的深刻变革；顾新东、孔繁斌（2013）则强调企业伦理已经成为国家竞争力的构成内容。

### 1.1.2 “企业伦理”的内涵丰富而特殊

企业伦理是一种关于理性规范的学说，这种理性规范理当引导企业通过社会和睦地运用市场经济条件下企业的自由来对社会的和谐做出自身的贡献（Ederle，G.），是为企业及其员工在具体情境中的行为道德提供指南的各种规则、标准、规范或原则（Lewis，P. V.，1985；O. C. Ferrell，张兴福等译，2012）。其基本上是关于做得更好，而不是对已做过的事情理解得更好的学科，当然更不是一门空谈的学科。其应该包括：一种生态正常的经济，它使所有的人类能体面地在唯一的地球上生活；世界范围内的贫穷和失业；废除在性别、出身、种族、信仰上的歧视；形成一种公平的国际商业关系，这种关系不会因为无情的竞争和极端的力量不平衡而偏向某一方。这种关系应该是能提高效率，并能与参与者和平地进行合作（G. 恩德利，张福山译，1995）。美籍华人学者成中英（1991）认为，企业伦理是任何商业团体或机构以合法手段从事营利活动时所应遵守的伦理规则，我们应有效地避免两种不断地困扰着企业伦理学的危险：一种危险是理想主义，忽视经济学作为一种分析手段的贡献和经济刺激对实现伦理目标的帮助；另一种危险是“工具化”，即伦理被误用来仅仅作为取得经济目标的手段。国内有些学者认为，企业伦理是以企业为行为主体（朱贻庭，1996），完善企业员工素质和协调企业内外部关系的善恶价值取向及其应该不应该的行为规范（王小锡，1994；孙君衡等 1997；周祖城等 2000；王建刚等 1996），这是从企业伦理准则层面论述的；有的学者从企业伦理结构层面论述认为，其是指在企业全部生活中所蕴含和活跃着的道德意识、道德准则与道德活动的总和（李健，1994；欧阳润平，2000）。企业伦理主要有两类：内部伦理和外部伦理（夏绪梅，2006）。

### 1.1.3 中国企业伦理因其重要性而备受关注

在中国，伦理思想是传统文化的一个重要组成部分，整个社会文化都呈现出伦理型的特点。“伦”“理”这些字早在公元前6世纪左右就出现在《周易》《尚书》等著作中，中国思想家很早就重视对道德问题的研究。“说仁义、讲道德”几乎成了中国古代思想家的主要任务之一。目前，企业伦理研究中企业的本质是盈利性和伦理性的统一不谋而合（夏绪梅，2006）。许多研究经济伦理的学者的著作都涉及企业伦理管理方面的内容，如厉以宁、刘伟、梁均平、刘光明、王小锡、欧阳润平、金太军、晏辉、千高原等。曾经轰动一时的“三鹿奶粉”等不伦理事件促使政府制定法律规章，鼓励组织开发各种项目，改变伦理行为，预防行为失范（周祖城，2000）。要注重商业伦理教育，希望在将来查出来的非法案件里没有MBA的学生（马凯，2011）。企业的核心竞争力是企业的伦理理念系统（欧阳润平，2003）。道德也是资本（王小锡，2000）。

### 1.1.4 中国企业伦理管理研究实践思考不足

中国研究者们更多的是从企业和管理的本质特性角度、伦理道德的本性角度进行研究，采用伦理优先的原则来构建企业伦理体系，落后于企业实践（夏绪梅，2006）。一泓（1994）也指出，有的专家认为，像在美国的大公司仅仅劝人为善不能解决实质问题，伦理主管必须拥有实权才有助于改变公司的基本运作。

综上所述，企业伦理研究在学术界已成为企业管理思想研究的一个热点问题并长期受到关注，在关于企业伦理的内涵及其对企业经营绩效影响方面形成了比较丰富的研究成果。但是，企业伦理是中国企业管理的关键的论断，与中国儒家文化的结合模式还需要做进一步的考证和深入探讨。与中国社会的其他“伦理”现象相比，现有文献对“企业伦理”内涵的界定还比较模糊。为验证“伦理”对企业经营绩效的“特殊贡献”，现有文献多为实证研究，其研究结论比较分散，且系统性研究欠缺。尽管有学者提出前期研究缺乏伦理思考，但系统深入的相关研究尚不多见。

## 1.2 研究的学术价值和应用价值

### 1.2.1 学术价值和理论意义

企业伦理管理研究频频出现在中西方学术文献中，中国儒家的恕道（己所不欲，勿施于人）和仁道（己欲立而立人，己欲达而达人）可以作为全球伦理的基本原则，是在人类文明对话年（2001 年），由科菲·安南所主持的一个世界知名人士小组中，瑞士的神学家孔汉思先生主动提出的。中国企业的“伦理”现象及其反映出的管理思想，尽管已引起中西方学术界的高度关注，但因其研究视角与中国传统文化的结合及经济发展阶段认识的局限、不深入等原因，现有研究尚不系统甚至有失偏颇。故对其进行全面深入地探讨颇为重要，这对于拓展与丰富我国的管理思想也具有重要的价值和意义。

### 1.2.2 现实价值及对社会、企业的指导意义

目前企业不道德行为已经成为企业界的重要问题。21 世纪初，我们看到了安然（Enron）、世通（Worldcom）以及其他许多公司的欺诈、诈骗等不当行为。美国出台了《萨班斯—奥克斯利法案》和《联邦组织量刑指南》来预防未来的不当行为，但是到了 2008 年，金融业的过度冒险、无视利益相关者的利益等不伦理行为把全球经济推入 80 年来的最大衰退。在中国，近年来的分众无线垃圾短信事件、东航返航事件、百度竞价排名事件等引起了公众的广泛讨论。而“三鹿奶粉”事件更是深深刺痛了国人的心。这些都无可辩驳地证明，任凭人性的自利和贪婪无节制发展，将会造成严重的恶果。人们在震惊、愤怒、不安的同时，对企业及企业经营者的社会责任和道德的期盼比以往任何时候都要更为强烈。所有这些事件均促使政府制定法律规章

制度，鼓励组织开发各种伦理项目，改变企业伦理行为，预防企业行为失范。企业在追求利润的同时，必须遵守管理伦理和担当必要的社会责任。任何企业的管理行为都在文化深层上体现它所秉持的伦理道德观，形成独特的管理伦理。管理伦理随着社会经济的发展而不断进步。企业伦理道德的管理使社会责任成为当前管理界最紧迫、最重要的课题。

社会责任是企业追求有利于社会长远目标实现的一种义务，它超越了法律与经济对企业所要求的义务。社会责任是企业伦理管理的要求，完全是企业出于义务的自愿行为。

越来越多的管理学者和CEO们承认，作为经济性机构的企业，都应该是一家“道德”公司，尤其是规模庞大、利润丰厚、业务覆盖区域广泛、员工人数众多、社会影响和知名度极高的大型公司，应该具有高度的社会责任感。

## 1.3　研究对象及研究目标

企业伦理问题已经成为当今中国企业界的重要问题。本书的研究对象是社会主义核心价值观与企业伦理。本书的研究目标是，构建与中国优秀传统文化相融合，弘扬习近平总书记提出的社会主义核心价值观，构建以新时期社会主义核心价值观为核心内容的中国企业伦理价值体系，为中国梦的实现贡献才智。中国企业在现阶段生产经营活动中存在的伦理问题是中国经济社会转型、法治建设滞后、企业伦理教育薄弱的产物，在义利观上与中国传统文化有着本质区别。企业伦理管理是管理者按照自己的认同所形成的文化传统、道德信念，并以此进行资源配置，使资源配置格局朝着理想的状态发生变化，使资源配置产生最大效用的管理过程。这种管理思想的负面影响仅具有“过渡性”的特色，随着中国经济社会改革的不断深入和法治社会建设进程的加快，以及其与中国传统文化不断结合，其正能量会逐步提升。

## 1.4 拟解决的关键科学问题

### 1.4.1 关键科学问题一：社会主义核心价值观与企业伦理

习近平总书记指出："人类社会发展的历史表明，对一个民族、一个国家来说，最持久、最深层的力量是全社会共同认可的核心价值观。核心价值观，承载着一个民族、一个国家的精神追求，体现着一个社会评判是非曲直的价值标准。核心价值观是一个民族赖以维系的精神纽带，是一个国家共同的思想道德基础。如果没有共同的核心价值观，一个民族、一个国家就会魂无定所、行无依归。"核心价值观是治国理政的价值引领，把国家、社会、公民的价值要求融为一体。一个国家单靠利益去刺激，单靠刑罚来治理，不知道从心灵层面去关心人，这个国家缺乏温暖；一个单位没有使命和抱负，没有责任和担当，只盯着钱，这个单位没有前途。一个企业不仅要有良好的盈利能力，更应该有社会责任和担当，有历史使命感和抱负，不能只盯着钱。

### 1.4.2 关键科学问题二：企业伦理、社会主义核心价值观与中华优秀传统文化

习近平总书记高度重视传统文化，强调培育和弘扬社会主义核心价值观必须立足中华优秀传统文化，使中华优秀传统文化成为涵养社会主义核心价值观的重要源泉。中国传统文化是一种"伦理"文化，伦即人伦，理即道理、事理，伦理即人与人相处的道德规范。其中"伦"有"关系"的意思。但这种"关系"与目前中国企业的不"伦理"现象在义利观上有着本质区别。中国传统文化重视"义"，倡导"仁、义、礼、智、信"的伦理法则。中国企业的"伦理"现象更注重"利"，很多企业的"伦理"行为违反了中

国社会的伦理法则甚至法律。

### 1.4.3　关键科学问题三："企业伦理"问题产生的社会历史背景

目前中国企业伦理问题主要产生于改革开放之后的中国经济社会转型期。法律制度不健全，市场机制不完善，以及道德水平下滑等，是企业不"伦理"现象产生的直接原因。企业不诚信，对内——对员工不真诚，对外——产品货不真价不实，向市场监管部门行贿，"官商勾结"，使企业的不"伦理"现象愈演愈烈。

### 1.4.4　关键科学问题四："企业伦理"的内涵及其特征

本书研究的"企业伦理"，是由各种指导企业行为的原则、价值、规范组成。原则规定了行为的特殊、广泛的界限，是普适的、绝对的。原则通常是规则的基础。价值观是用来制定社会必须执行的规范，如诚信、负责任。其主要特征表现为获利性、妥协性。与包含较多情感成分的中国社会的其他"伦理"现象相比，企业伦理要求企业和个人遵循高标准的、完善的道德原则。

### 1.4.5　关键科学问题五："企业伦理"管理思想内涵

本书认为，企业伦理管理是管理者按照自己的认同所形成的文化传统、道德信念，并以此进行资源配置，使资源配置格局朝着理想的状态发生变化，使资源配置产生最大效用的管理过程。企业伦理管理模式可以分为道德管理、非道德管理、不道德管理三种。企业为了通过"伦理"管理实现经济利益最大化，对"伦理道德"这种特殊资源进行管理，包括"伦理道德"资源的规划、开发、甄选、使用、维护、评价，等等。它对企业的战略管理、人力资源管理等管理活动都有特殊的影响和渗透。这种管理思想强调，"企业伦理"是企业最重要又最特殊的资源，对其开发、使用和维护是企业战略的重要组成部分。这是本书重点梳理和研究的内容。

### 1.4.6 关键科学问题六：“企业伦理”管理的社会影响

企业伦理管理的“奇效”让一些中国企业“受益匪浅”，企业伦理反对不正当的经济效益，鼓励正当的经济效益；不讲企业伦理有损企业长远经济效益；讲究企业伦理有助于获得较高的经济效益；企业伦理超越单纯的经济效益。

### 1.4.7 关键科学问题七：中国企业伦理管理的未来走向

中国企业在生产经营活动中存在的伦理问题的原因主要有三个方面：经济转型、法治建设滞后、企业伦理教育薄弱。随着法律制度的健全及市场体制的完善，推进中国企业伦理进步就必须构建完整的企业伦理制度和规范体系，以社会主义核心价值观为理论指导，树立良好的企业伦理观念，强化市场经济法制规范，注重企业家的人格塑造，吸收借鉴中国传统伦理精髓，将伦理和儒家文化中符合现代化的元素相结合，实现中国企业伦理的健康发展。

通过对以上七个科学问题及其相关内容的研究，从而建立充分体现以社会主义核心价值观为指导的中国企业伦理价值体系。

## 1.5 研究方法

本书研究的内容属于基础理论研究范畴，主要探讨了中国企业伦理管理相关范畴、思想内涵及其产生发展的规律，拟采用的研究方法主要包括文献研究方法、历史研究方法、跨学科研究方法、比较研究方法、价值分析方法和调查研究方法。

## 1.6 研究的可行性分析

基于以下考虑，我们认为本书所研究的内容是可行的：

第一，中国企业的“伦理”现象及其反映出的管理思想，尽管已引起中西方学术界的高度兴趣，但因其研究视角与中国文化的结合及经济发展认识的局限、不深入等原因，现有研究尚不系统甚至有失偏颇。故而对其进行全面深入地探讨研究颇为重要。

第二，企业伦理是为企业及其员工在具体情境中的行为道德提供指南的各种规则、标准、规范或原则，它通过理性规范引导企业在市场经济条件下为社会的和谐做出自身的贡献，企业伦理已经成为国家竞争力的构成内容。

第三，伦理学及其理论是一门成熟的理论，企业伦理从提出到今天也已得到普遍的认同。本书提出构建与中华优秀传统文化相融合，弘扬社会主义核心价值观的中国企业伦理价值体系研究框架。

## 1.7 本书的创新之处

### 1.7.1 学术思想的特色和创新

习近平总书记指出：“实现中华民族伟大复兴，就是中华民族近代以来最伟大的梦想。”实现中国梦的精神支柱就是中国精神——民族精神和时代精神，社会主义核心价值观是实现中国梦不可缺少的精神食粮。社会主义核心价值观是中国的稳定器，是中华民族凝神聚魂的价值纽带，是中国社会魂有定所，行有依归的德性力量。其也是企业尤其是中国企业实现可持续发展的行为指导。

### 1.7.2 学术观点的特色和创新

提出中国企业伦理管理具有从幼稚到不断发展、在社会主义核心价值观理论指导下走向成熟，着力体现出有中国特色社会主义的企业伦理观，依此对企业伦理问题和中国社会其他领域的“伦理”现象进行明确区分，系统研究中国企业的“伦理”及其管理思想的特殊内涵。

### 1.7.3 研究方法的特色和创新

第一，研究视角的创新。以党的重大理论思想为指导，将中华优秀传统文化和管理理论相结合，研究新时期企业伦理问题，并构建基于社会主义核心价值观的中国企业伦理研究框架体系。

第二，以社会主义核心价值观的三个层面为理论指导，借鉴已有的研究成果，开创性地提出了基于社会主义核心价值观的中国企业伦理研究的李克特量表。

# 第2章 研究综述

本章重在归纳总结国内外针对企业伦理相关问题的研究成果，形成较为完整的研究综述，并以此为脉络梳理企业伦理在我国的发展历程和发展现状，为后文打下坚实的研究基础。

## 2.1 国外研究综述

美籍华人学者成中英教授把企业伦理定义为“任何商业团体或机构以合法手段从事营利活动时所应遵守的伦理规则”。或者说，企业伦理是以企业为行为主体，以企业经营管理的伦理理念为核心，是企业在处理内外部人与人关系时所应自觉遵守的伦理原则、道德规范及其实践总和。本文经过研究梳理认为，企业伦理是指企业内部成员所形成的某种伦理观念、历史传统、共同价值准则、道德规范和生活观念等，也就是增强企业的内聚力、向心力、创造力的各种意识形态的总和，以及渗透的员工劳动行为中的行为动机、道德心理和道德意识等。企业伦理由各种指导企业行为的原则、价值、规范组成。通过对企业伦理定义的理解，可以看出企业伦理是企业在经济交往中处理内外部利益关系时遵循的一种行为准则和规范。

现代管理思想认为，企业不是一个封闭的组织。而是一个开放的系统，它与外界存在各种联系，必然产生各种利益关系，而企业既是一个行为主体，又是一个组织，在组织内部也存在着各种复杂的关系，因而总的来分，可以把企业要处理的关系分为内部关系和外部关系两类。从内部关系看，企业作为一个组织，有着明确而严格的层级划分，而现代企业制度的确立，使所有权与经营权相分离，这就产生了所有者、经营者、员工等不同的利益主体，从而有企业与管理者、所有者与管理者、企业与员工、管理者与员工等不同的关系。从外部关系看，企业作为一个独立经济实体，在从事生产经营活动中，必然要与供应商、消费者、竞争者甚至环境、社会发生各种利益关系，企业要想生存和发展就要处理好这些利益关系。

从18世纪开始，随着亚当·斯密在《道德情操论》中由同情引起的利他动机与《国富论》中追求利益最大化的利己动机之间的一种矛盾，从而为以后的经济学中关于“理性经济人”的假设奠定了基础，使经济学中关于经济和道德的争论也愈演愈烈。直到19世纪70年代，随着“边际革命”的开始，建立在效用理论和一般均衡理论之上的新古典经济学在其前提假设和论证范式中发展了经济学的工程学特征和数理化形式，理性经济人的假设、实证研究和规范研究的严格划分、“价值中立”或“价值免谈”这三个主要原则的设定，鲜明地表现出经济学向“不讲道德”、注重逻辑推演和判断、忽视与人类行为密切相关的伦理问题、不关心人类的终极目标和价值判断的专业化、科学化、数学化和技术化方向发展的趋势。

但是，随着一些企业在生产经营活动中肆意污染环境、忽视安全生产、销售假冒伪劣商品的不道德行为经媒体曝光后，引起了公众的强烈不满，并在全社会引发了一场保护消费者权益的运动，这使社会各界开始关注企业的发展并不是纯经济的活动，而是应该关注与人类行为密切相关的伦理问题，关心人类的终极目标和价值判断。

企业伦理学从20世纪六七十年代的产生，到80年代的发展，再到90年代的新突破，经历了一个从逐步显现到备受世人关注的过程，形成了四种主要的企业伦理观，即：古典观、利益相关者观、社会需求观和社会活动家观。古典观是这四种观点中最古老的，它是在古典经济理论基础上提出来的。它认为企业应该对股东或者投资者负责，所以企业的最大目标和终极目标是保证企业利润的最大化。企业只要在法律允许的范围内实施它的职能，实现其目的，而不必过多地关注社会责任和伦理。这也成为对当代企业影响最深的一种企业伦理观。美国当代著名的经济学家米尔顿·弗里德曼是这一观点的支持者，他曾阐述过这样的观点——“工商业的主要目标和动力就是利润。”

自20世纪70年代以来，欧美等国家开始将“社会公正”“正义”等伦理问题融入企业伦理中。进入80年代，地球环境日益成为企业必须重视的课题。可持续发展（Sustainable Development）是一种将地球资源留给子孙后代以实现人类发展的系统方法。该方法承认地球资源是有限的，从长期来看，人类的消费速度超出了地球的承受范围。可持续发展概念基于人类健康依赖于地球生态系统良性运作这个概念。可持续发展观要求世界上最富裕国家大幅减少浪费和消费，因为如果越来越多的人继续相互攀比消费速度，地球生态体系将不堪重负。

### 2.1.1 国外企业伦理问题研究概述

吴新文在其著作《国外企业伦理学三十年透视》中将国外企业伦理学的发展归结为三个阶段：一是20世纪六七十年代的产生阶段；二是80年代的全面发展阶段；三是90年代的新突破阶段，并且阐述了不同的阶段企业伦理学在理论研究上的成果。

李文浩、卢超群等译的《企业伦理学——诚信道德、职业操守与案例》（2016）中亦是按照时间发展脉络将国外企业伦理学的发展归纳为四个阶段。

企业伦理概念萌芽于20世纪30年代，到60年代以后慢慢成为一门新兴的独立的学科，并在欧美等经济发达国家得到了迅速发展。美国著名的商业伦理学家林恩·夏普·佩因认为西方企业伦理的发展大致可分为以下几个阶段：

1. 第一阶段：萌芽时期

从20世纪20年代至30年代，是企业伦理的“萌芽期”。在这个时期，一些公司开始意识到获得社会认可的重要性，努力把某种道德秩序带进商业中，努力发展商业伦理主义，树立“人性化”的企业形象。通过雇员福利计划、社会贡献，树立企业形象来得到社会的认可。

2. 第二阶段：转型时期

从20世纪50年代至60年代，是企业伦理的“破土期”。公司的社会责任受到广泛的关注。大学研究机构、学者、企业经理及媒体等纷纷参与讨论。1953年美国新泽西州最高法院通过法律，认为“现代的条件需要公司承认社会及个人的责任，因为他们也是社区的成员。”此后，企业伦理概念被正式提出，企业伦理的相关学科体系也慢慢建立起来。

3. 第三阶段：成长时期

从20世纪60年代末至70年代初，企业伦理进入正式的“成长期”。由于一些公司的败德行为，如忽视消费者的安全、无视民权、污染环境、贿赂政府官员、错误诱导投资者等，引起了公众的强烈批判。统计显示，美国的商业在这个时期大约失去了80%的公众期望。1977年，只有15%的商业努力获取利润与公共利益之间的平衡，而1968年这个比例则为70%。一些公司的败德行为引起人们的反对。

4. 第四阶段：成熟时期

从20世纪70年代末开始，企业伦理进入“繁荣期”。企业伦理在西方受到了普遍的重视，被公认为是“企业生存与盈利战略的关键”，企业伦理进入自律阶段。欧美许多公司（尤其是大企业、跨国公司）都制定了伦理计划，一些公司开始采取行动来改善员工的工作环境，以保证他们的身体健康和人身安全。调查显示，在《财富》500强企业中，90%以上的企业有成文的“伦理守则”。在美国，有超过60%的大企业设有专门的伦理机构，有的还配有专职的伦理副总裁。研究公司伦理的专业组织——“伦理官员协会”发展迅速，1992年，该组织只有10余名会员，而到了2002年初，这个组织的会员已经达到780名，且有一半的会员来自《财富》100强企业。与此同时，信任、荣誉、忠诚等有关企业道德的研究课题成为商业研究与理论探讨的主题。尽管不同商业研究领域专家研究的问题不尽相同，但这些专家都有一个共同的默认前提：他们将公司看作道德角色，这些角色有着可以被操作的人性特征。并且公司“道德人性”开始渗透到美国及英国的法律中。一些跨国公司自动结成联盟，组成共同的道德约束机构，制定共同的道德准则，相互监督。欧美等国家的企业领袖组成了“考克斯（coux）圆桌会议”，制定了“考克斯商务原则”，该原则指出：“如果没有道德，稳定的商业关系对国际社会的支撑将是不可能的。”

5. 第五阶段：全球化时期

20 世纪 90 年代，在商业伦理的研究方面，从发达国家延伸及扩展到发展中国家，如东欧、南美及亚洲等众多国家。商业伦理涉及的范围进一步扩大，从原来只对某国家、某地区企业伦理的研究，扩展到对不同地区、不同国家商业伦理的比较研究。在研究商业伦理的方法上，采用了跨学科的研究方法，即综合应用社会学、经济学、法学、管理学、心理学等学科中的新方法，使商业伦理成为综合的学科。

在企业伦理教育领域，欧美也走在世界的前列。从 1987 年开始，哈佛商学院开设“管理决策与伦理价值”课程。到 1993 年，美国 90% 以上的管理学院（商学院）开设了企业伦理学方面的课程。在最著名的 10 家商学院的 9 门 MBA 核心课程中，企业伦理学都榜上有名。目前，在国外，已有多种版本的专门性企业伦理案例出版。在欧洲，许多大学也纷纷开设了相关课程。特别是 20 世纪 90 年代中期以后，一大批有关企业伦理学最新研究成果的专著陆续出版。教育领域内大量研究成果的出版成为企业伦理研究及实践的一个新亮点。企业伦理学在西方国家已经成为一门不可或缺的独立学科。

王克敏在其论文《国外企业伦理学的研究进展》中指出，进入 20 世纪 90 年代，随着全球经济一体化和区域经济合作进程的加快，国外企业伦理学研究取得突破性进展。企业伦理学也从对某一企业、某一地区的企业伦理问题的研究转向了对不同地区之间企业伦理的比较研究和对全球企业伦理的研究，从单项研究转向了跨学科研究，企业伦理学开始向一门成熟的边缘学科的目标迈进。研究方法也更注重跨学科的方法。N. 菲利普斯认为，企业伦理学是对企业情境中个人选择问题的研究，其研究方法应该是哲学、社会学、心理学、管理学、经济学等方法的综合。它的任务在于澄清个人与个人、个人与组织、组织与组织之间相互作用机制，从而调节企业的内部和外部关系。T. 索瑞尔则认为，企业伦理学是从伦理角度对企业活动的研究。

W. A. 弗兰奇等人则主张，企业伦理学是一门实践学科，它通过激发道德想象、促进道德认同、整合道德与管理、强化道德评价等手段培养企业中个人的道德推理能力，最终达到澄清和化解企业活动中存在的利益冲突的目的。《伦理百科全书》主编 G. 安德利指出，企业伦理学是以企业的决策和行动为中心的学说，它是伦理学和经济学整合的结果。它在宏观层面上研究制度和体制，在中观层面上研究企业的组织、结构和活动方式，在微观层面上研究作为经济活动主体的个人。企业伦理学应在这三个层面上为提高经济决策和活动的伦理质量做出贡献，因此它应以问题和行为为取向，而不应以单纯的理论研究为取向。目前，国外对企业伦理的研究也主要是从这三个方面展开的。在宏观层面上，主要研究社会和制度层次，包括经济制度和经济条件下的形态，如经济秩序、经济政策、社会政策等方面的伦理问题和伦理责任。在中观层面上，主要研究各种经济性组织，如公司、工会、消费者协会、行业协会等之间的伦理关系问题。在微观层面上，主要研究雇主和雇员、管理者与被管理者、同事、投资者、供应商和消费者个体在企业中的角色和作用，认识和承担自己的道德责任等。

企业伦理学研究的最新拓展领域中还有以下新的动态：博特赖特教授就企业契约理论中的伦理含义指出，在当代金融与社团法中居中心地位的科斯契约理论中的伦理方面的内容尚未得到系统的认识和反思，契约理论为企业伦理事件提供理解框架的能力应予以肯定。唐非教授指出，所有的市场体制都依赖于参加者基于良好伦理水准的市场行为，其核心是良好的信用、可信的诺言等。当代企业伦理最重要的理论概念是利益相关人理论。G. 安德利认为，概念的清晰化已经成为企业伦理学发展的关键。他的企业伦理观与其他理论的区别在于其侧重伦理的内涵。在归纳分析之后，他进一步指出，企业的责任应分为经济责任、社会责任及环境责任等若干可测定的指标体系层面（王克敏，1997）。

### 2.1.2 国外企业伦理研究依据概述

国外研究者们大致从以下几个角度对企业伦理的依据问题进行研究：

1. 企业理论基础研究

当代西方伦理学著作中都大量涉及对企业伦理与企业经营绩效关系的讨论，相关的企业理论概括起来主要有以下几种：第一，新古典经济学。其将企业看作为一个将投入变为产出的“黑箱”，认为企业是一种生产函数，其功能就是实现边际收入与边际成本相等，因而企业就是一个谋求利润最大化的经济单元。第二，“经济人”的假设。新制度经济学代表人物罗纳德·科斯的交易成本理论认为，企业抽象为某个权威（企业家）以行政命令进行资源配置的方式。市场和企业为可以相互替代的资源配置方式，两种资源配置方式都会产生交易成本，企业出现是因为它可以节省市场交易费用。第三，委托代理理论。委托代理理论所要解决的问题就是在现代公司制“所有权和经营权”相分离、不同经济主体信息分布不对称的情况下，委托人如何通过契约设计实现对代理人的控制和激励。第四，演化经济学。演化经济学思维的企业理论从企业能力、知识和竞争力角度研究与定义企业，侧重对企业本质、边界做出界定，并对企业竞争优势的来源进行了全新的解释。知识与能力等是企业存在、运行以及发挥其“生产功能”的基础，企业是具有一定能力的集合，作为知识整合组织而存在，企业的竞争优势以内部资源能力为基础。

2. 利益相关者理论

利益相关者理论最早是在公司治理理论的研究中首先被提出来的。经研究考证，《牛津词典》是最早记载“利益相关者”（stakeholder）一词的工具书，它于 1708 年就收录了“利益相关者”这一词条，用来表示人们在某一项活动和企业中“下注”（Have a stake），在活动进行或企业运营的过程中抽头或赔本（Clark，1998）。事实上，第一次提出公司应该为利益相关者服务的思想可以追溯到 1929 年通用电器公司的一位经理的就职演说（刘俊海，1999）。潘罗斯（Penrose）是企业成长理论和资源基础观（Resource - based view）的代表人物，也被西方学者认为是“企业利益相关者理论的先行者”，她在 1959 年出版的《企业成长理论》一书中提出了“企业是人力资产和人际关系的集合”的观念，从而为利益相关者理论的构建奠定了基础。

利益相关者（Stakeholders）的概念最早是美国斯坦福大学的一个研究小

组在1963年的一份备忘录中提及的。他们给出的利益相关者的定义是：对企业来说存在这样一些利益群体，如果没有他们的支持，企业就无法生存。这个定义对利益相关者界定的依据是某一群体对于企业的生存是否具有重要影响。虽然这种界定方法是从非常狭义的角度来看待利益相关者的，但是它毕竟使人们认识到，企业存在的目的并非仅为股东服务，在企业的周围还存在许多关乎企业生存的利益群体。这些利益群体就是普遍认为的利益相关者概念的最早提法 。利益相关者的提法一经提出，就被许多学者所接受，并逐渐发展成为关于公司治理的利益相关者理论。弗里曼（Freeman，1984）对其的定义："利益相关者是那些能够影响一个组织的目标实现的人或者自身受到一个组织目标的实现所影响的人"，这一概念可以说是在文献中最广义的界定，因为这一提法无疑对于所有可能的人都是开放的。不过，最早的利益相关者概念强调的是公司外部的利益组织对公司生存发展的支持作用，其"作用力"方向是由外向内的。至于在后来的公司治理中形成的利益相关者理论，主要是为公司治理中要求公司承担社会责任提供理论依据，在此条件下公司利益双方的关系是共赢的。利益相关者的"作用力"方向是双向的，要求公司一方面为社会上广泛的利益相关者提供服务，同时利益相关者也要对公司的生存和发展提供各方面的条件。利益相关者理论兼顾了公司方和社会各方的利益，避免了独树某一方利益的缺陷。正是基于此，该理论已经越来越引起人们的注意和重视。

20世纪60年代至70年代，新古典主义经济学将企业看成为一个投入—产出转换的"黑箱"的思想受到了强烈的批判，进而涌现出以交易费用、委托代理关系、不完全契约、信息不对称等概念为核心的研究成果，形成了主流企业理论。然而，各种主流企业理论并没有充足的理由证明，企业的所有权（以企业的剩余索取权和剩余控制权来表示）应该全部归企业的股东所有，而且他们提出的"股东至上"和"资本雇佣劳动"的命题也存在诸多缺陷。因此，"股东至上"理论受到强烈挑战，利益相关者理论就是在这样的背景下发展起来的，由此带来了实践的变化。20世纪70年代以后，企业所面临的环境日趋复杂，企业在其经营活动中必须花费更多的精力来处理企业伦理问题、企业社会责任问题、环境管理问题等，而这些问题都与企业经营时是否考虑利益相关者的利益要求密切相关。20世纪60年代末期以后，在现实中企业奉行“股东至上主义”的英美等国家经济遇到了前所未有的困难，而企业经营更多体现“利益相关者理论”的德国、日本以及许多东南亚国家和地区经济却迅速崛起。利益相关者理论具体包括三种观点：第一，企业依存观。把利益相关者作为企业生存的必要条件，研究的重点问题是利益相关者是谁，以及为什么要考虑这些利益相关者的利益。一方面，利益相关者对企业生存是必要的条件；另一方面，利益相关者为了自身的利益参与到企业中去，企业同时为他们提供了生存空间。第二，战略管理观。在公司战略决策时必须考虑利益相关者的影响，进行利益相关者分析，关键利益相关者的利益必须融合到公司战略目标中去，公司战略的实施也需要利益相关者的积极参与。第三，动态演化观。其有两个核心问题：一是利益相关者的认定（Stakeholder Identification），即谁是企业的利益相关者；二是利益相关者的特征（Stakeholder Salience），即管理层依据什么关注特定群体。

企业伦理发展由此出现了“无用论”和“万能论”。以米尔顿·弗里德曼为代表，认为企业讲究伦理、承担社会责任与企业经营绩效是矛盾的。以林恩·夏普·佩因、罗伯特·哈利特和斯蒂芬·罗宾斯等为代表，认为公司的社会行为与经营绩效之间存在一种正相关关系。以乔治·斯蒂纳、约翰·斯蒂纳和詹姆斯·E. 波斯特等为代表，认为公司的社会责任行为和公司的经营绩效之间的关系极为复杂。

## 2.2 国内研究综述

我国理论界在20世纪80年代随着改革开放的不断深化和发展才开始着力介绍和关注企业伦理问题。近年来，特别是2008年以来，在中国，分众无线垃圾短信事件、东航返航事件、王石慈善捐赠事件、百度竞价排名事件等引起了公众的广泛讨论。而“三鹿奶粉”事件更是深深刺痛了国人的心。人们在震惊、愤怒、不安的同时，对企业及企业经营者的社会责任和道德的期盼比以往任何时候都要更为强烈。所有这些事件促使国家制定法律规章鼓励组织开发各种项目，改变伦理行为，预防行为失范。

可以看出，当时国内学者对企业伦理问题的理解倾向于将其等同用于明确企业在现代市场经济中的角色，完善市场监管，建立可预知的法律框架，健全责任制度和规范企业伦理行为等。在此之后，随着企业伦理在经济社会发展中对企业必须承担社会责任的广泛认同，有关研究成果不断出现，成为学界日渐崛起的“显学”。综观当前国内学者对企业伦理问题的研究，大致有以下四个主要的研究领域：

第一个研究领域以上海交通大学周祖成教授为代表，主要是从企业伦理的基本理论构建的角度来关注企业伦理责任和问题。针对国内企业伦理学的研究现状而言，周祖成教授可以称得上是最为系统地研究和推介企业伦理理论的学者。由他主编的《企业伦理学》到目前为止已经出版到第三版，可以说是我国企业伦理理论的奠基之作。进入 21 世纪，中国学者对企业伦理责任和企业环境伦理责任展开了一定的研究。周祖成教授指出，所谓企业伦理责任是指企业在日常的各项活动中，应当自觉合乎伦理地对待各方利益相关者，而且应对没有达到伦理要求的行为承担相应的责任，企业的伦理责任是企业社会责任中的核心责任。企业环境伦理责任是企业兼顾生态效益、社会效益和经济效益的集中体现。尤其在全球化背景下，企业环境伦理责任的作用进一步凸显。从理论方面看，周祖城认为，卓越伦理以其有价值、稀缺性和难以模仿性，成为可持续竞争优势的一个来源，等等。这些研究思想很大程度上丰富了我国目前企业伦理的研究内容，拓宽了研究边界。吴元樑、温克勤、陈炳富等研究者也做出了卓越贡献。

第二个研究领域以对外经济贸易大学叶陈刚教授等学者为代表，主要从企业伦理理论与案例实证的角度关注企业伦理理论。构建企业伦理和社会责任及其应用系统，从历史变迁的角度讨论了道德、职业道德，在解释了企业伦理与社会责任的研究背景与主题框架的基础上，从研究和教育的角度讨论了企业伦理和社会责任的内涵及其功能作用，企业伦理与社会责任的内容及其构成。他们指出，“以德治国”是长期以来中国治国安邦的优良传统，创造并维护着光辉璀璨的上下五千年中华文明。随着市场经济由不成熟走向成熟，在现代企业管理中，企业伦理与社会责任显得越来越重要，并发挥着越来越大的作用，成为提高企业整体绩效的影响因素。如果轻视企业伦理与社会责任的约束，就可能导致市场经济的运行极不规范，企业之间竞争不公平，甚至迷失方向，进而演变成"官商权力经济""虚假欺骗经济""贿赂垄断经济"。我国企业的当务之急是要尽快走出经营管理和思想认识上的误区，大力开展企业伦理道德教育，强化职业伦理道德理念，将企业伦理与职业道德作为企业体制改革的一个重要部分和企业文化建设的重要方面，在企业组织框架中建立一套行之有效的伦理监督机制，切实全面提升企业伦理与社会责任水准，增强企业核心竞争力；促使企业承担更多的社会责任，共创人间净土，以确保企业间开展良性竞争，在正确轨道上健康、持续、协调地发展社会主义市场经济。

第三个研究领域以北京大学张维迎教授为代表，提出以制度构建与对策关注企业伦理理论，试图在对企业伦理的制约因素进行剖析的基础上，提出有针对性的政策措施。张维迎认为法律和信誉是维持市场有序运行的两个基本机制，事实上，与法律相比，信誉机制是一种成本更低的维持交易秩序的机制。特别是，在许多情况下，法律是无能为力的，只有信誉能起作用。进一步，法律的判决和执行依赖于当事人对信誉的重视程度。当人们没有积极性讲信誉的时候，法律就失去了信誉基础。在商业社会，企业是信誉的载体。许在荣、徐大建、王小锡等学者对此也做出了卓越贡献。

第四个研究领域以王小锡、朱金瑞、朱贻庭、徐定明、龚天平、唐凯麟等学者为主要代表，他们从伦理总纲角度讨论了企业伦理和伦理模式。王小锡、朱金瑞在《中国企业伦理模式论纲》中指出，企业伦理模式是企业在长期经营实战中价值共识和文化积淀的产物，是企业伦理个性特征的表现结构，具有唯一性和不可复制性。从本质上讲，企业伦理模式又是一种文化模式。对不同企业的伦理支点分析，从比较文化的视野，提出了我国企业伦理建设的七种主要模式，即权威模式（又称企业主宰的人格感召模式）、使命和责任模式、制度伦理模式、家族模式、嫁接模式、市场经济中的集体伦理模式、激情模式，并从增强政府政策的伦理性、设置践行伦理理念的有效操作模式、企业规章制度伦理化、树立企业经营管理者的道德形象等方面对企业伦理模式建设的机制进行了探讨。朱贻庭、徐定明在《企业伦理论纲》中对“企业伦理”作了构想，主要包括：企业与企业伦理；企业与社会——企业的社会使命与经营理念；企业与市场——企业的市场行为与市场道德；企业与员工——企业管理与企业伦理；企业与经营者——当代中国的企业家人格及其民族特色等。唐凯麟和龚天平在《管理伦理学纲要》中从管理的伦理属性和伦理的管理价值两个角度论证了管理伦理的必然性。这些研究对我国“现代企业制度”建设和企业发展均起到了很好的引领作用。

还有部分学者在数字经济时代背景下讨论了企业伦理问题（陈端、成海鹰、伍雨欣等）；有的学者讨论了AI背景下企业伦理的案例及对策（张光利等）。研究者们在新技术条件下讨论了企业伦理的相关问题，是对新时代背景下中国企业伦理问题研究的有益探索。

## 2.3 新时代背景下中国企业伦理思想的提出

### 2.3.1 社会主义核心价值观

1. 社会主义核心价值观的提出

核心价值观是某一社会群体判断社会事务时依据的是非标准、遵循的行为准则。核心价值观是社会核心价值体系基本理念的统一体，直接反映核心价值体系的本质规定性，贯穿于社会核心价值体系基本内容的各个方面。党的十八大明确提出“三个倡导”，倡导富强、民主、文明、和谐，倡导自由、平等、公正、法治，倡导爱国、敬业、诚信、友善，积极培育和践行社会主义核心价值观。2013年12月11日，中共中央办公厅印发的《关于培育和践行社会主义核心价值观的意见》指出，富强、民主、文明、和谐，自由、平等、公正、法治，爱国、敬业、诚信、友善，是社会主义核心价值观的基本内容。

2. 社会主义核心价值观的内容

核心价值观是国家、社会和个人三个层面上的价值选择。在国家层面上，价值目标也是我国在一定阶段的奋斗目标；社会层面的价值取向主要是针对社会关系来说的；个人层面则具体提出，作为公民我们每个人应该怎么做，这也是目前我们最紧迫要解决的问题。

(1)“富强、民主、文明、和谐”，是我国社会主义现代化国家的建设目标。富强即国富民强，是社会主义现代化国家经济建设的应然状态，是中华民族梦寐以求的美好夙愿，也是国家繁荣昌盛、人民幸福安康的物质基础。民主是人类社会的美好诉求。我们追求的民主是人民民主，其实质和核心是人民当家作主。文明是社会进步的重要标志，也是社会主义现代化国家的重要特征。它是社会主义现代化国家文化建设的应有状态，是对面向现代化、面向世界、面向未来的，民族的、科学的、大众的社会主义文化的概括。和谐是中国传统文化的基本理念，集中体现了学有所教、劳有所得、病有所医、老有所养、住有所居的生动局面。它是社会主义现代化国家在社会建设领域的价值诉求。

(2)“自由、平等、公正、法治”，是对美好社会的生动表述。自由是指人的意志自由、存在和发展的自由，是人类社会的美好向往，也是马克思主义追求的社会价值目标。平等指的是公民在法律面前的一律平等，其价值取向是不断实现实质平等。公正即社会公平和正义，它以人的解放、人的自由平等权利的获得为前提，是国家、社会应然的根本价值理念。法治是治国理政的基本方式，依法治国是社会主义民主政治的基本要求。它通过法治建设来维护和保障公民的根本利益，是实现自由平等、公平正义的制度保证。

(3)“爱国、敬业、诚信、友善”，是公民基本道德规范。爱国是基于个人对自己祖国依赖关系的深厚情感，也是调节个人与祖国关系的行为准则。敬业是对公民职业行为准则的价值评价，要求公民忠于职守，克己奉公，服务人民，服务社会，充分体现了社会主义职业精神。诚信即诚实守信，是人类社会千百年传承下来的道德传统，也是社会主义道德建设的重点内容，它强调诚实劳动、信守承诺、诚恳待人。友善强调公民之间应互相尊重、互相关心、互相帮助、和睦友好，努力形成社会主义的新型人际关系。

### 2.3.2 新时代背景下的中国企业伦理

我国正处于全面深化改革的关键时期，面临着复杂形势与新时代我国社会主义建设与现实发展的新要求。随着经济和社会的发展，中国已经成为世界第二大经济体，我国在世界政治、经济、外交等方面的影响越来越大、越来越深远。企业由关注自身利益和局部利益，开始转向关注世界、全人类的利益，以及与自然和谐相处，建立人类命运共同体。关系企业长久发展的企业伦理理论进而由一般关系协调向核心价值关系治理演进。企业伦理理论发展到今天，主要按照两条路径发展：一是“股东至上”的委托—代理理论，它是基于产权关系的治理理论；二是“共同治理”的利益相关者理论，它是基于超产权关系的治理理论。它们是基于一般关系协调的企业伦理运行模式。社会主义核心价值观是新时代的价值引领，把国家、社会、公民的价值要求有机地融为一体。基于社会主义核心价值观的企业伦理是超越一般产权关系的企业伦理，其本质是以社会主义核心价值观为基础的新型企业价值观的运营与管理。

# 第3章 社会主义核心价值观与企业经营绩效相关性实证分析

本章研究社会主义核心价值观与企业经营绩效的关系，两者是否具有相关性以及相关关系的方向（正向还是反向）是我们进行研究的关键。社会主义核心价值观具有国家、社会、个人三个层面的内涵，其对企业经营绩效的贡献度分别是多少也是讨论两者关系时需要验证的问题。

## 3.1 社会主义核心价值观与企业经营绩效关系结构量表编制

为了验证社会主义核心价值观与企业经营绩效是否存在相关性，我们根据研究需要编制了一个相应的量表作为实证工具。如果该量表经过主成分分析能得到3个因子，并且与企业经营绩效具有相关性，则表明社会主义核心价值观与企业经营绩效的相关关系是成立的。

### 3.1.1 量表设计的依据

1. 我国企业管理发展历程

近70年来，中国企业管理走过了特殊的历程，经历了风雨，也有难得的机遇，曾经停滞也曾得到极大发展。在中国经济发展成就为世界瞩目的今天，中国企业管理也在不断发展进步。随着我国经济建设的发展，企业管理经历了从简单到复杂、从经验到科学、从传统到现代的发展和演变。我国企业管理的发展可以划分为两个大的时期：第一个时期为1949—1978年，即中华人民共和国成立到党的十一届三中全会。计划经济体制下的生产管理是这一时期企业管理的主要特点。第二个时期是1978年至今，即从党的十一届三中全会开始到目前仍在延续，生产型管理向生产经营型管理的转变最后向企业管理现代化发展是这一时期企业管理发展的主要特点。对这两个大的时期进行细分，又可以分成八个不同的阶段。

第一阶段：1949—1952年。这一阶段企业管理的特点是破旧立新，变革企业管理制度。中华人民共和国成立后，在被接管的官僚资本主义企业中，破除旧的企业管理制度，通过民主改革（一是建立工厂管理委员会，实行工厂管理民主化；二是实行厂长负责制）和生产改革（一是建立健全企业管理机构，实行科学的分工，建立生产管理和技术管理的责任制度；二是推行经济核算制；三是改革工资制度，贯彻按劳分配原则；四是开展生产竞赛运动），初步建立起国营企业领导体制和社会主义企业管理制度。

第二阶段：1953—1957年。这一阶段企业管理的特点是全面、系统地引进苏联的企业管理制度和方法，实行科学管理。1953年，我国第一个五年计划开始，进入了大规模经济建设时期，兴建156项重点工程。同时，开始在全国范围内引进苏联的企业管理制度和方法。实行计划管理、技术管理、经济管理等，使我国的企业管理开始进入科学管理的轨道。但是，在这一过程中出现了照抄照搬的问题。1956年9月，提出在企业中实行党委集体领导下的厂长或经理负责制。1957年3月，在企业中推行党委领导下的职工代表大会制，加强民主管理。

第三阶段：1958—1966年。这一阶段企业管理的主要特点是探索我国自己的企业管理道路，创建有中国特色的现代企业管理理论体系。这一阶段出现了工人参与管理，领导干部、技术人员和工人三结合等新经验。但也出现了否定合理的规章制度，制定不切合实际的高指标、瞎指挥、弄虚作假等现象。1960年冬，中共中央提出对国民经济实行“调整、巩固、充实、提高”

八字方针；1961—1966 年，我国企业贯彻执行“八字方针”和《工业七十条》，重新走上了科学管理的轨道，各项管理工作水平都有了显著的提高，大庆油田是反映这一阶段管理成功的企业。

第四阶段：1966—1976 年。“十年动乱”使我国的企业管理受到严重的破坏，企业的生产力遭到极大的破坏。

第五阶段：1978—1981 年。这一阶段我国企业管理处于恢复性整顿时期。1978 年 7 月，中共中央制定了《关于加快工业发展若干问题的决定（草案）》（即《工业三十条》），为企业的科学管理提供了正确的政策依据。企业管理进入恢复性整顿，各项工作百废待兴，恢复性整顿的内容包括企业管理工作的指导思想、组织领导和管理制度等方面。

第六阶段：1982—1985 年。在这一阶段，为适应我国经济建设的要求，对企业进行了全面的整顿。同时，进行了企业管理现代化试点，1982 年 1 月 2 日，党中央、国务院发布《关于国营工业企业进行全面整顿的决定》，从 1982 年起对所有国营工业企业进行全面整顿。整顿的主要内容有整顿和完善经济责任制、劳动纪律、财经纪律、劳动组织、领导班子五个方面。在对企业进行全面整顿期间，以权、责、利相结合为特点的工业经济责任制也在全国广泛开展。这一阶段，我国的企业开始接触并学到了一些国外的先进管理经验和现代管理方法（如日本企业的全面质量管理），并加以借鉴应用，取得了较好的效果。中国企业管理协会于 1983 年 1 月召开了“借鉴外国管理经验座谈会”。1984 年初，国务院及国家经委总结提出了企业管理现代化的“五化”内容，并推荐了 18 种在实践中应用效果较好，具有普遍推广价值的现代化管理方法（又称为现代化管理十八法），如价值工程、网络技术、目标管理等。

第七阶段：1985—1992 年。1985 年底，企业管理整顿工作结束，工作的重点开始全面转向企业管理现代化。1986 年，国务院发布《关于加强工业企业管理若干问题的决定》，提出“抓管理，上等级，全面提高企业素质”，并要求加快企业管理现代化的步伐。为此，国家经委专门制定和颁发了《企业管理现代化纲要》，进一步明确了我国推进企业管理现代化的指导方针、奋斗目标、基本内容、实施途径和政策措施等。

20 世纪 80 年代末到 90 年代初，我国的企业管理发生了非常深刻的变化，主要表现是：不少企业已经初步树立起竞争观念、效益观念、市场观念和用户观念，并开始将竞争机制、风险机制和约束机制引入企业；企业的领导者开始从过去的行政干部型向经营管理者、企业家转变；企业领导体制由党委一元化领导改为实行厂长（经理）负责制；企业内部组织结构由过去比较单一的直线职能制向多元化组织形态转变；企业管理的重点从对物的管理为主转向“以人为中心”的现代化管理；普遍推行全面质量管理，企业管理现代化取得了突出的进展，主要表现在以下三个方面：一是多项现代管理方法配套应用，多个子系统乃至整个系统的优化；二是企业开始探索更加适合自身情况的新的管理方法；三是计算机应用已逐步从生产、设计领域扩展到管理领域。

第八阶段：1993 年至今。1993 年以来，我国的企业管理发生了更加深刻的变化，特点是党的十四届三中全会对建立社会主义市场经济体制进行重大战略部署之后，我国的企业管理开始向适应市场经济的方向转变，进入“九五”计划以来，许多企业面向市场、转变观念、抓企业管理、苦练内功、坚持“三改一加强”，积极探索适应社会主义市场经济体制的企业管理新模式；在全国开展了声势浩大的学邯钢活动，对国有企业的改革和发展起到了很大的促进作用；经济科技区的开发，西部大开发也促进了企业管理的进步，中国企业管理出现了新趋势。

2. 我国企业管理发展趋势

（1）企业的管理思想：建立了适应社会主义市场经济体制的新的企业管理观念，大多数企业经营管理者已经具备现代市场导向观念、无形资产观念、经营创新观念、质量效益观念、经营风险观念、人才观念和法制观念。

（2）企业组织形态：传统的工厂管理体制开始转向现代的公司制，领导体制由厂长（经理）负责制转向三权分立、权力制衡的公司法人治理结构；不少企业根据自身的条件放弃了应用多年的直线制或直线职能制，采用了事业部或矩阵式的现代管理组织形式；由经营型向投资与学习型转变；组织设计则由垂直型向扁平型方向发展。扁平型公司的主要特征：围绕工作流程而非部门职能来管理；只在传统的职能部门保留少数职务，如财务、人力资源；使更多员工参与，形成新的服务平台，员工可与供应商一样与顾客联系，改善服务，增强公司的竞争力。

(3) 组织目标由过去在企业管理中摆在第一位的社会目标让位于经济效益目标。

(4) 企业管理内容：不再仅局限于生产管理，而是面向市场，从单纯的生产管理转向对市场预测、产品研究与开发、能源、原材料、零部件供应、设备管理、成本控制、质量控制、人员培训、库存控制、营销管理和售后服务等生产经营全过程的管理。

(5) 企业管理手段、方法、理论：现代化企业管理手段如计算机及网络技术的应用日益普及，并在企业财务管理、质量控制、工资管理、仓库管理、设备管理等方面广泛应用；全面质量管理、目标管理、无缺点计划、系统工程等企业管理方法与国际标准及现代质量标准认证等国际管理标准开始在企业中应用；管理学、市场营销学、战略管理、管理信息系统、人力资源管理、研究与开发管理、生产管理、质量管理、财务管理、企业形象与公共关系、企业再造理论、学习型组织、团队组织理论等西方国家的现代化企业管理理论被引入企业管理及教学。

(6) 企业的基础管理工作：企业的基础管理工作有所加强，标准化工作已在企业中得到普及；企业普遍建立了计量管理机构，配备了计量管理专业人员，计量器具配备率达到97.44%；大多数企业都建立了以经济责任制为核心的比较完善的规章制度体系，近90%的企业已采用计算机进行信息处理，其中有半数以上的企业建成了与国家或省级信息中心联网的信息系统。

当前，柔性管理、弹性组织、全球战略、知识管理、跨文化管理、企业再造工程、提高管理者素质等，已经成为企业管理发展的新潮流。

党的十八大报告提出了“富强、民主、文明、和谐、自由、平等、公正、法治、爱国、敬业、诚信、友善”的社会主义核心价值观。“富强、民主、文明、和谐”，是我国社会主义现代化国家的建设目标，也是从价值目标层面对社会主义核心价值观基本理念的凝练，在社会主义核心价值观中居于最高层次，对其他层次的价值理念具有统领作用。“自由、平等、公正、法治”，是对美好社会的生动表述，也是从社会层面对社会主义核心价值观基本理念的凝练。“爱国、敬业、诚信、友善”，是个人基本道德规范，是从个人行为层面对社会主义核心价值观基本理念的凝练。

社会主义核心价值观影响到社会生活的方方面面，企业作为社会的主体之一更是受到了深刻的影响，社会主义核心价值观直接或间接地影响企业的行为，进而对企业的生产经营绩效产生了较大的影响。从政府与国家的层面看，政府的行为直接影响企业的发展战略；从社会层面看，企业与社会之间的联系对企业竞争力的形成有着重要影响作用；从个人层面看，员工与顾客是企业赖以生存的核心要素。社会主义核心价值观从三个维度作用于社会主体，进而对企业经营绩效产生影响。

### 3.1.2 量表的具体内容

量表的测项指标主要从社会主义核心价值观的政府层面、社会层面、个人层面进行设计，围绕这三个层面提出了若干测项，测项主要有三个来源：以往学者曾经使用过的测项；研究者根据相关概念和文献自行编制的测项；从顾客或者专家访谈中归纳出来的测项。

1. 国家层面对企业经营绩效的影响测项

根据国内已有文献，其主要影响体现在政商关系上，通过新型政商关系的建设，一方面政府帮助企业发展，另一方面企业积极主动地响应国家政策，接受市场监管。国家层面的社会主义核心价值观对企业经营的影响与政府构建的营商环境息息相关，根据全国工商联委托正和岛所作的营商环境评价调查问卷，总结出了以下测项：企业受到政策影响程度、企业对政策的认可度、企业对政策导向的关注度、企业受到政府奖励与惩罚、企业对政府信息公开的关注度、企业的纳税行为等。我们根据已有研究结果，提出了国家层面的社会主义核心价值观对企业经营绩效的影响测项：企业受到政策影响程度、企业对政策的认可度、企业对政策导向的关注度、企业受到政府奖励、企业受到政府处罚、企业受到政府表扬、企业对政府信息公开的关注度、企业的纳税行为、企业对政府号召的响应程度 9 项指标。

2. 社会层面对企业经营绩效的影响测项

其主要依据《企业核心竞争力的分析与评价体系研究》（王秀丽，

2006）和《企业社会责任运动测评指标体系实证研究——消费者视角》（金立印，2006）的研究方法进行指标设计，我们提出有关社会层面的指标：企业社会形象、企业产品口碑、企业参与社会公益事业程度、企业产品的市场份额、企业在同行业中的地位、企业的投诉信息数量、企业对投诉情况的处理效果、企业与客户的关系、企业工作机会受欢迎程度、企业信息公开的质量10项指标。

3. 个人层面对企业经营绩效的影响测项

其主要依据《企业核心竞争力的分析与评价体系研究》（王秀丽，2006）和《企业利益相关者、绿色管理行为与企业绩效》（李卫宁、吴坤津，2013）的研究方法进行指标设计，主要包括：企业员工工作热情、企业员工行为的合规程度、企业有党员身份的员工比例、企业员工整体思想道德水平、企业对员工个人发展的重视程度、企业上下级关系、企业生产规范程度、企业的文化与价值观、企业创新能力9项指标。

根据上面的研究，我们总结了前人的研究工作，绘制了初步的李克特量表。为了准确地反映问题和对所研究问题有一个较为准确的把握，我们根据研究的问题到企业进行了实地访谈，与企业高层管理人员进行沟通交流，同时与相关研究所人员及专家进行沟通，获取他们的看法与意见。

通过主要文献的扫描以及对顾客、实地访谈以及专家意见，参考所使用的SPSS 20.0统计软件的特点，我们设计出了李克特量表的问卷形式初稿，如表3-1所示。

**表3-1　社会主义核心价值观与企业经营绩效之间关系李克特量表初稿**

以下是针对贵公司在社会主义核心价值观影响下企业经营绩效的情况描述，请给出您对下列描述的同意程度：1 非常不同意；2 不同意；3 不知道；4 同意；5 非常同意。

| 具体测项 | 非常不同意 | 不同意 | 不知道 | 同意 | 非常同意 |
|---|---|---|---|---|---|
| 1. 企业受到政府政策影响程度深 | | | | | |
| 2. 企业认可政府出台的政策法规 | | | | | |
| 3. 企业关注政府产业政策导向 | | | | | |
| 4. 企业经常受到政府表扬 | | | | | |
| 5. 企业经常受到政府补助 | | | | | |

续表

| 具体测项 | 非常不同意 | 不同意 | 不知道 | 同意 | 非常同意 |
|---|---|---|---|---|---|
| 6. 企业很少受到政府处罚 | | | | | |
| 7. 企业对政府信息公开关注度高 | | | | | |
| 8. 企业纳税及时，准确 | | | | | |
| 9. 企业响应政府号召的程度高 | | | | | |
| 10. 企业社会形象好 | | | | | |
| 11. 企业产品口碑好 | | | | | |
| 12. 企业参与社会公益事业程度高 | | | | | |
| 13. 企业产品的市场份额高 | | | | | |
| 14. 企业在同行业中处于领先水平 | | | | | |
| 15. 企业很少接到投诉信息 | | | | | |
| 16. 企业对投诉情况处理得当 | | | | | |
| 17. 企业客户关系良好，交易摩擦少 | | | | | |
| 18. 企业工作机会很受社会从业者欢迎 | | | | | |
| 19. 企业信息公开全面，真实度高 | | | | | |
| 20. 企业员工工作热情高 | | | | | |
| 21. 企业员工很少有违规行为 | | | | | |
| 22. 企业有党员身份的员工比较少 | | | | | |
| 23. 企业员工整体思想道德水平高 | | | | | |
| 24. 企业管理层重视员工个人发展 | | | | | |
| 25. 企业上下级关系良好，交流顺畅 | | | | | |
| 26. 企业生产规范程度高 | | | | | |
| 27. 企业有良好的企业文化与价值观 | | | | | |
| 28. 企业有活力，创新能力强 | | | | | |

### 3.1.3　问卷发放说明

1. 样本选择与问卷说明

（1）问卷围绕社会主义核心价值观与企业经营绩效之间关系这一主题进行设计，采用了李克特 5 级量表，采用梯级分值法，分别对应 1、2、3、4、

5。问卷涉及的问题按照层次合理、便于处理而又无歧义的原则。

（2）在问卷调查的样本选择上，本次问卷主要的发放对象是北京市不同行业的不同层次的企业管理者以及企业的基层员工。

2. 问卷的检查

本次调查一共发放了110份问卷，收回87份问卷，回收率是79.1%。其中有效问卷83份，占收回问卷的95.4%，问卷质量与效果较好。

3. 基本情况的描述性统计

问卷发放人群的基本情况统计如表3－2（职位）、表3－3（学历）、表3－4（行业）所示。

**表3－2　　职位**

| 职位 | 频率 | 百分比 | 有效百分比 | 累积百分比 |
|---|---|---|---|---|
| 主要管理者 | 7 | 8.4 | 8.4 | 8.4 |
| 中层管理者 | 18 | 21.7 | 21.7 | 30.1 |
| 基层管理者 | 30 | 36.1 | 36.1 | 66.3 |
| 业务人员 | 26 | 31.3 | 31.3 | 97.6 |
| 其他 | 2 | 2.4 | 2.4 | 100.0 |
| 合计 | 83 | 100.0 | 100.0 | |

**表3－3　　学历**

| 学历 | 频率 | 百分比 | 有效百分比 | 累积百分比 |
|---|---|---|---|---|
| 大专 | 1 | 1.2 | 1.2 | 1.2 |
| 本科 | 41 | 49.4 | 49.4 | 50.6 |
| 研究生 | 41 | 49.4 | 49.4 | 100.0 |
| 合计 | 83 | 100.0 | 100.0 | |

**表3－4　　行业**

| 行业 | 频率 | 百分比 | 有效百分比 | 累积百分比 |
|---|---|---|---|---|
| 传统制造业 | 7 | 8.4 | 8.4 | 8.4 |
| 零售与贸易行业 | 5 | 6.0 | 6.0 | 14.5 |

续表

| 行业 | 频率 | 百分比 | 有效百分比 | 累积百分比 |
|---|---|---|---|---|
| 信息技术行业 | 11 | 13.3 | 13.3 | 27.7 |
| 建筑业 | 2 | 2.4 | 2.4 | 30.1 |
| 金融行业 | 35 | 42.2 | 42.2 | 72.3 |
| 房地产业 | 4 | 4.8 | 4.8 | 77.1 |
| 仓储运输业 | 6 | 7.2 | 7.2 | 84.3 |
| 其他 | 13 | 15.7 | 15.7 | 100.0 |
| 合计 | 83 | 100.0 | 100.0 | |

## 3.2 测项分析过程

### 3.2.1 测项整体分析

将社会主义核心价值观对企业经营绩效影响的所有测项进行汇总，一共得到28个测项。这28个测项在统计意义上不一定能准确、稳定地反映一般意义上的三个层面的社会主义核心价值观对企业经营绩效的影响。因此需要经过测项纯化找出并删除不合适的测项，最终形成一个稳定的量表。

下面我们进行测项总体相关性分析：

对全部测项进行分析，由KMO值（0.882）（如表3-5所示）和Bartlett的球形度检验（Sig. =0.000）（如表3-6所示）可以看出测项适合做主成分分析。

表3-5　可靠性统计量

| Cronbach's Alpha | 基于标准化项的 Cronbach's Alpha | 项数 |
|---|---|---|
| 0.882 | 0.887 | 28 |

表 3－6　　KMO 和 Bartlett 的球形度检验

| | | |
|---|---|---|
| 取样足够度 Kaiser－Meyer－Olkin | 度量 | 0.767 |
| Bartlett 的球形度检验 | 近似卡方 | 1226.290 |
| | df | 378 |
| | Sig. | 0.000 |

## 3.2.2　测项的纯化

测项的纯化是指通过一系列的标准将量表中初始的测项进行筛选，以确定合适的测项进入最后的量表。我们按照删除测项后 Cronbach's Alpha 值会增加来选择删除的测项。

根据表 3－7 可以进行测项剔除，剔除的主要测项有：企业经常受政府政策影响（A1）、企业经常受到政府补助（A5）、企业很少受到政府处罚（A6）、企业有党员身份的员工少（A22），经过纯化后，测项保留 24 项。

表 3－7　　项总计统计量

| | 项已删除的刻度均值 | 项已删除的刻度方差 | 校正的项总计相关性 | 多相关性的平方 | 项已删除的 Cronbach's Alpha 值 |
|---|---|---|---|---|---|
| A1 | 101.31 | 183.535 | －0.002 | 0.449 | 0.886 |
| A2 | 101.72 | 171.983 | 0.436 | 0.492 | 0.878 |
| A3 | 101.20 | 178.067 | 0.369 | 0.601 | 0.880 |
| A4 | 102.36 | 172.624 | 0.377 | 0.485 | 0.879 |
| A5 | 102.84 | 183.695 | －0.031 | 0.470 | 0.890 |
| A6 | 101.73 | 175.636 | 0.274 | 0.479 | 0.882 |
| A7 | 101.58 | 174.637 | 0.350 | 0.548 | 0.880 |
| A8 | 101.42 | 173.320 | 0.382 | 0.684 | 0.879 |
| A9 | 101.51 | 174.814 | 0.418 | 0.690 | 0.879 |
| A10 | 101.48 | 171.033 | 0.629 | 0.841 | 0.875 |
| A11 | 101.47 | 169.984 | 0.665 | 0.834 | 0.874 |
| A12 | 101.98 | 171.219 | 0.426 | 0.521 | 0.878 |

续表

| | 项已删除的刻度均值 | 项已删除的刻度方差 | 校正的项总计相关性 | 多相关性的平方 | 项已删除的 Cronbach's Alpha 值 |
|---|---|---|---|---|---|
| A13 | 102.18 | 163.589 | 0.594 | 0.834 | 0.874 |
| A14 | 102.01 | 166.622 | 0.538 | 0.755 | 0.875 |
| A15 | 102.10 | 173.454 | 0.353 | 0.541 | 0.880 |
| A16 | 101.83 | 172.679 | 0.444 | 0.657 | 0.878 |
| A17 | 101.89 | 167.366 | 0.573 | 0.620 | 0.875 |
| A18 | 101.94 | 166.521 | 0.619 | 0.669 | 0.874 |
| A19 | 102.04 | 167.474 | 0.591 | 0.602 | 0.874 |
| A20 | 102.25 | 167.435 | 0.542 | 0.762 | 0.875 |
| A21 | 101.90 | 172.844 | 0.436 | 0.526 | 0.878 |
| A22 | 103.06 | 188.155 | -0.167 | 0.389 | 0.895 |
| A23 | 101.92 | 170.907 | 0.546 | 0.605 | 0.876 |
| A24 | 102.41 | 167.684 | 0.571 | 0.683 | 0.875 |
| A25 | 102.14 | 168.833 | 0.530 | 0.656 | 0.876 |
| A26 | 101.80 | 167.433 | 0.677 | 0.653 | 0.873 |
| A27 | 101.87 | 165.482 | 0.635 | 0.667 | 0.873 |
| A28 | 102.24 | 164.819 | 0.586 | 0.688 | 0.874 |

## 3.2.3 量表质量的检验

1. 信度检验

调整后的可靠性统计量如表 3-8 所示，Cronbach's Alpha 值为 0.908，一般来说，其值大于0.7 效果比较好，因此，调整后的测项呈现出较好的内部一致性。

**表 3-8　　调整后的可靠性统计量**

| Cronbach's Alpha | 基于标准化项的 Cronbach's Alpha | 项数 |
|---|---|---|
| 0.908 | 0.910 | 24 |

2. 效度检验

对调整后的测项再进行一次 item - total 相关分析，结果如表 3 - 9 所示，KMO 值（0.809）和 Bartlett 的球形度检验显著性程度（sig = 0.000）在删除相关性较小的测项后，结合调整后的项总计统计量（如表 3 - 10 所示），问卷的可靠性和有效性都有所提高，更适合做因子分析。

**表 3 - 9　　调整后的 KMO 和 Bartlett 的球形度检验**

| | | |
|---|---|---|
| 取样足够度的 Kaiser - Meyer - Olkin | 度量 | 0.809 |
| Bartlett 的球形度检验 | 近似卡方 | 1081.043 |
| | df | 276 |
| | Sig. | 0.000 |

**表 3 - 10　　调整后的项总计统计量**

| | 项已删除的刻度均值 | 项已删除的刻度方差 | 校正的项总计相关性 | 多相关性的平方 | 项已删除的 Cronbach's Alpha 值 |
|---|---|---|---|---|---|
| A2 | 87.83 | 167.191 | 0.410 | 0.443 | 0.906 |
| A3 | 87.31 | 172.535 | 0.369 | 0.516 | 0.907 |
| A4 | 88.47 | 167.447 | 0.366 | 0.427 | 0.908 |
| A7 | 87.69 | 169.096 | 0.353 | 0.510 | 0.907 |
| A8 | 87.53 | 167.447 | 0.399 | 0.636 | 0.907 |
| A9 | 87.61 | 168.874 | 0.441 | 0.664 | 0.906 |
| A10 | 87.59 | 165.294 | 0.646 | 0.828 | 0.903 |
| A11 | 87.58 | 164.296 | 0.680 | 0.816 | 0.902 |
| A12 | 88.08 | 164.981 | 0.457 | 0.500 | 0.906 |
| A13 | 88.29 | 158.867 | 0.574 | 0.822 | 0.903 |
| A14 | 88.12 | 161.644 | 0.525 | 0.751 | 0.904 |
| A15 | 88.20 | 168.092 | 0.349 | 0.519 | 0.908 |
| A16 | 87.94 | 166.862 | 0.460 | 0.634 | 0.905 |
| A17 | 88.00 | 161.829 | 0.579 | 0.597 | 0.903 |
| A18 | 88.05 | 161.144 | 0.620 | 0.610 | 0.902 |
| A19 | 88.14 | 161.979 | 0.597 | 0.582 | 0.903 |
| A20 | 88.36 | 160.941 | 0.584 | 0.675 | 0.903 |

续表

| | 项已删除的刻度均值 | 项已删除的刻度方差 | 校正的项总计相关性 | 多相关性的平方 | 项已删除的 Cronbach's Alpha 值 |
|---|---|---|---|---|---|
| A21 | 88.01 | 167.622 | 0.426 | 0.478 | 0.906 |
| A23 | 88.02 | 164.780 | 0.578 | 0.550 | 0.903 |
| A24 | 88.52 | 162.009 | 0.583 | 0.675 | 0.903 |
| A25 | 88.25 | 163.874 | 0.512 | 0.581 | 0.904 |
| A26 | 87.90 | 162.137 | 0.674 | 0.623 | 0.901 |
| A27 | 87.98 | 159.804 | 0.648 | 0.608 | 0.901 |
| A28 | 88.35 | 159.084 | 0.600 | 0.676 | 0.902 |

## 3.3 测项分析结果

通过对量表中测项的纯化、修正以及重新检验，最终形成了经过信度与效度检验的科学的问卷样本（如表3-11所示）。

**表3-11　社会主义核心价值观与企业经营绩效之间关系李克特量表**

以下是针对贵公司在社会主义核心价值观影响下企业经营绩效的情况描述，请给出您对下列描述的同意程度：1 非常不同意；2 不同意；3 不知道；4 同意；5 非常同意。

| 具体测项 | 非常不同意 | 不同意 | 不知道 | 同意 | 非常同意 |
|---|---|---|---|---|---|
| 1. 企业认可政府出台的政策法规 | | | | | |
| 2. 企业关注政府产业政策导向 | | | | | |
| 3. 企业经常受到政府表扬 | | | | | |
| 4. 企业对政府信息公开关注度高 | | | | | |
| 5. 企业纳税及时，准确 | | | | | |
| 6. 企业响应政府号召的程度高 | | | | | |
| 7. 企业社会形象好 | | | | | |
| 8. 企业产品口碑好 | | | | | |

续表

| 具体测项 | 非常不同意 | 不同意 | 不知道 | 同意 | 非常同意 |
|---|---|---|---|---|---|
| 9. 企业参与社会公益事业程度高 | | | | | |
| 10. 企业产品的市场份额高 | | | | | |
| 11. 企业在同行业中处于领先水平 | | | | | |
| 12. 企业很少接到投诉信息 | | | | | |
| 13. 企业对投诉情况处理得当 | | | | | |
| 14. 企业客户关系良好，交易摩擦少 | | | | | |
| 15. 企业工作机会很受社会从业者欢迎 | | | | | |
| 16. 企业信息公开全面，真实度高 | | | | | |
| 17. 企业员工工作热情高 | | | | | |
| 18. 企业员工很少有违规行为 | | | | | |
| 19. 企业员工整体思想道德水平高 | | | | | |
| 20. 企业管理层重视员工个人发展 | | | | | |
| 21. 企业上下级关系良好，交流顺畅 | | | | | |
| 22. 企业生产规范程度高 | | | | | |
| 23. 企业有良好的企业文化与价值观 | | | | | |
| 24. 企业有活力，创新能力强 | | | | | |

### 3.3.1 因子分析

调整后的测项经过检验（如表 3 - 9、表 3 - 10 所示），结果表明适合做因子分析。量表中的 24 个测项利用 SPSS 20.0 统计软件因子分析中的主成分分析进行数据分析。

1. 提取公因子

从特征值上看，前 3 个因子的特征值均大于 1，从碎石图的走势看，前 3 个因子的变动较大，从第 4 个因子开始变缓（如图 3 - 1 所示），因此应该取 3 个成分因子。从方差解释贡献率看，前 3 个因子累计解释了 61.38% 的信息（如表 3 - 12 所示），因此取 3 个因子是合理的。

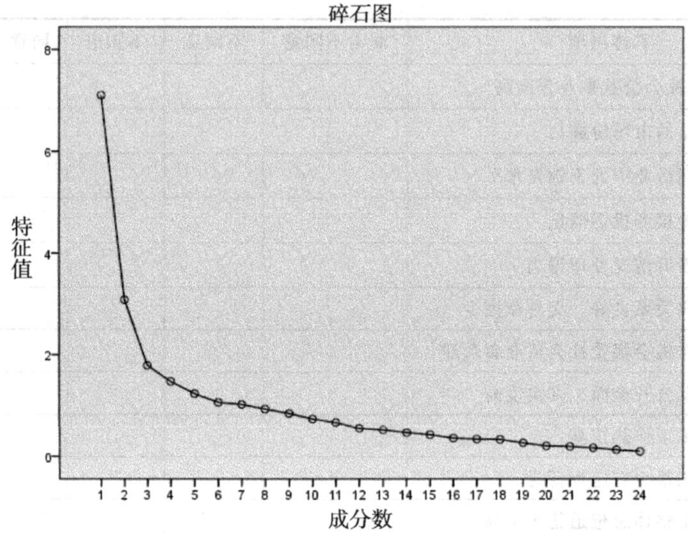


**图 3－1　碎石图**

**表 3－12　　　　　　　　　　　　解释的总方差**

| 因子 | 初始特征值 | | | 提取平方和载入 | | | 旋转平方和载入 | | |
|---|---|---|---|---|---|---|---|---|---|
| | 合计 | 方差的 % | 累积 % | 合计 | 方差的 % | 累积 % | 合计 | 方差的 % | 累积 % |
| 1 | 3.035 | 30.759 | 30.759 | 7.075 | 30.759 | 30.759 | 4.461 | 13.131 | 32.528 |
| 2 | 1.809 | 13.196 | 51.822 | 3.035 | 13.196 | 43.955 | 3.020 | 10.394 | 55.195 |
| 3 | 1.022 | 7.867 | 61.384 | 1.177 | 5.115 | 62.830 | 2.823 | 6.189 | 61.384 |
| 4 | 0.991 | 5.892 | 57.715 | | | | | | |
| 5 | 0.946 | 5.115 | 62.830 | | | | | | |
| 6 | 0.912 | 4.562 | 67.392 | | | | | | |
| 7 | 0.886 | 4.215 | 71.607 | | | | | | |
| 8 | 0.847 | 3.811 | 75.419 | | | | | | |
| 9 | 0.782 | 3.402 | 78.820 | | | | | | |
| 10 | 0.658 | 2.861 | 81.681 | | | | | | |
| 11 | 0.590 | 2.565 | 84.246 | | | | | | |
| 12 | 0.539 | 2.343 | 86.590 | | | | | | |
| 13 | 0.500 | 2.172 | 88.762 | | | | | | |

续表

| 因子 | 初始特征值 | | | 提取平方和载入 | | | 旋转平方和载入 | | |
|---|---|---|---|---|---|---|---|---|---|
| | 合计 | 方差的 % | 累积 % | 合计 | 方差的 % | 累积 % | 合计 | 方差的 % | 累积 % |
| 14 | 0.411 | 1.789 | 90.550 | | | | | | |
| 15 | 0.407 | 1.768 | 92.318 | | | | | | |
| 16 | 0.350 | 1.521 | 93.839 | | | | | | |
| 17 | 0.339 | 1.475 | 95.314 | | | | | | |
| 18 | 0.267 | 1.159 | 96.473 | | | | | | |
| 19 | 0.225 | 0.980 | 97.453 | | | | | | |
| 20 | 0.195 | 0.846 | 98.299 | | | | | | |
| 21 | 0.170 | 0.738 | 99.038 | | | | | | |
| 22 | 0.129 | 0.559 | 99.596 | | | | | | |
| 23 | 0.093 | 0.404 | 100.000 | | | | | | |

提取方法：主成分分析。

2. 因子的命名与解释

通过最大方差法的正交旋转后可以得到表 3-13，将 24 个测项归类于 3 个成分因子。因子 1 包含的测项是：企业认可政府出台的政策法规（A1）、企业关注政府产业政策导向（A2）、企业经常受到政府表扬（A3）、企业对政府信息公开关注度高（A4）、企业纳税及时，准确（A5）、企业响应政府号召的程度高（A6），可以解释为政府层面的因子。因子 2 包含的测项是：企业社会形象好（A7）、企业产品口碑好（A8）、企业参与社会公益事业程度高（A9）、企业产品的市场份额高（A10）、企业在同行业中处于领先水平（A11）、企业很少接到投诉信息（A12）、企业对投诉情况处理得当（A13）、企业客户关系良好，交易摩擦少（A14）、企业工作机会很受社会从业者欢迎（A15），可以解释为社会层面的因子。因子 3 包含的测项是：企业信息公开全面，真实度高（A16）、企业员工工作热情高（A17）、企业员工很少有违规行为（A18）、企业员工整体思想道德水平高（A19）、管理层重视员工个人发展（A20）、企业上下级关系良好，交流顺畅（A21）、企业生产规范程度高（A22）、企业有良好的企业文化与价值观（A23）、企业有活力，创新能力强（A24），可以解释为个人层面的因子。

表 3-13　　旋转成分矩阵[a]

| | 成分 | | |
|---|---|---|---|
| | 1 | 2 | 3 |
| A1 | 0.564 | 0.309 | 0.432 |
| A2 | 0.703 | 0.442 | 0.216 |
| A3 | 0.502 | -0.114 | 0.409 |
| A4 | 0.664 | 0.178 | -0.065 |
| A5 | 0.742 | 0.048 | 0.042 |
| A6 | 0.631 | 0.253 | 0.297 |
| A7 | 0.127 | 0.622 | 0.304 |
| A8 | 0.208 | 0.703 | 0.330 |
| A9 | 0.046 | 0.657 | 0.078 |
| A10 | 0.142 | 0.853 | 0.026 |
| A11 | 0.218 | 0.776 | -0.099 |
| A12 | -0.082 | 0.614 | -0.065 |
| A13 | 0.292 | 0.639 | 0.118 |
| A14 | 0.120 | 0.507 | 0.325 |
| A15 | -0.042 | 0.636 | 0.248 |
| A16 | -0.085 | 0.050 | 0.592 |
| A17 | 0.127 | -0.008 | 0.831 |
| A18 | 0.249 | 0.111 | 0.768 |
| A19 | 0.380 | 0.328 | 0.665 |
| A20 | 0.122 | 0.012 | 0.542 |
| A21 | 0.327 | 0.444 | 0.497 |
| A22 | 0.014 | 0.311 | 0.676 |
| A23 | 0.265 | 0.173 | 0.550 |
| A24 | 0.113 | 0.235 | 0.656 |

提取方法：主成分分析。

旋转法：具有 Kaiser 标准化的正交旋转法。

a. 旋转在 5 次迭代后收敛。

表 3-14 所示为因子得分协方差矩阵，3 个因子相互独立，不存在较严

重的线性相关关系。

**表 3-14　　因子得分协方差矩阵**

| 因子 | 1 | 2 | 3 |
|---|---|---|---|
| 1 | 1.000 | 0.000 | 0.000 |
| 2 | 0.000 | 1.000 | 0.000 |
| 3 | 0.000 | 0.000 | 1.000 |

提取方法：主成分分析。

旋转法：具有 Kaiser 标准化的正交旋转法。

构成得分。

图 3-2 所示为旋转后的因子载荷图。

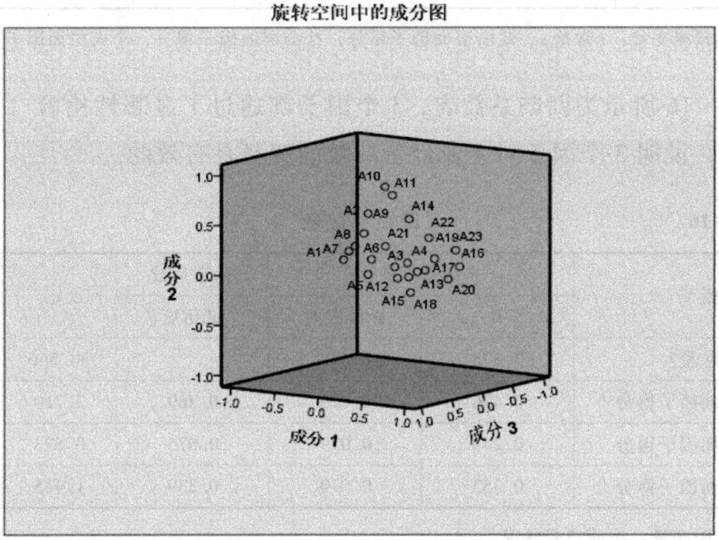


**图 3-2　旋转后的因子载荷图**

## 3.3.2　三个层面的社会主义核心价值观与企业经营绩效相关性的实证分析

在控制其他因素的前提下，以社会主义核心价值观的政府层面、社会层面、个人层面3个因子作为自变量，以企业经营绩效作为因变量，进行多元线性回归分析，回归模型如下：

$$Y = \beta_0 + \beta_1 X_1 + \beta_2 X_2 + \beta_3 X_3 + \varepsilon$$

$X_j$ =（j = 1，政府层面因子；j = 2，社会层面因子；j = 3，个人层面因子）

$\varepsilon$ = 误差项

表3－15所示为模型汇总表，可以看出调整 $R^2$ 为0.521，表示该多元回归模型具有一定的解释力。

**表3－15　模型汇总表[a]**

| 模型 | 调整 $R^2$ | 估计的标准误差 |
|---|---|---|
| 1 | 0.521 | 0.712 |

注：a. 预测变量：（常量），政府层面因子得分，社会层面因子得分，个人层面因子得分。

表3－16所示为回归系数表，3个因子都通过了显著性检验（显著水平为0.05），说明3个因子对企业经营绩效的解释是有效的。

**表3－16　回归系数表[a]**

| 模型 | 非标准化系数 | | 标准系数 | t | Sig. |
|---|---|---|---|---|---|
| | B | 标准误差 | 试用版 | | |
| （常量） | 2.373 | 0.078 | | 30.356 | 0.000 |
| 政府层面因子得分 | 0.406 | 0.079 | 0.369 | 3.710 | 0.043 |
| 社会层面因子得分 | 0.243 | 0.079 | 0.075 | 0.873 | 0.000 |
| 个人层面因子得分 | 0.352 | 0.079 | 0.239 | 1.425 | 0.018 |

注：a. 因变量：企业经营状况。

从回归模型可以看出，在其他2个因子不变的前提下，政府层面因子对企业经营绩效的回归系数为0.406；社会层面因子对企业经营绩效的回归系数为0.243；个人层面因子对企业经营绩效的回归系数为0.352。因此，社会主义核心价值观三个层面的内涵对企业经营绩效的影响顺序依次为：政府层面、个人层面、社会层面。

# 第4章

# 企业伦理与国家层面社会主义核心价值观

本章主要讲述以国家层面社会主义核心价值观为理论基础的企业伦理运营与管理机制，围绕国家层面社会主义核心价值观与企业伦理建设的互动关系展开讨论，包括企业如何协调、处理好企业发展与国家宏观发展的利益关系，建立和维护企业新价值体系，并通过与国家宏观发展利益关系的构建，不断形成新的价值资源，为企业的生存和发展构建经济平台，以及企业对于国家层面价值观的实现可做出的行动。分为富强、民主、文明、和谐四个方面。

## 4.1　国家层面社会主义核心价值观分析

### 4.1.1　富强

“富强”即国富民强，是中华民族发展壮大的美好夙愿，也是国家繁荣昌盛、人民幸福安康的物质基础。对富强的追求是任何社会主体的基本需求和前进动力。国家富强是实现中华民族伟大复兴的中国梦的物质基础和保障。邓小平同志指出：“社会主义的本质，是解放生产力，发展生产力，消灭剥削，消除两极分化，最终达到共同富裕。”走社会主义道路，就是要逐步实现共同富裕。从党的十三大报告开始，“富强”正式成为我国建设社会主义现代化国家的重要实现目标。要实现富强的目标，国家就必须通过多层级发展目标优化生产关系，发展生产力，积累物质财富。

国家富强目标的实现依赖于经济的发展，需要人民的自立与发展。这就需要处理好一对辩证关系，即国富和民富。“富强”包含着两大主体的价值诉求，一是人民富裕；二是国家强盛。首先，“富强”在于富民，即人民富裕。民富国强，没有民富就没有国强。习近平总书记指出：“坚持共享发展，就是要坚持发展为了人民、发展依靠人民、发展成果由人民共享”，当人民的物质和精神都达到了富裕的层面，国家才能实现强盛。其次，“富强”还在于强国，具体体现为国家拥有巨大的经济财富和强大的综合国力。

富民和强国的两个价值诉求是紧密联系的，富民为强国积累了丰富的物质基础，强国又为富民提供了稳定的屏障。社会主义的富强观体现的是效率和公平的统一，社会主义的富裕最终是实现全社会的共同富裕。

### 4.1.2 民主

民主，是政治层面的价值目标。从字面上来讲，本意为“人民统治”“主权在民”，是政治层面的概念。无论是对于资本主义国家还是社会主义国家，民主今后仍然是最为理想的一种政体形式。

实现民主，从根本上看是人民要真正当家作主，人民要有投票权、广泛参与权，在选举过程中对人民的许诺要充分兑现等。我国追求全民当家作主，以坚实的政治基础保障了人民的幸福生活。在中国共产党的领导下，我国开创的包括人民代表大会制度、多党合作和政治协商制度、民族区域自治制度和基层群众自治制度在内的民主制度体系适应了中国维护国家统一、保障经济社会发展、增进人民福祉的需要，是民主原则在中国政治生活中的制度实践。企业在建构有序参与政治的美好图景与逐步实现中国式民主之路上，必须坚持中国共产党的领导、依法治国和人民当家作主三者的有机统一。

从企业角度来说，加强企业的民主管理是培育和践行社会主义核心价值观的内在要求。社会主义制度的确立使我国人民摆脱了封建制度和帝国主义的压迫，人民成为国家、社会以及自己的主人。党的十八大指出："人民民主是社会主义的生命"。党的十九大报告提出："完善政府、工会、企业共同参与的协商协调机制，构建和谐劳动关系。"2016 年，习近平总书记在全国国有企业党的建设工作会议上明确指出："坚持全心全意依靠工人阶级的方针，是坚持党对国有企业领导的内在要求。要健全以职工代表大会为基本形式的民主管理制度，推进厂务公开、业务公开……"。2017 年 5 月印发的《国务院办公厅关于进一步完善国有企业法人治理结构的指导意见》明确了职工代表大会在国有企业公司治理结构中的重要地位，为公司制企业建立健全以职工代表大会为基本形式的民主管理制度提供了有力的政策依据。由此可见，民主这一价值观在中国是与中国特色社会主义密切相关的。与西方民主不同，我国民主的主要立足点是保障广大人民群众能够通过全社会、全方位覆盖的民主链条参与到社会各个层面的经济与政治事务管理过程中来，这体现了我国"以人为本"思想理念的传承。企业作为社会主义市场经济的主体，做好企业的民主管理正是体现了把人作为生产力的第一要素，贯彻落实国家民主价值观念的坚定态度。

### 4.1.3 文明

文明，是人类文化和社会发展的一个新阶段。这一阶段的特征是：物质资料生产不断发展，精神生活不断丰富，社会分工和分化加剧，由社会分工和阶层分化发展成为不同阶级，出现强制性的公共权力——国家。文明是在国家管理下创造出的物质的、精神的和制度方面的发明创造的总和。

"文明"作为培育和践行社会主义核心价值观国家层面的基本范畴，国家发展需要精神动力，民族进步需要文明方面的支撑。习近平总书记在庆祝中国共产党成立 95 周年大会上发表重要讲话时指出："文化自信，是更基础、更广泛、更深厚的自信。在 5000 多年文明发展中孕育的中华优秀传统文化，在党和人民伟大斗争中孕育的革命文化和社会主义先进文化，积淀着中华民族最深层的精神追求，代表着中华民族独特的精神标识。”在中国特色社会主义制度统筹推进经济建设、政治建设、文化建设、社会建设、生态文明建设“五位一体”总体布局下，企业层面对文明的建设也需要紧跟国家的步伐，积极响应时代的号召。

随着中国经济发展进入新常态，企业的经营管理也在不同层面出现了新的机遇和挑战，例如，企业如何适应经济发展新常态的变化并成功转型升级；如何处理好企业伦理和企业文化的关系；如何让这两者与社会核心价值观的深层逻辑紧密结合；企业与政府在新常态经济调控的过程中如何建立新型政商关系；企业如何通过承担企业社会责任来增强企业发展的可持续性等。

从某种角度来说，企业文化管理是企业持续发展的基础，企业的管理问题最终要落实到企业文化层面。而企业文化的核心是企业伦理。企业伦理建设必须具有时代性的特点。企业的管理其实就是在企业伦理的指导下进行企业活动的策划和运营。企业伦理是企业价值观的凝结，是企业内部成员所形成的某种伦理观念、历史传统、共同价值准则、道德规范和生活观念等，是增强企业的内聚力、向心力、创造力的各种意识形态的总和，以及渗透在员工劳动行为中的行为动机、道德心理和道德意识等。

进入21世纪，有能力识别并处理复杂的企业伦理问题成为公司的重要任务。近年来，一些广为人知的丑闻使得公众对企业欺诈与腐败极为愤慨，这些显而易见是企业伦理问题，会损害公众对企业的观感，进而摧毁公众对企业的信任。人们期待更好的企业伦理、企业承担更多的社会责任。伦理决策已成为企业员工日常的工作内容。对企业各层面的业务和管理工作来说，伦理都是决策的一部分。企业伦理不仅是单独的个人问题，还涉及嵌入组织运行过程中的诸多政策及非正式沟通。这意味着每一位工作人员均需要有伦理方面的考量。即使在市场经济的驱动下，企业需要尽可能地获取利益，但这一利益出发点与伦理出发点也并不冲突，在大多数情况下，企业应该找到这两点之间的平衡，在求利的同时体现自己的价值判断，实现现代企业的可持续性发展。

### 4.1.4 和谐

和谐是指对立事物之间在一定的条件下的辩证统一，是事物之间相辅相成、互助合作、互利互惠、互促互补、共同发展的关系，其是中国传统哲学辩证法和马克思主义哲学辩证法的落脚点，它对于中华文化和中国特色社会主义有着天然的亲近感。社会主义和谐价值观的具体内容包括：在人与人的关系中，和谐强调的是和平共处，融洽相谈；在人与社会的关系中，和谐强调的是人与自然环境的“天人合一”，是人与社会环境的相辅相成；在全球化背景下，和谐又强调了在社会与社会的关系中，在文明与文明的关系中，在国与国的关系中，和平发展，共同进步的交际观。

构建和谐社会为当今社会发展的重要议题，而企业作为社会的一分子，也是最基本的一个组织。构建和谐社会必须要有企业的积极参与。企业的和谐管理也成为当今值得探讨的重要课题。我国企业作为社会主义市场经济微观主体，需要大力开展创建和谐企业活动，这不仅是构建社会主义和谐社会的重要内容，更是构建社会主义和谐社会的重要物质保障。因此，要构建社会主义和谐社会，必须从创建和谐企业入手。创建和谐企业是全面贯彻落实社会主义核心价值观的必然要求。

随着全球经济的快速发展和国际政治、经济环境的变化，传统的企业管理理论和管理体制已经不能适应当下经济社会和谐发展、进步的要求，在处理各种社会关系的过程中均出现了捉襟见肘的窘境，导致企业经营活动日益与和谐价值观的建设路径相偏离，这些问题的出现既损害企业自身形象，也对国家的长远的、根本性的利益不利。因此，在新时期，企业需要始终保持最初创立时的初心和愿景，反思和查找企业不和谐问题出现的根源，通过全面贯彻落实坚持以人为本，树立全面、协调、可持续发展观，使企业走上和谐发展之路。

## 4.2 企业在富强、民主、文明、和谐国家基础上的伦理关系协调

### 4.2.1 企业伦理与富强目标的实现

为了推动民富，作为社会财富的主要创造主体——企业，在新时代需遵循管理规律，在国家法律、法规的框架内追求自身的发展和建设。利润是企业生存和发展的基础，企业应在社会规范、企业伦理的框架下合理谋求利润。具体表现为：企业在日常的经营管理中要提高资金使用的有效性和规范性；在财务管理中合理组织企业各项财务活动，规范组织生产活动，为消费者提供优质的产品和服务；不断组织扩大再生产、不断扩大企业经营规模，为所在社区提供更多的就业岗位，为地方政府缴纳更多的税收。同时，随着以网络为代表的信息技术的突飞猛进，以及经济全球化的快速发展，企业需顺应技术和经济发展规律，不断提高数字化管理水平，整合线上与线下、国内与国外企业资源，积极推进、发展企业数字经济业态，为企业可持续发展获取更多的机会，为国家经济和社会的发展、稳定做出更多的贡献。具体来说可以采取以下措施：

1. 积极配合与主动争取有利政策

"富强"与企业的发展相契合。实现"中国梦"的基础是搞好经济建设。只有经济社会的不断发展，才能让"中国梦"成为现实。习近平总书记指出："我们要坚持发展是硬道理的战略思想，坚持以经济建设为中心，全面推进社会主义经济建设、政治建设、文化建设、社会建设、生态文明建设，深化改革开放，推动科学发展，不断夯实实现中国梦的物质文化基础。"经济建设的基础是国家的各类企业要做精做强，让实体经济不断发展壮大。企业的任务不应该仅仅是自己创造财富、让自己发展，而应是和国家的复兴

紧紧地联系在一起。企业发展是国家经济发展的基石，是社会稳定的重要影响因素。因此，我国各类企业在制定自身发展战略规划和具体生产计划方案时，需要与政府的发展战略规划相结合，响应政府相关号召，符合国家发展的相关政策，乃至世界的发展格局。社会主义核心价值观作为一个国家的价值观，会在相对比较长的时期内影响到企业的发展，比如，我国各个时期的五年发展规划，对市场主体的引领和企业影响是深远的。企业发展只有符合社会主义核心价值观，才能更好地获得国家和政府的政策支持，才能在市场上获得更多的企业发展所需要的人、财、物、信息等各类资源，进而拓展企业的发展空间。主要有两方面内容：一是企业顺应国家的宏观发展形势，实施和开展国家政策所支持的各级、各类项目，进而推动企业自身的发展；二是企业通过创新技术和开发新产品，引领技术发展和创造新的消费需求，使企业自身得到发展和壮大，从而带动整个国家的富强。

从近期国家制定的相关政策对市场的引领看，国家制定的经济领域重大政策对企业绩效有很大的促进作用。例如，党的十八届三中全会指出："允许更多国有经济和其他所有制经济发展成为混合所有制经济，国有资本投资项目允许非国有资本参股。"该政策大大促进了各类国有企业的股权改革朝股权多元化的方向发展，许多企业引入战略投资者，经过融合发展，给国有企业发展注入了新的活力，提高了企业的抗风险能力和企业的盈利能力。在我国小微企业发展过程中，由于国家金融担保机构相关政策的发布实施，对小微企业的创立、生存起到了重要的政策保障作用。2017 年 12 月，财政部和税务总局联合印发《关于租入固定资产进项税额抵扣等增值税政策的通知》，针对该类担保机构反映原免征增值税政策门槛过高、覆盖面较窄等问题对相关政策进行了合理调整，改善了小微企业的融资环境，最大限度地化解了小微企业融资难问题，进一步推动了小微企业的发展。国家为了国富民强而制定的相关经济政策对企业的经济活动具有重要的引导和促进作用。

目前，国家把数字经济和数字产业发展列为了国家发展战略，企业可积极把握国家有关数字经济、数字产业与"两新一重"的扶持政策带来的机遇。2017 年，习近平总书记强调："互联网经济时代，数据是新的生产要素，是基础性资源和战略性资源"，"要构建以数据为关键要素的数字经济”。2020年，从国家宏观战略高度出发，中共中央、国务院发布了《关于构建更加完善的要素市场化配置体制机制的意见》，其中明确要进行市场化配置的要素主要有五种：土地、劳动力、资本、技术、数据。这说明数据确已和其他要素一起融入经济价值创造过程之中，已成为市场所定义的“生产要素”，这对生产力发展具有重要的理论和实践影响。“新基建”的概念被首次写入2020年《政府工作报告中》，新基建是相对于以“铁公基”为代表的传统基础设施建设而提出的新时代国家发展战略涵盖的概念，目前内容主要包括5G（新近国家提出了发展6G）、人工智能（AI）、工业互联网、物联网、数据中心为代表的新型基础设施建设项目。在2022年各地方政府工作报告中，各地、各级政府均明确了2022年“新基建”发力重点和方向，例如，加强新型基础设施建设，发展新一代信息网络，拓展5G应用，建设充电桩，推广新能源汽车，激发新消费需求、助力产业升级等。

对应国家重点发展战略以及各级政府提出的新时期各地的发展着力产业和经济建设重点项目，各类企业需要根据环境的变化，分析自己的优势和劣势，市场的机会点和风险点，认真研究和牢牢把握政策支撑的重点，积极参与数字经济新产业、新业态和新模式的培育与建设，加强数据资源整合和安全保护，提升企业数字技术应用能力，为培育新经济形态提供有力的基础支撑。与此同时，面对市场的机会点，一些企业可以依据自己的优势，快速实施数字经济项目，而相当多的一部分企业，则需要首先实现数字化转型。数字化转型是相当一部分传统行业企业面临的巨大挑战。数字化不仅改变了大众的日常生活消费模式和消费行为，同时也带来了新城市新发展的新机遇，对企业的数字化经营也提出新挑战，数字化经营可以涵盖众多企业经营活动及链条，从选品、定价到运营、库存管理，乃至供应链的协同，都可以利用便捷、易驱使的数字化来推动进程。

从目前的经济形势出发，市场面临着扩大消费需求、减少经营不确定性、应对高端供给链条薄弱的挑战，企业可以通过积极与政府合作，通过聚集各类社会生产要素，提升投资的有效性，合理设置盈利模式与融资方式，创造更有利的融资环境，实现各类生产要素的积极循环和有效利用，最大限度地挖掘经济增长潜力。而民营企业因具有资源配比高效、技术引资便利、成果转化迅速的优势，能够在很大程度上实现从技术到成果的创新，推动国民经济形式的转化，不仅可以应对短期稳增长、保就业，更是着眼长远，补短板、调结构、增后劲，从而不断提高对经济发展的增量贡献。

概而言之，国家对宏观经济的调控需要企业和政府相辅相成的配合，作为市场的重要参与者，企业的经营与发展离不开政府政策的引导，只有在政府政策的支持和引导下进行生产和经营，企业才能有目标和有针对性地、更直接有效地协调和调动人、财、物等各类生产要素资源，生产出更加符合市场各类需求的产品。由此可见，企业与政府之间是存在相互依存关系的，市场的各类企业通过培育和践行社会主义核心价值观，积极有效地利用政府颁布的相关产业政策，通过各种建言渠道争取对自身发展有利的经济政策，并且在日常的经营中时刻关注政府相关部门配合国家战略出台的产业政策文件，最大程度获得政府的政策支持，减少不确定成本，获得最大化的经济利益和社会效益，为企业的快速发展拓展更大的空间。比如，国家的新能源项目政策、节能减排项目，就为行业内的相当一部分传统企业创造了巨大的发展空间，抓住政策关注点的企业，不仅提升了自己的核心竞争力，在行业内也获得了巨大的竞争优势，同时也提升了国内、国际竞争力。

2. 建设企业道德制度与伦理制度

(1) 建设企业道德规章制度。现代企业制度固然有其优越性，但由于信息不对称和利益目标的不统一，使现代企业经营管理中的委托—代理问题一直是企业关注的焦点。

在现代企业制度下，企业内部治理结构的伦理关系包含了董事会代理出资人行使法人资本所有权的伦理关系、职业经理人代理董事会行使资本经营权的伦理关系、监事会代理股东行使利益维系权的伦理关系。

建立在委托代理理论基础上的公司治理系统存在严重的不足，它忽视了不同利益相关者的利益，将关注的焦点完全集中在股东身上，没有兼顾经营者的利益，极易引发企业经营行为短期化。另外，按照委托代理理论形成的公司治理，其追求的最终目标是企业利润最大化，而当今企业的经营目标，已经从利润最大化转向了企业价值最大化，如果落后于企业经营目标需要的公司治理不及时进行调整，将会桎梏企业发展。按照契约理论的解释，企业是一组契约的连接体，这个连接体通过契约关系把投资者、经营管理者、员工、顾客、银行、政府、社会等连接起来，由于每个参与者都投入了相应的资源，有权享有公司利益分配。因此，只强调股东利益最大化对于其他利益相关者来说是不公平的。该理论的关键论点是："现代公司是由各个利益平等的利益相关者所组成，股东只是其中一员，管理者不仅要为其服务，还要为公司所有利益相关者的利益服务。"针对所有利益相关者的契约理论，要求在公司治理过程中兼顾内部和外部有关权益主体的利益。公司治理的目标应该调整到追求所有利益相关者利益最大化或公司利益最大化两个方面。由于所有的利益相关者价值最大化是一个不可能实现的理想之梦，所以，企业价值最大化是针对所有利益相关者进行的公司治理理论目标的合理选择。

（2）制定并执行企业伦理准则。企业伦理准则作为联系伦理价值观与伦理实践的桥梁，或者称为中介形态，对企业伦理塑造、道德责任宣传以及贯彻落实企业社会责任发挥了重要作用，也是使企业行为积极和社会主义核心价值观形成呼应的关键推动力。

例如，会计、审计等具有守门人责任的人员要赢得并保持公众信任，最好的、最正确的、唯一的方法就是遵循高要求的职业道德标准，做到"诚信为本，操守为重，坚持准则，不做假账"。只有市场各参与者都弘扬诚信为本、操守为重的道德风范，才能使制度、规范得以落到实处，才能防范财务舞弊行为的发生。具体来看，可以通过加强管理机构和社会舆论的监督、深化教育改革、加强高校的德育教育、建立健全选拔和激励约束机制、加强会计人员继续教育、提高会计人员的整体素质和业务素质等办法来强化职业道德教育。

企业伦理准则的制定应考虑四个方面的设定：第一，企业伦理准则的内容设定。第二，企业伦理准则的功能设定。第三，企业伦理准则的形式设定。第四，企业伦理准则的强化机制设定。有了企业伦理准则，才能对企业进行恰当积极的道德管理。

（3）设置伦理委员会。建设合理有效、公平理性的伦理平台是企业进行决策时保证道德质量的重要条件。伦理委员会"是一个由科学家、法学家、伦理学家、政治家、社会组织代表等组成的，对科研计划的伦理层面以及科技发展中呈现出的伦理冲突进行审议，通过理性论证寻求道德共识的机构”。根据伦理顾问戴维·盖布勒（David Geble）的说法：“大多数有违伦理的行为不是为了获取个人私利，而是为了实现绩效目标。”达到绩效目标之后的奖励以及企业文化，尤其是同事和经理，被发现是伦理决策最重要的驱动因素。让员工拥有知识技能，让他们能够理解并解决在复杂企业文化中碰到的伦理困境，可以帮助他们制定正确的决策。在面临道德难题时，企业伦理委员会的主要功能集中体现在两个方面：制定道德共识和提供道德决策建议。

（4）建立领导支持和带头示范机制。企业领导在企业重大活动的开展中拥有最高决策权，且社会学习理论认为，个体通过关注和效仿来学习可信且引人注意的榜样的态度、价值观和行为，几乎每个个体都会向其他个体寻求道德规范的引导，所以在建设企业伦理的过程中企业领导的支持是非常关键的。“没有最高管理层的支持，就不会有价值观的建设活动及其长期的成功。”企业领导层主要发挥两个方面的作用：第一，为建设企业伦理活动的开展提供精神与物质层面的支持。第二，以身作则，用实际行动向企业员工进行道德伦理教育，这要求领导展现自己对某些价值观的信奉激情，需要对号召行动的情景做出热情的响应。

企业领导需要通过以下流程发挥引导价值观建设的有效作用：①积极促进道德管理方案的部署。当企业发生伦理危机时，为了能迅速做出正确的决策，提出合理的应对措施，有必要在平时就进行道德管理方案的部署，形成一套完整的程序化或非程序化的道德管理方法。②将企业伦理建设与员工任职、职务升降、奖惩机制联系起来。在企业内部形成良好的道德风气。③设立道德责任小组对道德管理方案的开展进行预防、控制与监督。道德责任小组的主要工作是与员工、干部、领导等进行面谈，参与关于企业道德问题的讨论并提出建议。④在企业内部开展伦理教育培训计划。企业领导由于地位的特殊性，拥有许多能够为企业道德伦理教育工作开展提供帮助的资源与权力，包括在公司里拥有高级职权和信息掌握权，与高层领导班子联系密切，有工作和人际往来，并能够获得高层管理人员的信任与尊重，所以他们有必要对企业员工开展道德教育工作负责。

(5) 建立伦理培训与交流机制。对员工进行社会主义核心价值观教育，建立伦理培训和交流机制，从已有的实践看，是可行和有效的。伦理培训要想取得效果，首先必须从理论基础开始，随后介绍伦理准则，伦理关注的程序、涉及的业务线和员工，并明确伦理执行的优先级。培训能使员工了解企业的政策和期望、相关的法律与监管规则以及一般的社会标准，培训计划也能使员工了解可用资源、支持系统。

在开展教育与培训工作时需要注意几点：一是培训要具有基础性，也就是培训内容应包括基础的道德风尚培养；二是培训要具有实际性，这点要求企业能够紧跟国家建设目标，抓住时事热点，使员工将有限的用于伦理建设的资源投入到国家需要的地方上去；三是培训要具有超前性，领导在开展组织培训工作时，既要具有细致的现实眼光和工作视角，又要具有敏锐的战略眼光和全球视野。

### 4.2.2 企业伦理与民主目标的实现

1. 注重管理的人道主义

从管理实践看，主要有两种思想从理论和实践两个方面主导传统的企业管理，分别是“管理科学主义”和“管理人道主义”。“管理科学主义”注重效率，尤其在企业经营成果上产生了积极效果，但是从企业伦理角度讲，“管理科学主义”并未考虑管理的人本性，对管理的社会属性因素考量不足。

根据习近平新时代中国特色社会主义思想的重要内容——坚持以人民为中心的发展观，可明确几点：一是发展依靠人民。二是发展是为了人民。在中国特色社会主义进入新时代背景下，习近平总书记指出：“人民对美好生活的向往，就是我们的奋斗目标。”改善民生是发展的根本目的，我们的发展是以人民为中心的发展，全面建成小康社会，进行改革开放和社会主义现代化建设，就是要通过发展社会生产力，满足人民日益增长的美好生活的需要，促进人的全面发展。企业在自身层面应尽快过渡到“管理人道主义”的道路上来。“管理人道主义”是指在管理企业过程中以人为本，尊重人主观能动性的人道主义。通过“柔情管理”，运用鼓励、激励、引导、启迪等措施进行管理，满足员工心理需要。所以，人道主义会激发企业员工内生动力，进而提升工作效率。

2. 稳定企业民主参与

企业主群体作为新社会阶层的主要代表，期望通过积极主动地参与政治活动为企业发展营造更好的政商环境。这一群体也追求更高的社会经济地位，因为更高的社会经济地位会为企业主群体提供更好的政治参与条件，例如，内部信息的共享、参与决策等。总的来说，我国企业主政治参与的途径或模式主要有两种：制度化参与模式和非制度化参与模式。制度化参与模式表现为：加入中国共产党、建立民企党建制度、参加“两会”及基层治理、参加社会组织。非制度化参与模式主要是通过与各级政府和官员接触或介入基层组织进行政治参与，是制度性参与模式的有力补充。

因此，企业在构筑自己的政治参与角色、规范化表达意见和建议时，需要企业主提升参与能力。一是企业主应提高政治站位，确保政治正确，主观上端正参与态度，树立正确的价值观和利益观。二是企业主在政治参与实践过程中要自觉加强学习，不断提升政治参与能力与素质。自觉接受政府的相关培养教育，向先进典型看齐，不断提升政治参与能力。三是企业主需要强化行为自律。总的来说，企业主必须做到讲政治、守法律、懂规矩。无论是经济活动还是政治活动，对企业主而言都要在法律的框架内进行，遵纪守法是底线也是红线，各项活动必须限制在法律范围内，纳入有序的轨道上来。同时企业主也应自觉承担部分社会责任，在社会上树立良好形象，赢得广大群众的认可。

3. 加强企业民主管理

我国企业民主管理自始至终都是在中国共产党的领导下得到加强和发展的，从来都是中国共产党根据政治经济形势制定政策，有组织、有部署推行的。企业员工是企业的重要主体，要想充分提高员工的工作效率，就要建立完善的民主管理制度。一方面在软性环境中给予员工尊重与信任；另一方面在硬性制度上维护好员工的各项权益。而完善的民主管理制度可以通过职代会、集体协商会实现，构建稳定和谐的劳动关系。党的十八届三中全会明确指出，允许在混合所有制经济中实行企业员工持股，员工持股在国家政策层面也获得了支持。集体合同与工资集体协商、员工持股是我国职工民主参与实践中涌现的新内容，为职工参与企业经济事项提供了新的途径。

企业民主管理制度是保障企业单位职工参与企业重大事务决策，行使劳动权利，监督和管理企业事务的基本管理制度，企业民主管理制度要通过职工代表大会、公司事务公开、团组长联席会议等形式来实现，具有法定的权威性、广泛的群众性和代表性，同时也具有严密的组织性。

深层次地从根源贯彻落实民主管理制度，企业必须设立一套行之有效的民主决策、管理与监督程序，鼓励培育科学的民主发展机制，促进民主价值观在企业各层次与实践相结合。

(1) 制定职代会和工会代表大会制度。职代会和工会代表大会作为企业成员直接或间接参与企业决策及日常管理的重要方式，需要与之配套的制度保证会议开展的严肃性，要从选举制度、职工提案制度、监督反馈制度等方面予以保障和完善。

(2) 健全制度，完善法规，保障民主管理方案的落实。首先，在宏观层面要推动各级人民政府、有关部门加强各项法律条文的研究和调查工作，促进有关企业民主方面政策法规的出台与落实。其次，在企业层面不仅要通过民主价值观念教育、观念传播等软性条件保障落实民主管理道路，还要通过制度化、规章化的硬性条件约束、制止任何违反民主观念行为的发生。

(3) 建立完善的监督约束与反馈机制。监督约束与反馈机制能为民主管理工作的落实提供可靠的保障，反馈机制是企业通过实践活动从实际获得经营经验，达到企业自我约束和自我完善的管理效果。要实现对民主管理工作的监督与反馈，要求企业有义务公开包括职代会提案、各部门工作内容与情况、各项决议讨论与执行情况以及劳动合同关系等在内的与内部成员和社会成员权益息息相关的企业事务，为监督反馈工作的开展提供正确、切实、清晰的有效信息，并不断完善企业伦理的实现机制。

(4) 完善中国特色社会主义现代企业制度。以完善中国特色社会主义现代企业制度为方向深化国有企业改革，其要义实际上也是建立和完善民主制度。股权多元化的建立和完善董事会、监事会和经理层公司制度，实际上也是公司治理结构的优化，鼓励职工有序参加公司治理，实际上是职工参与公司治理的民主管理。民主是现代企业制度的重要所在，和谐的劳动关系是企业有效运行的基础。企业是经济组织，但是，企业不仅仅是为赚取利润而存在的，同时还要承担社会责任。

## 4.2.3 企业伦理与文明目标的实现

1. 道德重塑观念的内化

首先，开展“道德重塑运动”，转变经营道德观念。“君子爱财，取之有道”，企业家应该明白要想获得长远的利益，需要进行符合道德观念的企业经营活动。为了企业的长青，应逐渐树立以下思想：①商业活动依赖于企业与社会的信任关系，建立信任关系不仅依靠过硬的技术和产品，而且取决于企业的行为规范和公共道德；②遵守道德原则可以取得长期的更大利益，按照社会道德进行经营实际上是最为有利的选择；③非道德的行为不仅会造成社会不良影响，而且会给企业带来恶劣影响，因其引发的危机事件带给企业的损害远远大于一般的经营性损失。商业活动固然有商业化的一面，但其商业性质是可以建立在正直诚实价值观基础上的，要将经营道德观念内化于心。

其次，在员工内部开展道德教育培训。企业应有计划、有组织地定期开展道德教育培训。一方面帮助员工建立起良好的道德意志，优化他们的道德认识；另一方面通过在员工内部建立起广泛而通用的道德理念，有助于创建和谐的企业伦理环境，坚定企业内部良好的道德信念环境。通过这种教育培训活动，使员工对伦理管理产生基本的认同。道德教育培训与伦理观念教育活动的内容与形式应多种多样。从开展周期来看，有的企业将其固定为程序化活动，也有企业按需召开；从培训范围来看，有的公司面向全体员工，有的公司针对员工工种、工龄的不同开展有针对性地教育活动；从内容来看，企业可以通过启发引导、强化灌输或案例等开展教育培训。但是总体来说，企业开展道德教育培训与伦理观念教育活动的目标是将道德伦理观念内化于企业经营理念之中，以期获取更长远的利益，为社会发展做出贡献。

2. 重视发挥传统伦理精神

在中国，伦理思想是中国传统文化体系的一个重要组成部分，整个社会文化都呈现出伦理型的特点。“伦”“理”这些字早在公元前6世纪左右就出现在早期的历史文献《周易》《尚书》等著作中，当时这些字大都单用，还未将“伦”和“理”连在一起，到了战国末期，《礼记·乐礼》中说：“乐者，通伦理者。”才开始将“伦”“理”二字连用。伦即人伦，礼即道理、事理，伦理即人与人相处的道德规范。中国思想家不仅很早就重视对道德问题的研究，而且研究的范围十分广泛。“说仁义、讲道德”，几乎成了中国古代思想家的主要任务之一，他们之中许多人的著作中的中心问题之一就是探讨伦理道德问题。

例如，“道之以德，齐之以礼”的儒家管理思想，充满着管理与伦理结合的先见之明；“义以生利、义利统一、以义制利”的思想构成了儒家的义利统一观，充分说明了义与利的统一，与目前企业伦理研究中企业的本质是盈利性和伦理性的统一不谋而合；儒家提倡“仁爱”原则，这是儒家伦理的精华，它强调个体对整体的责任和贡献；“礼之用、和为贵”也强调和，即团结的重要性，要求营造家族、家庭、社会和国家和谐的人际关系。孟子也说：“天时不如地利，地利不如人和”“民无信不立”“得道多助，失道寡助”“水能载舟亦能覆舟”。“信”是《论语》中出现频次最高的词汇之一，可见其重要性。由此可见，我国古代管理伦理思想的发展是很明显的。

儒家思想包含了中华优秀传统文化的主流与核心的精神资源，其“仁、义、礼、智、信”为核心的价值观体系是全社会，亦是企业和谐与发展的基础。“大道之行也，天下为公”的整体价值观有利于正确处理国家、企业、个体之间的利益关系。中国儒家文化与现代企业伦理中“利益相关者”的概念内涵有很多交合之处，关联密切，即企业积极承担社会责任存在某种向心力，能够与其他利益相关者在经济、社会各项事务等方面恰当融合，进而促进整个社会的和谐发展。

从时代性角度出发，新时代我们坚持文化自信，面对当今文化自信的要求，需要一个好的平台向世界宣传中国故事。目前，我国在多个国家和地区建立的孔子学院就是一个很好的平台。因此，要培养现代企业伦理的精髓和理念，使之与伦理观全球化相呼应，要将企业管理的先进经验与中华优秀传统文化相融合，发挥中华优秀传统文化在当代企业伦理建设中的基础作用，为增强中国企业的世界竞争力和影响力发挥新的作用。

3. 构建伦理文化

过去50年，学者们已经发展了至少164种各不相同的文化定义。最近的调查结果表明，定义的数目还在增加。尽管关于文化的定义迥异，但都包含三大要素：①文化被群体成员或社会成员所共享；②文化的形成需较长时间的积淀；③文化是相对稳定的。

企业伦理文化是指企业通过长期的生产经营实践，积累的具有专属性的伦理文化表现，包括一系列伦理价值观念、思维逻辑和行为规范等。优秀的企业伦理文化能够将员工凝聚在一起，使员工愿意为企业发展贡献自己的力量。因此，企业在发展的过程中，要着力构建良好的伦理文化，要将企业文化归入到企业管理之中。同时，企业要培养员工的忠诚度，尊重与信任员工，维护员工的各项权益，促进企业的发展。

从本质上讲，作为商业组织，企业的根本任务和主要目标是追求经济效益。从现实层面讲，在经济新常态背景下，企业的发展目标要牢牢跟紧国家的总体发展观。所以企业文化作为企业发展目标的思想指引，也需要与国家总体发展观的基础，即社会主义核心价值观建立密切的联系，而企业伦理文化作为企业文化的重要组成部分，更要以社会主义核心价值观为指引，引领企业伦理建设道路。现代企业享受到了社会发展的红利，在国家经济发展的过程中抓住了许多机会得以快速发展。同时，经济全球化也促使企业更加注重多元化发展，更加重视利益相关者的诉求。

在经济新常态背景下，当代中国企业的文化管理须重视以下问题：第一，从企业文化建设走向企业文化管理。第二，面向全球的现代中国企业文化。第三，注重企业文化管理中环境的影响。第四，重视社会主义精神文明建设。

在企业精神文明建设和企业伦理文化建设过程中，企业精神文明建设与社会主义核心价值观的“共鸣”过程就显得格外重要。一方面企业在社会核心价值观的引导下建设企业精神文明，指导其他文化建设工作的进行；另一方面企业在拥有了自身的精神文明后，又通过履行企业伦理义务促进社会建设，进而呼应社会主义核心价值观并以企业实践丰富其内涵。综合来说，企业文化建设要从文化学习和文化宣传两项基本活动入手，一方面加强企业内部对企业文化的学习，了解企业文化核心价值观，正确认识精明文化建设；另一方面加强对企业文化的外部宣传，为履行企业伦理责任奠定价值观层面基础。

### 4.2.4 企业伦理与和谐目标的实现

1. 平衡企业道德与经济

人性的构成是复杂的，一般来说，可以粗略地概括为“利己”和“利他”两个方面，且这两个方面带有一定的历史性，会随着社会环境的变化而变化，在两种不同思想即基于“利己”的经济理性和基于“利他”的道德理性下考虑自身行为，追求个人效用的最大化。我国正在建设的社会主义市场经济是市场经济的特殊形式，具有市场经济的共性，如应对社会主义初级阶段国情的手段是解放和发展生产力；也有它自身的特殊性。因此，在建设社会主义核心价值观的“富强”目标时，企业作为市场经济的主体，一方面应该承认追求经济效益的合理性，谋求经济效益最大化，拉动 GDP 的持续增长；另一方面也要考虑追求经济行为中的道德理性，积极承担社会责任，使个人利益、企业利益与国家、社会整体利益共同增长。

首先，企业在商业活动中处于一个复杂的策略网络中，采取任何策略都要考虑他人的策略行动，且企业即使做到了垄断也无法只通过自身就能获取到开展策略所需的资源，所以要遵守和谐的价值目标，注重长远利益，不能为了追求经济效益而不顾企业内部其他成员、企业外部竞争对手、合作伙伴以及众多利益相关者的利益。一方面要通过开展合作搭建稳定平台，做到互惠互利，惠及社会；另一方面要通过合作共同发展，寻找突破契机，将自我利益、他人利益、集体利益的根本目标统一起来，结合国家宏观调控措施和市场经济调节措施保护其根本权益。一方面建立良好的经济制度环境；另一方面巩固公有制经济。

其次，紧随“道德经济人”建设，响应国家开展分配、再分配与三次分配政策，保护专利、产权等无形资产，为调动广大劳动者的积极性，激发投资市场的活跃性不断努力。在社会主义公有制基础上，经济持续运行的过程就是经济主体与社会互惠互利的过程。个人、企业等微观经济主体为了追求个人效用最大化不断向各种经济活动投入劳动，达成建设社会的效果，而社会根据微观经济主体的劳动贡献对产品进行分配，调动人们劳动的积极性。同样的道理也适用于分配的过程，在按生产要素分配的分配方式中，有形资产和无形资产等不同生产要素的持有者，为了追求个人效用最大化，在生产过程中承担着一定的风险将其所有或占有的生产要素投入生产，从而获得收入。“道德经济人”的观念传输，使得反对两极分化的观念意识传播广泛，一方面促进了社会生产力水平的提高；另一方面缓和了劳动关系之间的矛盾和社会发展关系之间的矛盾。“道德经济人”范式坚持互利原则，谋求社会各方面的全面发展，这与共同富裕的方针有异曲同工之妙。在共同发展的过程中，一方面遵循效率的原则，按照劳动、资本、科学技术和管理等生产要素的贡献程度进行分配，带动人们参与到生产过程中创造更多的财富；另一方面遵循公平的原则，合理进行再分配与三次分配，保障人民的生活权益。同时，通过制定法规章程、政策规范等促进企业承担社会责任，做到诚实经营、合法经营，最后实现共同发展，共同富裕。

企业在自由市场上会遇到各种各样的竞争对手，而从竞争中取胜靠的是能为企业带来比较竞争优势的核心竞争力。在过去对核心竞争力的讨论集中在科学技术、管理、占有生产要素等硬性竞争力，但是实际上企业道德实力作为能体现企业责任感的软性竞争力在企业核心竞争力中正逐渐发挥着更大的作用。对于企业道德实力的定义，有学者认为它是“学界对道德资本的本质内涵、外延作用等理论呈现出更多的认可”。最开始，一些经济学家提出对企业核心竞争力的考察集中在经济人原则下做出评定太过片面，可以“把企业理念、价值观、企业文化、企业伦理、信仰、社会人文条件，以及现在讨论比较多的所谓信任问题、诚信问题，这些问题引入到关于竞争力的考察”。如何更好地对企业道德进行评估是学界近年来着力探讨的问题之一。有学者认为，“与企业经营实力一样，企业道德实力是可以描述和量度的客观状态。具体可以从顾客忠诚度、员工忠诚度、股东忠诚度、融资资信度、供销稳定度、同行联系度、社区融洽度和社会美誉度八个方面来衡量企业的道德实力。”为培育企业赢得竞争的真正核心力——道德实力，企业需要加强内部道德化管理，建立道德化的决策机制、集体主义的团队机制以及激励、教育和监督机制，在外部促进对于健康有序市场环境体系规则的构建，在道德规范下促进企业的发展，应和社会主义现代化国家经济建设，发展生产力，创造和积累物质财富。

2. 构建企业的和谐管理

新时代，创建和谐企业是一项系统性的、复杂的工程，社会主义核心价值观中的“和谐”是一种全方位多层次的和谐，必须做好全面统筹，协调统一。创建和谐企业要做到以下几点：

（1）企业盈利与消费者利益保护的平衡。企业利益的最终受众应该是平衡的，但在实际运作中，常常会出现不平衡的现象。实证研究也表明，在众多的利益相关者中，员工和消费者是典型的被企业“遗忘”的利益相关者（陈宏辉等，2005）。这恰恰背离了企业价值创造的原则。保护弱势员工和消费者的利益，需要建立一套非财务指标，例如，产品质量、消费者和顾客满意度等，使投资者更好地评估公司未来发展前景，以这些非财务指标向社会展示公司的潜力，达到公司协调利益相关者关系的目的，最终实现企业的和谐发展。

（2）协调好利益相关者的关系。企业治理的核心是协调各利益相关者之间的关系。由于企业的行为不仅影响到股东、债券人及雇员等直接的利益主体，而且还对消费者、供应商及社区成员等产生影响。企业承担社会责任，就是要求企业作为生产单位，不能仅关注自身的商业利益，同时也要保护上述利益主体的利益，确保他们的利益不受侵害。要求企业承担社会责任，给人们一种错觉似乎企业分担了政府的职能，因为国有企业的出现是企业社会责任的重要体现，这就需要平衡企业各方利益相关者的利益关系。为使企业的商业性质和人们对企业承担社会责任的要求有一个合理的交点，这就需要企业根据和谐的核心价值观，构建企业各利益相关者的和谐关系。

（3）协调好企业内部顾客与外部顾客的和谐关系。在公司治理中，企业为了协调各利益相关者的关系，首先必须满足内部员工的各项需求。员工满意度高的组织比员工满意度低的组织更有效率，员工流失率更低，更能贯彻顾客第一的思想（斯蒂芬·P. 罗宾斯，1997）。唯有充分认识企业与内部顾客的关系，才能有效协调内部员工的关系。企业的外部顾客包括：供应商顾客、中介商顾客、资金供应商顾客、竞争对手顾客、最终顾客、公众顾客、政府顾客。

供应商顾客是指为企业提供原料、设备或其他物资的企业（组织）或个人。企业与之发生直接的产品与货币交换关系。

中介商顾客是指介于企业与市场之间的企业（组织）与个人，他们或直接销售企业的产品/服务，或者帮助企业促进产品销售或者增加对市场的了解等。企业与之发生直接的产品/服务/信息与货币的交换关系。中介商顾客按其提供的利益所起的作用不同，可以分为分销商、市场服务提供商两类。

资金供应顾客是指为企业运营提供资金支持的企业组织或个人，有些甚至会成为企业的股东。资金供应顾客主要由金融机构、财务公司、信托投资公司、保险公司以及投资个人所组成。

随着网络关系的发展，企业单独依靠自有资金发展已经远远不能满足企业的发展需要，资金供应商可以为企业发展提供重要的资金支持。这就要求企业把资金供应者当作顾客，尽量满足资金供应商的要求，以诚信为本，照顾和协调好利益相关者的利益关系。

竞争对手顾客是指企业的竞争对手群，他们是企业的对手，又是企业的特殊顾客。在网络关系条件下，企业为了协调各利益相关者的关系，企业往往与竞争对手之间维持一种利益协调关系。企业通过自己的行为去影响竞争对手，控制竞争对手，最后由竞争转向竞合，用了解顾客的方法去了解竞争对手，掌握竞争规律，影响竞争对手的行为，最终结成联盟关系，在行业标准、技术开发、原料供应、市场研究等多个方面展开合作。

最终顾客是指一般意义上的最终消费者与用户，是企业最重要的顾客，随着市场的演化，消费行为日益成熟，企业与最终顾客之间不仅有着实际的商品、服务和货币的交换，而且有着深层次的关系。①最终消费者是指购买并使用企业的产品或服务的人。按其与企业的关系以及对企业贡献的大小可分为两大类：预期顾客和现实顾客。预期顾客是指企业所确定的有潜在愿望和能力进行交换的组织或个人。现实顾客可分为普通顾客、基础顾客与铁杆顾客（忠诚顾客）。普通顾客是指购买过企业的产品/服务的顾客。基础顾客是指经常购买企业产品/服务的顾客。忠诚顾客是指不仅始终不渝地一直消费某种品牌的产品，而且还为该品牌产品带来新顾客的顾客。基础顾客和忠诚顾客是企业最为有效义务宣传员，他们是企业值得依靠的顾客。②用户是企业提供的产品或服务的使用者，用户不一定是企业产品的购买者。用户是产品的最终使用者，他们会通过各种渠道影响购买者的决策，尤其是对重复购买的决策具有重要的实质影响，他们往往对企业的产品或服务有自己的亲身体会与见解，并成为企业产品或服务的强有力的传播者。

企业的公众顾客，公众虽然不一定是企业的最终顾客，但他们仍然与企业之间有着顾客关系。他们希望企业成为自己社区的模范“公民”，不仅要遵守法律，而且要为环保、就业、社会公益事业等做出自己的贡献。为此，他们以宽松的公众环境、良好的声誉传播，以及无形的支持来回报企业。

企业的政府顾客是指位于企业外部环境中的政府组织，是比较特殊的顾客，它在企业的经营活动中是企业值得重视的对象之一。与政府建立稳定、透明、合法的关系，是促进企业正常发展、创造宽松环境的重要手段。政府为所有社会成员（包括组织和个体）提供一致的“公共产品”。例如，企业发展过程中，有效的运输体系、完善的通信系统、高质量的教育体系、完备的司法体系等，政府为企业的有效运营和发展提供了必不可缺少的支持。政府以国家代表的身份合法拥有和支配“社会公共产品”，并配给社会成员使用，而作为社会成员之一的企业，要获得该类社会资源的使用权，就须以税收的形式来买单，并以合法经营为前提，履行社区就业和环保等义务。

（4）正确处理好企业和员工之间的关系。传统的企业管理观中，员工和企业虽然属于一个主体，但其利益观却是冲突的。按照和谐价值观的要求，一个和谐的企业，员工的利益目标与企业的利益目标是相辅相成的。企业员工在企业的三个上帝（债权人、顾客和雇员）理论中，始终是企业价值创造的核心。在现代社会，各国经济发展、社会生活及政府治理都离不开优质企业的支撑。企业要想在市场立住脚，必须为市场提供优质、安全、高效的消费者乐于接受的产品，而这些产品的提供者或生产者是企业的员工，企业员工的素质和敬业水平决定了企业未来的发展空间，如何留住并激发管理者与员工的工作热情，则是企业发展过程中面临的重要挑战。新时期，企业在社会主义核心价值观引领下建立良好的企业伦理程序，建立企业与员工和谐双赢的关系，对企业、国家都意义重大。

# 第5章

# 企业伦理与社会层面社会主义核心价值观

本章主要讲述以社会层面的价值观为理论基础的企业伦理运营与管理机制，围绕社会层面社会主义核心价值观与企业伦理建设的互动关系展开探讨，包括企业构建“自由、平等、公正、法治”的美好社会，坚持以人为本，尊重员工和消费者的主体地位，关注他们的利益诉求和价值愿望。围绕企业构建良好的企业—社会伦理关系，利用利益相关者理论，充分发挥社会网络中的强关系、弱关系以及结构洞作用，努力使企业成为“Key Stone”，通过社会关系的优化调动更多的社会资源，进而提升企业的社会价值，以此改善企业生态环境，并为社会层面社会主义价值观的实现做出行动。分为自由、平等、公正、法治四个方面。

## 5.1 社会层面社会主义核心价值观分析

中华民族伟大复兴意味着要建设一个自由、平等、公正、法治的社会。马克思主义究其本质是立足于人类社会发展规律，为无产阶级及广大人民群众谋解放的学说。从生产力、生产关系和上层建筑三个基本范畴所构成的两类社会基本矛盾——生产力与生产关系，占统治地位的生产关系即经济基础与上层建筑的矛盾运动中，揭示出人类社会发展变化的内在规律及趋势。马克思指出，有阶级、有剥削的社会只是人类社会发展到一定历史阶段的产物，其必将随着人类社会发展而最终消灭，未来的人类社会将是原始无阶级、无剥削社会的更高程度的回归，这样的社会将是人人自由而全面发展的社会。

### 5.1.1 自由

自由是社会主义核心价值观的本质，是人类一致追求的价值目标。因为自由是人类社会的精神气质，象征着人类的精神追求，所以自由被社会广泛一致认可，从而全面引领着社会的发展。正如马克思说的那样："社会主义制度的建立，是为了给所有人提供真正的成分的自由。"

自由是中华民族的精神传统。"自由"一词在中国传统文化中没有以一个哲学范畴或政治范畴提出并讨论，"而是代以天人之辩、名实之辩、知行之辩等贯穿于中国哲学史的大争论"，中华民族是有自由精神和自由传统的。中国传统文化注重从个体的愿望和个体的修养角度理解、追求、实现自由，儒家崇尚"仁、义、礼、智、信"，在入世有为的规范中追求伦理自由等。近代以来，西方的"自由"思想伴随政治改良运动与民主革命运动传入中国，人们的目光开始移向国家政治法律和社会层面的自由。孙中山先生坚持国家至上的自由原则，将自由作为政治革命的价值目标。当时，民族的忧患赋予自由特殊的含义，争取国家自由成为每个中国人的夙愿与使命。在国家追求自由的道路上，毛泽东深刻认为当时的中国，民族独立、国家自主、人民解放才是"自由"的具体内容；在改革开放时期，邓小平深化了对"什么是社会主义，怎样建设社会主义"的理解，以物质文明、精神文明两手抓的方式探索和发展了具有中国特色的促进人的全面、自由发展的社会主义道路；在国家建设新时期，江泽民提出了"三个代表"重要思想，把人民的利益放到首位，高度重视促进人的全面发展；在全面建设小康社会新形势下，胡锦涛提出科学发展观，其核心是以人为本，从发展的角度倡导并践行实现"人的全面而自由发展"这一伟大目标；在实现中国梦的新征程下，习近平指出，经过改革开放30多年来的努力，中国人民享受了前所未有的开放和自由，究其关键就在于我们找到了一条适合中国国情的发展道路，我们将坚定不移地沿着这条道路走下去。历史实践证明，将“自由”列为社会主义核心价值观，是我们党和国家认真总结历史经验基础上的理性认知与逻辑结论，是对时代变化与历史发展的积极理论回应（段妍，2016）。

江国华、彭超（2016）的研究指出，社会主义自由观是社会主义核心价值观的重要组成部分，弘扬社会主义核心价值观，必须树立科学的社会主义自由观。社会主义自由观的内核是马克思主义自由观。马克思主义认为，人的本质就是自由；人类“文化上的每一个进步，都是迈向自由的一步”。因此，迄今为止的人类发展史，不过是人类不断地追求自由和解放、不断地从必然王国走向自由王国的历史。“人类从必然王国进入自由王国的飞跃”，使得“人终于成为自己的社会结合的主人，从而也就成为自然界的主人，成为自身的主人——自由的人”。自由是对必然的认识，自由既不是浪漫的幻想，也不是未来的乌托邦，自由具有现实性。全部人类文明史，说到底，就是人类争取自身解放的一部自由的发展史。自由的本质在于创造性实践，马克思认为真正现实的自由，不是“上帝的恩赐”和“天赋的人权”，而是作为主体的人类自己在社会实践活动中创造出来的。人们要获得自由，不仅要认识必然，而且要参与对客观世界的改造。马克思主义认为，人类发展所追寻的最终目标就是实现人“自由而全面”的发展，即把人本身当成目的，而不是手段。这亦是自由的终极目标。

人的“自由发展”包括以下两层含义，第一，个人的发展不屈从于个人之外的任何外在目的，也不屈从于强加给他的任何条件，比如，屈从于奴隶般的分工，或屈从于被迫从事的某种活动等；第二，个人的发展能为个人所驾驭，个人可以根据自己的兴趣爱好自由地从事多方面的活动和发展多方面的能力。

所谓人的全面发展就是“人以一种全面的方式，也就是说，作为一个完整的人，占有自己的全面的本质”。马克思认为，生产力是人的最重要的实践活动，人的自由全面发展离不开生产力的发展。一方面，发展社会生产力，不仅能保证一切社会成员富有的物质生活，而且还可以为人的全面发展提供自由时间。生产力的高度发展意味着劳动生产率的极大提高，社会成员可自由支配的时间越来越多，可支配的自由时间越多，社会成员得到充分发展的空间越大。恩格斯也曾指出：“我们建立社会主义制度的目的是给所有人提供充裕的物质生活和闲暇时间，给所有人提供真正的充分的自由。另一方面，在大力发展社会生产力时，必须通过市场经济建立全面、普遍的世界联系，让独立的个人跨越传统和地域等的限制变为普遍的个人。

自由在科学社会主义社会是一个高标，它对于社会的每个公民来说，意味着个性的完全释放、人民的翻身和彻底解放；它对于民族来说，意味着国家的完全独立，民族的完全自主。而对于企业来说，则是能够最大限度地实现经济价值，与国家经济社会发展同行，这个限度，包括法律法规、市场秩序、社会价值观和道德规范的约束。

### 5.1.2 平等

“平等”一词源远流长。在我国古代，孔子虽没有明确使用“平等”一词，但在《论语·季氏篇第十六》中表达了类似的思想：“丘也闻有国有家者，不患寡而患不均，不患贫而患不安。盖均无贫，和无寡，安无倾。”他认为平等就是财富上的均匀。在古希腊，柏拉图认为平等不是消灭贫富，而是确立贫富的限度，这是一种正义上的平等；亚里士多德认为平等是一种美德，它包括分配的正义和平等的正义。近代资产阶级思想家进一步发展了平等的内涵。洛克认为，平等是指在政治领域中，人们享有等同的权利。法国启蒙运动中最伟大的平等论者卢梭发出了“人是生而自由的，但却无往不在枷锁之中”的强烈感慨，他提出平等是天赋人权，指财产、法律及政治上相同的地位和权利。而私有财产制度正是不平等的起源和基础，因而他强烈反对封建专制和特权制度，构建了社会契约论和人民主权思想基础之上的平等理想。

马克思和恩格斯详细考察了平等观念产生发展的历史、平等的本质及其具体内容，在历史唯物主义的基础上完成了对于旧平等观的反思，并通过对资本主义生产方式和资本主义商品经济运行机制的研究，将平等置于特定的生产方式及生产关系中进行科学分析，阐明了资本主义生产方式决定了资本主义社会平等的性质，深刻揭露了资产阶级平等观的虚伪本质，批判了空想社会主义者抽象的平等观念。马克思和恩格斯主张的平等是全体社会成员之间的平等，平等的内容是全方位的，包括经济、政治、社会领域。恩格斯指出："平等应当不仅是表面的，不仅在国家的领域中实行，它还应当是实际的，还应当在社会的、经济的领域中实行"。马克思、恩格斯的经济平等观体现在生产、交换、分配等方面。马克思和恩格斯通过对资本主义经济领域不平等的批判，探求无产阶级和劳动人民解放的途径，得出只有消灭资本主义的生产方式，只有在共产主义社会实现生产资料公有制，社会文明水平高度发达，实行"各尽所能，按需分配"，才能真正实现实质上的平等。马克思、恩格斯的政治平等观强调政治平等是公民的基本权利，公民能够平等参与政治生活，包括享有平等和民主的权利。马克思、恩格斯的政治平等观是从现实出发寻求合理的平等，以实现人类全面而自由的发展。马克思、恩格斯的社会平等观强调社会保障事业和教育事业的平等，保证人民的基本生活，实现人的根本的、彻底的平等和解放。马克思主义平等观是无产阶级争取平等权利的理论总结，为中国特色社会主义平等价值观的确立提供了理论指南。

社会主义核心价值观中的平等内涵包括：政治上，个人和国家间政治地位和政治权利的平等；经济上，经济权利、经济规则和经济结果的平等；文化上，文化教育、文化参与和文化交流的平等；法律上，合法权益保护、权利使用义务承担上的平等以及对特权的反对等四个方面。政治平等是指公民及其组织在社会政治生活中享有同等的政治权利，各国家和地区在国际事务中享有同等的政治地位，主要包括个人间的政治平等、国家间的政治平等；经济平等就是参与经济活动的主体享有同等的经济权利，受到相同规则的同等约束，能够获得与付出对等的报酬，主要包括经济权利平等、经济规则平等、经济结果平等；文化平等就是参与文化活动的主体能够平等地接受文化教育，平等地进行文化参与，平等地实现文化交流，主要包括文化教育的平等、文化参与的平等、文化交流的平等、法律平等（王昱清，2018）。

平等是与生产力发展阶段相联系的，是在一定的社会生产关系中体现出来的原则和价值。平等的实现程度取决于生产方式的演进与变革以及社会经济结构的变化。我们党倡导的平等价值观与马克思恩格斯关于平等的思想既一脉相承，又与时俱进。平等是人们的共同理想，是社会主义的本质要求。平等就是没有阶级分化，没有剥削和等级划分，没有贫富差距。由此可见，平等在保护公民基本权利、维护社会治安、实现社会多元发展、协调社会关系等方面发挥着不可替代的作用。社会主义制度对于平等的实施有着十分重要的制度基础。但是经济、社会要实现平等并不是一朝一夕、一蹴而就的。企业作为实现“平等”的重要载体，要积极对平等进行宣传和倡导；要全面结合我国的实际情况开展活动；要积极创新，不照搬资本主义社会的平等观念，在企业内部树立起科学的平等观念。

### 5.1.3 公正

公正作为社会主义核心价值观的重要内容，具有深刻的思想内涵。公正是中国传统文化中的一个重要价值理念，也是西方哲学尤其是政治哲学中的一个核心概念，同时又是马克思历史唯物主义中的一种社会价值理想。

通常所理解的“公正”，有公平和正义两方面的含义。公平和正义通常连用，密不可分，离开了公平，正义概无可能；离开了正义，公平亦无从谈起。一般来说，人们做事做人，总要做到基本公平，那么社会正义才是真实可期的。公正感是人们在现实生活中以个体利益和权利能否得到有效保障、对于社会生活的情感期待能在多大程度上得到满足为现实依据形成的用于评价国家、政府、社会是否公正的主观感觉，即个体对于当前社会是否公正的道德心理体验。社会公正的实现在本质上就是个体公正感的确立（张晓飞，2015）。

中国传统文化中对公正有着丰富和深刻的论述，其中主要有以下要义：公正在哲学上意指一种天下万物和谐有序的理想状态。《易经》乾卦之中的“贞”即为正之意；《道德经》指出，天道运行的规律就是在万物之间保持平衡公正。《论语·季氏篇》中讲过“不患寡而患不均，不患贫而患不安”，就是不担心分的少，而是担心分配的不公平公正，不担心人民生活贫穷，而担心生活不安定。先秦政治家管仲指出，君主必须“以公正论，以法制断”，即在执法过程中坚决依法办事、执法公正。战国末期的韩非也极其重视法律制度对实现公正的作用。

马克思主义公正思想是基于对阶级社会尤其是资本主义社会不公正问题的批判和思考。马克思从唯物史观角度阐释了公正的具体性，物质生活的生产方式制约着整个社会生活、政治生活和精神生活的过程，公正作为价值理念，是对一定社会政治、经济的集中反映和体现，必然会受到该社会"物质生活的生产方式"的制约，即一定社会公正与否要受到该社会现实社会生产力、生产关系状况的制约。因此，公正是具体的、历史的，而不是抽象的。在《共产党宣言》中，马克思和恩格斯指出："现代的资产阶级私有制是建立在阶级对立上面、建立在一些人对另一些人的剥削上面的产品生产和占有的最后而又最完备的表现。"

社会主义核心价值观中的"公正"理念，既具有中华民族传统文化背景，也有着鲜明的时代特征与社会主义社会的内在规定性。党的十八大报告指出：必须坚持维护社会公平正义；逐步建立以权利公平、机会公平、规则公平为主要内容的社会公平保障体系；逐步实现全体公民在社会发展的各方面都享有平等的生存和发展权利；实现机会均等，为每一位社会成员提供创业发展、奉献社会、追求幸福、实现人生价值的同等机会；实现在法律、制度面前人人平等，让每一位社会成员平等地享有权利，平等地履行义务，平等地承担责任，平等地受到保护。

公正是社会主义的内在要求。公正是公平正义的简称。在很多情况下，公正又等同于公平或者正义。故此"公正"和"平等"常常容易让人混淆。为了最简洁地厘清这种差别，罗尔斯在《基本自由和优先性》中阐明："每一个人对平等的基本权利和基本自由之完全充分的图式都有一种平等的要求。该图式与所有人同样的图式相容；在这一图式中，平等的政治自由能——且只有这些自由才能——使其公平价值得到保证"。意思就是，自由侧重于社会整体性条件下的个体性维度；公正（公平正义）侧重于社会整体性维度；平等侧重于社会整体性和个体性的前提性维度。以平等为基础实现人的基本权利和自由的社会，是公平正义的社会。公正是社会的基本价值取向。社会主义核心价值中的"公正"理念，彰显了社会主义的本质和目的。

邓小平指出："社会主义的目的就是要全国人民共同富裕，不是两极分化。"同时还告诫："如果我们的政策导致两极分化，我们就失败了；如果产生了什么新的资产阶级，那我们就真是走了邪路了。"资本主义和社会主义在价值观层面的根本区别在于：前者是个人主义的，后者是集体主义的。个人主义价值观在经济生活领域表现为唯利是图、利己主义；在政治生活领域表现为极端自由主义、虚无主义；在社会生活领域表现为享乐主义、拜金主义；在道德生活领域表现为责任感缺失、诚信意识淡薄等。集体主义价值观以人民为主体，全心全意为人民服务，吃苦在前享受在后，在市场经济条件下既追求经济效益又注重社会效益，并且经济效益最终要服务于社会效益。

### 5.1.4 法治

"法治"是人类思想史上一个经典概念，古今中外思想家一直在从不同角度与层面探讨和丰富其内涵。社会发展到今天，法治已经成为现代社会政治文明的重要标志。"法治"一词很早就出现在中国古代典籍中，如《晏子春秋·谏上九》中有"昔者先君桓公之地狭于今，修法治，广政教，以霸诸侯"，这里的"法治"主要是指法律制度，与"法制"含义相通。《管子·明法》中说："威不两错，法不二门，以法治国，则举措而已。"从管仲最早提出"以法治国"的法治思想萌芽，到商鞅厉行变法"垂法而治"，直至韩非构建"法、术、势"相结合的法治思想体系，先秦法家法治思想不断发展，日渐成熟。

一般认为，现代法治思想起源于古希腊的亚里士多德，西方近代以来，最早提出并系统论述法治概念的是英国的戴雪。马克思、恩格斯认为，法律并不是天生就有的，也不是永恒存在的，它是人类历史发展到一定阶段，随着私有制、阶级、国家的出现而出现的。对法律的认识"既不能从它们本身来理解，也不能从所谓人类精神的一般发展来理解，相反，它们根源于物质的生活关系。依法治国，建设社会主义法治国家，是中国人民的历史选择和实践总结。党的十一届三中全会提出："为了保障人民民主，必须加强社会主义法制，使民主制度化、法律化，使这种制度和法律具有稳定性、连续性和极大的权威，做到有法可依，有法必依，执法必严，违法必究。”从此，“十六字方针”成为社会主义法制建设的重要指导思想。党的十八大把“法治”提升到了社会主义核心价值观的高度上，说明党已经充分认识到法治不仅仅是一种治国方略，也是一套成熟的价值思想体系（叶承芳，2015）。

法治在根本上是要满足人们对自由、平等和有尊严之生活的永恒追求。党的十九大报告中明确将“坚持全面依法治国”作为新时代坚持和发展中国特色社会主义的基本方略之一。法治作为社会主义核心价值观的基本内容，具有中国特色的内涵，法治作为社会主义核心价值是政治价值，对社会主义的发展意义重大。就经济体制改革所走的市场化道路来说，市场经济就是法治经济。就政治体制改革来说，由管理向治理的转变实际上就是管理体制和治理能力的法治化。法治作为政治价值与建立在个人主义基础上的法律价值并不完全一样。自由、平等、人权是个人主义法治价值。法治作为政治价值可以获取秩序、捍卫管理者的权威，为权力系统规范有序行使提供了规则、程序和强制措施，可以使政治更加有序、清明，能满足政治合法性的基本要求。法治作为社会的价值，可以为社会组织及其活动提供法律依据、活动准则；可以满足人们的很多需要，比如，可以捍卫权利、可以改变生活方式，使社会更有秩序、可以使人们获得更多的安全感。法治本身的很多价值是很难区分究竟是政治、还是社会的需求。法治作为工具涉及国家、社会、公民生活的各个方面。所以在深化改革的过程中，需要全面推进法治中国建设，有重点地确定法治需要实现的核心价值，现代法治需要协调好国家、社会和公民之间的关系（陈金钊，2015）。

## 5.2 社会关系中企业伦理关系的分析

企业伦理的社会关系是企业利益相关者的重要关系。根据已有的研究分析，企业的利益相关者可以划分为显性的利益相关者和隐性的利益相关者。企业的“显性”利益相关者主要包括：股东；经理层（由首席执行官领导）；董事会；雇员（Monks & Minow，1995、2001）。对企业的法人财产具有直接的剩余索取权，他们与企业以及企业内部各组成部分之间的关系是强联结关系。

## 5.2.1 企业伦理关系中的强关系分析

显性的利益相关者与企业法人财产之间的关系是强联结关系，企业要改善内部治理结构，实现企业内部治理的目标，必须依靠显性的利益相关者。这种强联结关系可以分为正式的和非正式的两种关系；正式的强联结关系即公司内部的权威，即靠行政命令来完成关系的联结；非正式的强联结关系是显性的利益相关者个人之间的联结，即个人的小圈子，它基本上是按个人的血缘、阶层、文化背景等因素划分成的组织内的非正式组织。企业治理中即要注重正式关系，更要注重由组织以外的因素组成的非正式关系，企业内的非正式关系往往具有隐蔽性和障碍性，它对企业治理的影响一般是负面的，有时也有积极的，但较少。因此，决策层不应鼓励组织内部非正式关系的聚合，若已经形成则要尽力利用它来为组织服务，尤其在中国，人们的情面感比较重，工作中亲属、同乡、同学、战友、师徒等关系错综复杂，决策者要与他们交朋友，但决不能纠缠其中，以免决策产生非理性。对于企业的潜在的利益相关者，他们与企业是弱联结关系，按照格兰诺维特的弱联结观点，弱联结关系具有强大的力量，尤其企业治理环境发生巨大变化的今天，社会各方面强调企业社会责任，企业的价值产生更多地依靠企业外部关系，供应商、债权人、社区、政府等都对企业的发展产生了巨大的影响。对供应商要结成联盟；对债权人要按时还贷，若不能及时还贷，应向债权人说明情况取得谅解，或者尽力说服债权人将债权转为股份；对社区在确保企业利益的情况下，要尽可能做好公益事业；对政府一方面要守法经营，另一方面要多与政府机构交往，邀请他们为企业的政策把脉，以此扩大企业的社会关系网络的影响力。

## 5.2.2 企业伦理关系中社会关系的结构嵌入

企业实际上是嵌入在社会或者经济网络中，这种网络（Network）包括各种社会网络关系，例如，企业与其他企业、供应商、消费者或者其他跨产业、跨国家企业之间的横向或者纵向关系，这些关系在很大程度上影响了企业的竞争行为。而且学者们在讨论企业间的互动行为时，是以市场关系或者层级关系为基础进行展开的，但实际上企业在战略网络中的关系主要由嵌入关系构成，嵌入在市场交易中，作用介于市场关系和层级关系之间，这种关系更贴切地表达了企业间的实际连接方式。公司作为整个社会网络中的一个结点，由于其经济组织特性，公司不断与其他组织和个体发生经济行为，在社会网络中，嵌入关系主要包括：信任、信息交流、协商解决问题以及文化。完成经济交易须以信任为基础，但必须要付出交易成本。可以通过行为人的“声誉”（Reputation）来降低交易成本。Hill因此总结说“声誉具有经济价值”。经济行为嵌入在非正规的社会关系之中，这些关系内化了责任和义务。他认为过去的信任关系才会带来将来被信任。信任是嵌入关系的主要特征，是维系企业间长远关系的基础，构筑了“企业不会把自己的利益建立在交换伙伴的利益基础上”的信念。企业倾向于假设对方的行为和动机是良性的，而不是首先考虑交易的风险。这种启发式的操作方法对企业间的合作非常重要，因为这提高了企业决策的速度。“信任是个人关系的显著特征”“是一种个人感情”“信任意味着对方不是完全自私的，不会想办法利用我”。一些经理人这样评价企业间的信任关系。通过信息交流建立信任关系的同时，良好的信息交换机制在企业间也同时建立起来。否则，投机主义就可能盛行。信息交换以重要甚至专属信息的交换为特征，是对相关信息的共享，更具开放性。在实践中，信息交换可能涉及产品的早期研发信息、成本信息、共同讨论未来产品的发展计划以及合作制定预期的供给和需求储备等。随着信息技术的不断发展以及企业对质量要求的不断提高，企业越来越希望获得更广泛的信息来源。因为获得更多的信息能够提高产品的质量，更容易推出新产品。其他学者的研究也认为信息交换是嵌入关系的重要特征和功能。通过信息共享，交易双方对彼此的行为和结果会有更深刻的理解。

另外，与市场交易不同，嵌入关系提供了协商解决争端的机制，这种机制采用协商、惯例、相互谅解等灵活的方法解决争端。在嵌入关系中，协商解决问题的机制提高了企业在市场中的竞争力，增强了企业的学习能力和创新能力。一旦企业间建立起了信任和信息交换机制，他们就会在伙伴需要帮助时伸出援助之手。而信任来源于社会网络，信任嵌入于社会网络之中（Granovetter，1985）。因此，在协调利益相关者的关系时，应树立自己的诚信形象，构建自己的诚信品牌。我们认为在公司治理中公司真正负起其社会责任是树立诚信形象的核心。公司的社会责任分为三个层次：初级层次是对公司的真实利益相关者负责；中级层次是对公司潜在的利益相关者负责；高级层次是公司的对外捐赠。在初级层次，公司要建立完善的公司治理结构。在社会网络关系下，协调股东、董事会、经理层、雇员之间的关系，需将股东与雇员利益放在公司价值共同创造者的角色中来考虑，董事与经理层应放权并加强与他们之间的联系，提高他们与公司价值增长的关联度。公司管理层应遵守 SA8000 条款，确保股东、经理层、董事以及雇员的利益不受侵害，调动企业内部各方面的积极性，共同努力完成公司目标，对外树立企业关心员工，事业欣欣向荣的企业形象。

### 5.2.3 企业伦理关系中社会关系的结构洞理论分析

社会网络成员之间不可能都一一对应发生直接的联系，他们之间总有断层的网络成员，这就存在着结构洞，正如前文指出的，A、B、C 之间是直线联系，B 是 A、C 的结构洞，A、C 结构洞的存在为 B 提供了保持信息和控制信息的两大优势（Burt，1992）。公司治理中潜在的利益相关者和真实的利益相关者之间存在着许多结构洞，而公司就是他们的结构洞，公司具有了保持信息、控制信息的绝对优势，恰如生态学中的“Key Stone”，只要自然环境不变，各种利益相关者为了自己或者他方的利益纷纷聚集到“Key Stone”的周围，一方面为了得到保护，另一方面获得了自身的利益。如此，公司就成为“网主”，获得了网络统治者的地位。

### 5.2.4 企业伦理关系中社会关系的小世界理论

以某个公司为节点，将各个利益相关者的利益关系连起来，围绕着公司周围形成了一个多维的、立体网络，也即是一个小世界。在小世界里面，各个利益相关者的利益关系就形成了一个N人参与的多人博弈。在一个由n个节点组成的博弈中，如果仅进行一次博弈，大家都会选择背叛，但如果进行的是连续的多个博弈，参与博弈的各方就会选择合作，为下一次合作打下良好的信誉基础，但如果大家都知道是最后的一次博弈，那么参与各方就会选择背叛。因此，在一个小世界里面，各个节点的距离是有限长度的，信息传递时间短，全面并且丰富，因此，博弈各方信息充分，博弈的每次付出都是建立在诚信基础之上的，相互背叛的可能性就比较小。公司与各个利益相关者的利益，以及公司对社会的利益回报都是连续的、合作的，这为公司的发展创造了一个良好的公司内部小世界生态环境。

## 5.3 企业在自由、平等、公正、法治社会基础上的伦理关系协调

### 5.3.1 企业伦理与自由目标的实现

为了企业发展能实现更加全面的自由，企业从伦理角度可做出如下选择：

1. 构建协调的企业自由竞争关系

在社会主义市场经济下，企业与企业之间、企业与员工之间、员工与员工之间在国家法律不禁止的方面可以自由进行市场行为，包括交易、合作等各种关系。

构建和形成企业之间的自由竞争观，在社会主义市场经济下自由竞争就是在国家宏观调控下遵循市场规律，用竞争规则主导市场的运行，推动资源的合理流动，是促进经济发展的重要方式。从企业角度来看，自由竞争实质上是企业追求利益的过程，在客观上促进了经济的发展，这就要求企业在社会主义核心价值观的指导下，做到经济效益和社会效益并重、企业目标与社会主义核心价值观兼顾，做到以义制利、诚信为本。

企业内部环境对员工的成长和发展有着潜移默化的作用，其形成也离不开企业内部各人员的共同作用，在企业经营管理系统中，企业家既是企业文化的中坚力量，又是经济发展的引导者，企业家在企业中具有重要地位和不可取代的重要作用，因此，企业家在企业中能起到良好的模范作用，从而带领整个企业形成正确的自由竞争观。

构建企业员工的自由竞争观，对于任何一个企业而言，只有当企业内绝大部分员工的个人价值观趋同时整个企业的价值观才可能形成。企业管理者要尊重员工的主体地位，把自由竞争的观念深入到员工的观念之中，企业可以通过自身的经营理念凸显出自由竞争的观点，从而促进员工形成正确的自由竞争观，达到践行社会主义核心价值观的具体要求。

2. 道德生产力的构建

道德是生产力发展水平的体现和发展潜力的重要要素。生产力的核心和基础是劳动者或劳动力，因此，生产劳动过程是人的活动或作用过程，是作为“主观生产力”和“社会的劳动生产力”的实现过程。构建符合社会主义核心价值观的使企业赢得核心竞争力——道德生产力，需要企业加强内部道德化管理，不断加强企业道德意识和行为的教育培养，完善企业道德化制度，建立道德化的企业伦理决策机制、集体主义的团队机制以及激励、教育和监督机制。在企业外部，企业应该根据利益相关者理论，协调好企业显性利益相关者和围绕着企业的各种隐性利益相关者的关系，构建健康有序的市场环境体系和规则，在道德规范的基础之上促进企业的发展，发展生产力，创造和积累物质财富，进而实现道德生产力的自由形成。

3. 强化企业员工职业发展的自由

社会主义制度“将给所有的人提供健康而有益的工作，给所有的人提供充裕的物质生活和闲暇时间，给所有的人提供真正的充分的自由。”市场经济体制下，企业员工自由是市场经济体制的一般基础。结合市场经济的要求，社会主义经济条件下的个人自由即个人经济自由和个人人身自由。员工可以根据自己的学习、社会工作经历，以及自己的个人职业规划自主选择职业，个人对自己职业选择决策的行为后果负完全责任。员工可以全权决定其拥有的资本和劳力的投向，他得到投资的收益，也承担各种可能的风险、责任。增强员工个人自由是加快建立社会主义市场经济体制的内在要求，可以更充分地体现社会主义本质，促进现代企业制度建设，进而构建和培育社会主义市场经济体系。

4. 和谐的社会主义劳动关系的构建

构建促进企业伦理与社会主义核心价值观中自由目标相结合的社会主义劳动关系，需要企业处理好企业与员工、员工与员工之间的生产关系，消除各种利益相关者之间的冲突。

(1) 合理解决劳动冲突。企业经营发展中，出现各种劳动冲突是正常的管理事件。发生劳动冲突后，企业要引起重视并采取有效的措施予以制止和解决。①及时调查；②管理者要快速反应，稳定局势；在制度框架内，工作方法要人性化，避免简单粗暴。③召开职工代表座谈会，切实了解职工的诉求，条件允许的及时解决，条件不具备的要及时沟通说明，并创造条件逐步解决；企业不能回避劳动者提出的关键问题，即使企业确实有困难，但也不能牺牲劳动者的利益，要敢于承担企业应该承担的责任。

(2) 按照《公司法》要求完善企业管理制度。企业应在成立之初或发展过程中按照《公司法》的要求建立和完善企业管理制度，劳动者入职时要进行新员工的入职培训并明确双方的责任、权利与义务。①企业劳动者管理制度的制定可参照《劳动法》《劳动合同法》《社会保险法》《就业促进法》《女职工劳动保护特别规定》《未成年人保护法》《劳动争议调解仲裁法》《反不当竞争法》等相关法律法规，另外要将《合同法》《民法典》《刑法》等法律中有关劳动者事项的条款与内容向劳动者进行宣传、解读。②建立集体协商制度。集体协商制度是指企业内部建立的企业和员工具有平等对话、平等申诉、共同谈判和争取各自利益的一种制度，以规范的形式来探讨、策划企业的运行问题，双方求同存异，目的是为了达到互惠共赢，建立和谐的劳动关系。③建立和完善沟通机制。企业内部的信息反馈渠道应该向员工公开，要建立如公司平台、总经理信箱、工会委员会、企业伦理委员会、企业伦理高管等多元联系机制，职工反映信息的渠道应该保持畅通有效。

(3) 企业发展成果应该与员工共享。①企业利润的共享。企业的财富是劳动者与企业经营者共同努力打拼得来的，企业要按合同、按企业规定“按劳分配”收入。②与员工分享企业的发展成就。③推动企业与员工的同步成长。劳动者就是企业的首要财富，传统意义上企业有两个上帝——出资人和顾客；当代经济、社会条件下，企业有三个上帝——出资人、顾客和企业的员工。21世纪是人才的世纪，企业的发展和为顾客提供高质量的产品，离不开企业的员工，员工就是企业的第一财富，有了高素质的员工，企业的未来发展和存续就有了可能。因此，企业要切实重视企业员工的职业发展和成长，才能为企业的可持续性发展提供必要条件。

## 5.3.2 企业伦理与平等目标的实现

平等一直是人类追求的价值目标和梦想。马克思主义认为，真正的自由和真正的平等只有在共产主义制度下才可能实现；而这样的制度是正义所要求的。在新时期，培育和践行社会主义平等价值观，企业要积极创新，在企业内部建立起科学的平等观念。从经济制度、营商环境、发展机会等方面夯实社会平等的基础，企业可做出的贡献如下：

1. 坚持基本经济制度，发展社会主义市场经济

经济发展水平的变化影响人们对“公正”的追求程度，社会生产力的发展水平决定公正的最终实现程度。现阶段，企业参与全面深化改革的一项重要任务是坚持和完善基本经济制度和分配制度。社会主义不搞空想的超越论，既坚持原则，又灵活机动，通过所有制形式和分配方式的调节，积极探索“效率与公平”的动态平衡，既激发人的创造性和生产要素潜能，又防止急剧两极分化。高度发展的社会生产力是实现分配平等的物质基础。只有在生产力得到充分发展的前提下，才可能为促进和保障真正的、普遍的平等奠

定雄厚的物质基础，相应地，平等的收入分配原则和制度才能更容易推行和落实。从当代中国发展现状看，我们要在坚持和完善社会主义制度的基础上，充分发挥市场在生产要素分配中的基础作用，着力社会主义生产力的发展，为实现社会主义平等价值观积累物质基础，“做大蛋糕”；同时坚持社会主义基本经济制度，坚持公有制和按劳分配制度，通过财政政策合理做好一次分配、二次分配和第三次分配，实现“分好蛋糕”，进一步建立健全收入分配制度和社会保障体系。因此，企业在社会主义市场经济条件下要切实致力构建基本经济制度和分配制度的实质平等，超越形式平等，超越资本主义价值理念，为企业奠定现实的、自由发展的物质基础。

2. 构建平等营商环境

营商环境界定为企业等市场主体在市场经济活动中所涉及的体制机制性因素和条件，包括市场主体保护、市场环境、政务服务、监管执法、法治保障等方面。简要讲，营商环境一般是指影响市场主体活动的各种制度性安排，包括体制机制、法律法规、规则程序等。

平等的营商环境指的是对各类企业一视同仁、平等对待，企业无论大小，属于何种类型，在市场经济活动中都能获得平等待遇，公平竞争，没有歧视性和差异化限制，一般可从权利平等、机会平等、规则平等维度进行分析，如实行市场公平准入、平等参与竞争、平等保护各类企业权益等。公平性强的营商环境，可保证市场公平竞争，优胜劣汰，激发各类市场主体的活力和创造力，提高资源配置效率（沈荣华，2020）。

优化营商环境、激发市场主体活力是我国新时期推动经济高质量发展的重大举措。社会主义市场经济条件下，企业的平等包括：竞争机会平等、市场主体交换平等、经营规则平等、法律平等（胡进祥，2000）。平等是优化企业营商环境，促进各类企业健康发展的题中之义。当前国内外环境依然错综复杂，不确定不稳定因素较多，中小微企业困难较大。

从社会主义市场环境来看，可归结为运营条件的不平等。但相较于大中型企业而言，小微型企业在要素资源获取方面依然处于劣势地位。特别是在金融服务方面，由于支持小微企业发展的制度供给滞后，小微企业在实际经营中难以获得有效的融资增信支持和直接融资支持。大中型企业获得大量资金支持，而众多的小微市场主体面临着极高的融资隐形门槛。不同所有制下企业的不平等。由于市场准入负面清单制度实施不全面和公平竞争审查制度落实不充分，非公有制企业在市场准入许可、政府招标采购等方面依然受到各类制度障碍和隐性壁垒的制约，难以取得公平公正的市场竞争地位。同时，由于平等保护产权的法律法规体系不完善和产权执法司法保护制度不健全，非公有企业的投资范围比较狭窄，产业进入门槛太高，即使国家有鼓励政策，但地方政府在落实中仍是顾虑重重。因此，需进一步强化市场主体准入准营机会均等化。将负面清单制度作为社会主义市场经济体制基础性制度之一，通过逐年压减负面清单事项，降低市场准入门槛，保障准入的机会均等化。

根据已有研究发现，发达国家市场经济的长期实践经验表明，迈向高质量发展的现代化，应在市场竞争中推进具有公平正义取向的竞争政策，让带有"中性"性质的普惠制政策，成为优化营商环境的目标取向。在此市场调节下，企业需要按照市场规则和坚持平等竞争的伦理准则，充分发挥市场而不是政策在资源配置中的决定性作用，在法律上一视同仁，取消企业的身份标识，建设统一有序、开放协调的竞争性的社会主义市场经济体制。

3. 构建发展机会平等的社会环境

平等，指的是公民在法律面前一律平等，其价值取向是不断实现实质平等。它要求尊重和保障人权，人人依法享有平等参与、平等发展的权利。平等是社会主义的本质要求，在中国特色社会主义进程中具有特殊的价值意义。社会主义制度为实现平等奠定了制度基础，提供了有利条件。机会的公平平等原则即机会平等。"机会是指社会成员生存与发展的可能性空间和余地。所谓机会平等，是指社会成员在解决如何拥有作为一种资源的机会问题时应遵循这样的原则，即：平等的应当予以平等的对待，不平等的应当予以不平等的对待。"机会平等作为通往社会正义的路径和原则，在伦理框架中有基石般的重要地位。一定社会条件下的每一个人，无论性别、种族、民族、社会阶层、身体条件等方面是否存在差异，都有获得同等发展机会的权利。

在保护企业员工权利方面。要充分尊重和保护个人的生存和发展权利，如个体的生命权、人身自由权、言论自由权和财产权等。在不同的发展阶段，保护个人权利的内容重点可能会有所不同。例如，在贫困走向小康阶段，需要更多地关注基本的生存权，在全面实现小康阶段或者在迈向基本现代化阶段，需要把对个人权利的保护重点转向财产权等权利。只有很好地保护财产权，我国才可能真正富起来，才可能具有从富起来走向强起来的基础条件。

在企业战略发展方面。坚决反对各种垄断尤其是行政垄断。近年来，国家出台了相关政策和文件，都要求反对垄断和不正当竞争，反对地方保护，依法清理废除妨碍统一市场公平竞争的各种规定和做法，完善权利平等、机会平等、规则平等的市场环境。为了更好地落实这些政策和文件精神，保护市场主体的平等权利，今后所有新出台的地方性法规以及相关政策规章，都应该以法律形式规定必须通过竞争政策执法机构的公平竞争审查；废除过去那些由各地行政部门制定的、授权由某些特定企业独家垄断的文件，清理各种产业补贴或扶持项目，把保留的各种优惠政策降到最低，并给予公开化和透明化。

在企业内部管理科学化方面。对企业内部员工，机会平等不仅是起点公平，而且要程序公平。要想实现程序公平，企业管理者要做好两个方面的工作：一是让员工参与和控制管理决策过程；二是企业和员工在这一决策过程中要真正实现平等对话，沟通畅通，员工对企业的战略发展目标和管理举措充分发表意见，企业要切实保护员工权利。也就是说，既要让员工在管理决策过程中拥有真正的发言权，又要尊重员工，尊重员工的人格、社会地位等，强化企业与员工之间的情感交流。

在保护企业出资人权利方面。企业要在公司法的制度框架内，切实保护众多的中小股东的利益，防止大股东侵蚀中小股东的权益，按照企业信息披露制度，严格做好企业重大事项的披露工作，保护好中小股东的知情权，杜绝内部人控制、暗箱操作等，真正做到同股同权。

## 5.3.3 企业伦理与公正目标的实现

党的十九大报告指出，加快完善社会主义市场经济体制。经济体制改革必须以完善产权制度和要素市场化配置为重点，实现产权有效激励、要素自由流动、价格反应灵活、竞争公平有序、企业优胜劣汰。要完善各类国有资产管理体制，改革国有资本授权经营体制，加快国有经济布局优化、结构调整、战略性重组，促进国有资产保值增值，推动国有资本做强做优做大，有效防止国有资产流失。深化国有企业改革，发展混合所有制经济，培育具有全球竞争力的世界一流企业。全面实施市场准入负面清单制度，清理废除妨碍统一市场和公平竞争的各种规定和做法，支持民营企业发展，激发各类市场主体活力。深化商事制度改革，打破行政性垄断，防止市场垄断，加快要素价格市场化改革，放宽服务业准入限制，完善市场监管体制。

企业公正是社会公正在企业活动中的体现，是以企业为行为主体的公正，是企业伦理的根本原则，也是我国现代企业制度建设的原则之一。在社会公正原则指导下所确认的企业的权利和义务，是企业公正的核心内容。企业伦理所调节和规范的企业行为大体上可分为两类：一类是企业的外部交往行为，即企业同政府主管部门、同业竞争者、广大消费者、所在社区等的交往行为；另一类是企业的内部交往行为，即企业的所有者、管理者、经营者、董事、股东等人员同企业员工或工会双方或相互之间的交往行为。同企业的对外、对内两类关系相适应，企业公正可以分为企业外部公正和企业内部公正两大类。前者包括交易公正、守法公正和环境公正等，后者包括分配公正和用人公正等。从扩大社会效益角度实现公正目标，企业可做出如下措施：

1. 培育公正价值理念

在社会层面培育社会主义的公正价值观理念，研究不能仅停留在“知”的层面或理论认知上面，还必须在现实工作中落实到实际行动上，转化为社会实践，正如陶行知先生提倡的要知行合一，才可能转变为是一种真正意义上的“知”。据此，要在全体公民中，特别是在领导干部和执法人员中大力倡导公平做事、公正做人，维护公正的社会风尚。要按照公正价值观的基本要求，健全各行各业规章制度，完善市民公约、乡规民约、学生守则等行为准则，使公平正义成为人们日常工作生活的基本遵循，引导人们从一点一滴做起、从身边小事做起，在潜移默化中常为小善、修身立德。

（1）企业要建立公正价值理念。习近平指出，"有效整合社会意识，是社会系统得以正常运转、社会秩序得以有效维护的重要途径。"因此，对于实现公正，培育组织和个人的公正理念至关重要。首先，要培养公正的伦理型领导。企业领导者的道德素质对企业文化中伦理文化的强化和实施起着关键的作用。真正卓有成效的领导者，往往具备积极进取、励精图治、坚持公正、关心企业员工的崇高品德。其次，要通过各种社会公益活动将社会主义价值观融入企业员工思想之中，进而转化为员工的正义行动。例如，在社会出现重大的、需要全社会帮助的事件时，企业在尽其所能（包括物资的、技术的）向困难单位或个人捐赠的同时，也要号召和动员企业员工，尽个人所能做出捐赠，企业也要发挥组织功能，及时发现先进代表人物，进行榜样宣传，树立模范典型，起到示范效应和榜样的作用，起到引领社会正向风气的作用。最后，通过定期规范的职工教育培训加强企业员工伦理教育。企业应结合社会上发生的有代表性的伦理事件，加强内部员工的伦理教育和专门的伦理项目培训，在培训过程中，结合中华优秀传统文化思想的精华和社会道德规范，使员工接受优秀中华文化的熏陶，培养和引领企业员工的公正信念，形成良好的道德习惯，自觉将社会主义价值观贯彻到企业文化和经营战略中，从而提高企业符合伦理的经营管理水平，实现企业的经济和社会目标，提升企业的战略竞争力。

重视企业伦理责任教育是全球商学院的一个共识。各国的商学院都在增加企业伦理课程和专门方向，以满足 MBA 学生的需要。大多数中国 MBA 培养院校也已经将企业伦理教育纳入教学环节中。

安南认为，"哈佛、牛津和剑桥商学院 MBA 教学都把企业伦理管理作为管理经营战略与方针的核心课程，说明管理学离不开企业伦理，在全球企业界大力倡导企业社会责任和全球契约的今天更是如此"。现在，美国 90% 以上的商学院或管理学院及欧洲的绝大多数大学，都开设了企业伦理学、管理与企业伦理道德、企业伦理与企业职业道德等方面的课程，重视企业伦理教学成为世界各地商学院、管理学院培养 MBA、EMBA 与 MPAcc 人才的一大特色。

2011 年 9 月 29 日，马凯同志在“纪念中国 MBA 教育 20 周年大会”的讲话中又一次强调:“要注重商业伦理的教育，加强 MBA 学生的社会责任感，树立良好的道德价值取向，使社会主义核心价值观念贯穿于企业文化中。市场经济确实是竞争经济，但是市场经济首先还是契约经济，还是诚信经济。很多企业家光想着竞争，光想着挣钱，不择手段，没有信誉，这是很可悲的。目前社会上反映强烈的食品安全问题、生产安全事故问题、假冒侵权问题等，都与企业家的经营理念和经营方式有关系，都与缺乏诚信有关系。所以我们要教育学生把企业利益放在公众利益和社会利益大局中去实现。希望将来查出来的非法案件里面，没有 MBA 的学生。”

(2) 企业要树立可持续发展理念。1972 年，联合国在瑞典斯德哥尔摩召开“人类环境会议”，会上“罗马俱乐部”发表的报告《增长的极限》中最早提出了可持续发展问题。可持续发展（sustainable development）是一种将地球资源留给子孙后代以实现人类发展的系统方法。该方法承认地球资源是有限的，从长期来看，人类的消费速度超出了地球的承受范围。可持续发展概念基于人类健康依赖于地球生态系统良性运作这个概念。可持续发展观要求世界上最富裕国家大幅减少浪费和消费，因为如果越来越多的人继续与富国攀比消费速度，地球生态体系将不堪重负。

2. 建立企业生态管理

党的十九大报告指出，坚持人与自然和谐共生。建设生态文明是中华民族永续发展的千年大计。必须树立和践行绿水青山就是金山银山的理念，坚持节约资源和保护环境的基本国策，像对待生命一样对待生态环境，统筹山水林田湖草系统治理，实行最严格的生态环境保护制度，形成绿色发展方式和生活方式，坚定走生产发展、生活富裕、生态良好的文明发展道路，建设美丽中国，为人民创造良好生产生活环境，为全球生态安全做出贡献。《“十四五”规划和 2035 年远景目标纲要》指出，生态文明建设实现新进步。国土空间开发保护格局得到优化，生产生活方式绿色转型成效显著，能源资源配置更加合理、利用效率大幅提高，单位国内生产总值能源消耗和二氧化碳排放分别降低13.5%、18%，主要污染物排放总量持续减少，森林覆盖率提高到24.1%，生态环境持续改善，生态安全屏障更加牢固，城乡人居环境明显改善。

随着全球工业化和科学技术的飞速发展，人类创造出了巨大的社会财富，但是某些单纯追求经济增长的行为同时也造成了严重的生态破坏，企业在推动经济快速发展的同时，也带来了严重的生态环境问题。例如，煤炭、钢铁、水泥、火力发电、某些化工、造纸等企业在生产和经营过程中，排放的废弃物导致了严重的环境污染，企业带来的自然生态失衡和生态危机对生态环境产生了极其深刻而广泛的影响，成为人类社会和自然界的公害。2018年的“山西三维污染事件”就是典型的企业生态伦理问题。

习近平总书记强调指出，绿水青山就是金山银山，并多次强调绿色环保的重要意义。生态文明建设功在当代、利在千秋。我们要牢固树立社会主义生态文明观，推动形成人与自然和谐发展现代化建设新格局，为保护生态环境做出我们这代人的努力。我们要建设的现代化是人与自然和谐共生的现代化，既要创造更多物质财富和精神财富以满足人民日益增长的美好生活需要，也要提供更多优质生态产品以满足人民日益增长的优美生态环境需要。必须坚持节约优先、保护优先、自然恢复为主的方针，形成节约资源和保护环境的空间格局、产业结构、生产方式、生活方式，还自然以宁静、和谐、美丽。着力解决突出环境问题。坚持全民共治、源头防治，持续实施大气污染防治行动，打赢蓝天保卫战。加快水污染防治，实施流域环境和近岸海域综合治理。强化土壤污染管控和修复，加强农业面源污染防治，开展农村人居环境整治行动。加强固体废弃物和垃圾处置。提高污染排放标准，强化排污者责任，健全环保信用评价、信息强制性披露、严惩重罚等制度。构建政府为主导、企业为主体、社会组织和公众共同参与的环境治理体系。积极参与全球环境治理，落实减排承诺。企业生态伦理管理使企业思考如何能实现资源利用率最大化、废物排放最小化的生态管理，这种管理的创新既能满足经济效益的提高，又能有效减少和避免生态环境的污染与破坏，对实现社会可持续发展和企业持续发展具有重要意义。

考虑到新时代背景下企业生态伦理管理的价值，企业需及时更新管理者的价值观念，树立生态意识，建立企业生态管理模式，大力推行企业生态伦理管理。

首先，建立企业生态文化。企业生态文化是指以维护生态平衡、节约资源、保护环境、人与自然和谐相处的价值理念为核心的企业文化。

其次，制定企业生态经营发展战略。企业的发展不只是通过对自然环境的改造来获得，而是更需要企业与自然环境的和谐相处来实现。企业在发展过程中应把环境保护纳入长远的企业发展战略中，而不应以企业利润最大化为目标。

再次，设立企业生态组织机构。企业生态伦理管理就是通过提升企业生态伦理意识，来增强企业的生态环境保护能力，并寻求企业社会经济系统与自然生态系统的协调。生态管理就是要把生态保护观念融入企业生产经营之中，使企业形成一个生态管理的系统网络。

最后，企业在具体经营管理中，要严格执行企业的伦理管理要求，遵守国家和地区环境监管部门的法律和法规，提高科技水平，提高资源的使用效率和资源再循环利用率；减少废气、废物、废水的排放，保护环境等；注重资源回收与再利用，尽到环境保护的责任。

3. 履行社会责任职责

社会主义市场经济中的市场主体包括企业、个人（城镇居民、农户）、政府，三者共同构成市场的微观基础，但是由于企业既能提供供给又可以产生需求，所以企业是市场活动的主要参与者、最重要的市场主体，也是市场最重要的微观基础。

企业应是一种包括投资人及相关利益人的契约关系和协作组织，它通过市场机制得以运行，企业存在的目的是为了追求一种比个体劳动更大更稳定的收益。企业的建立需要投资人、相关利益人、市场、利润以及土地、厂房、设备等基本资源。这些资源的来路和最终的去向均归于社会。是社会为企业提供了必要的物质基础和人力资源，是社会为企业的运行、利润的实现提供了空间、舞台、环境和机制。概括地讲，企业是在享受社会赋予的各种资源、机会和权利的过程中获得自身的存在和发展。根据马克思主义的基本理论，享受权利就意味着应该履行义务，“没有无义务的权利，也没有无权利的义务”。

因此，越来越多的企业认识到承担社会责任和进行伦理管理是企业价值的应有之义，更加强调企业社会责任的战略价值，将企业目标由1个P（Profits）扩展为3个P（Profits、People、Planet），将符合社会和自然生态可持续发展的要求作为企业经营战略的一部分，在企业经营活动中更加强调企业公民行为，更加强调环境保护和资源节约，更加关注利益相关者，更加积极参与慈善活动。

社会责任投资（SociallyResponsible Investing，简称SRI）是一种特别的投资模式，即企业在进行投资决策、选择投资对象时不仅关注其经济效益，同时关注其社会效益，在传统投资模式基础上增加了企业对环境保护、公共利益担当等方面的考量，即在传统的财务指标之外，以遵守法律、尊重人权、贡献社会和保护环境等社会伦理性标准为基础，评价企业的社会责任投资意愿和社会责任投资能力。

企业社会责任促进政策是政府为促进企业自觉进行社会贡献而制定的政策。如今，企业社会责任在国际社会中受到广泛重视，企业承担社会责任是企业自身发展和企业国际化的需求，也是国家战略和政府治理社会问题的需求。

缺乏企业公民责任的公司往往具有大致的表现：滥用权力、违背道德、破坏诚实的会计基础、欺骗公共和私人监督团体，而目前还出现了有些公司心甘情愿地成为造假案的同谋的恶劣情况。国际、国内许多知名的大公司：世通、安然、帕尔沃特、冠生园、银广厦、光明奶业等事件以及各地因企业污染环境引发的群众频频上访事件，均引致了政府和社会群体的广泛关注。为了提升国际竞争力，企业逐渐形成全球公民意识，积极承担社会责任，为企业的可持续发展不断做出努力。

已有研究指出，企业社会责任已经被纳入中国治国理政的框架中。政府积极介入企业社会责任建设，并逐渐充当规制者、推进者和监督者，需要企业主动配合，实现政府—企业—社会三者的有机结合。主要有以下四个实践路径：一是企业与政府建立合作伙伴关系；二是企业执行社区商业政策；三是企业作为公民角色发挥公民精神；四是将企业公民责任统一到企业文化建设中。

4. 履行社会公益责任

企业作为独立的经营组织，尽管需要追求盈利的最大化，但同样扮演着重要的社会角色。强调企业的社会责任，不仅事关社会的整体利益，而且有利于企业的可持续发展，更是社会文明进步的标志。企业应承担善待股东、善待消费者、善待社会、扶贫济困、保护环境等社会责任，但并不是要求企业要承担自己能力之外的责任。

历史上对于企业和社会之间关系的认知，基本上都是依照亚当·斯密"看不见的手"为思想起点的经济模型而形成。传统的观点认为，一个社会通过市场能够最好地确定其需求与需要。因此，市场这只"看不见的手"能够将企业的自我利益转化为社会利益。从20世纪初开始，随着工业经济的迅速发展，企业合并浪潮造就了许多工业巨头，大型跨国公司的出现造成垄断和限制竞争，失业日益严重，贫富差距加大，资源存量锐减，生态环境急剧恶化，企业经济案件不断发生，越来越多的企业活动在面对确保企业对于社会的行动能否保持一贯的公正、合乎道德规范的问题上开始失效，人们开始怀疑企业管理者唯利是图的道德品质，单一追逐利润而不顾社会影响的企业经营活动所造成的环境污染、商业欺诈、假冒伪劣、工人失业等问题，也使人们开始认识到企业对社会承担责任的重要性。

管理学大师彼德·F. 德鲁克在其《管理——任务、责任、实践》一书中，把企业对社会的影响和对社会的责任作为管理的第三项任务，认为它"取得经济上的成就""使工作富有活力并使员工有成就"具有同等重要地位。哈佛大学迈克尔·波特教授将其竞争优势理论运用于企业慈善行为的分析，最终形成独树一帜的战略性企业慈善行为理论，强调企业慈善行为对企业竞争环境可能产生积极影响，并将这种企业慈善行为定义为战略性慈善行为（Strategic Philanthropy）

历史上，企业社会责任在中国从来就不是舶来品，它深深植根于中国的传统文化。《礼运》中描述了大同世界的社会景象："大道之行也，天下为公。选贤与能，讲信修睦，故人不独亲其亲，不独子其子，使老有所终，壮有所用，幼有所长，矜寡孤独废疾者，皆有所养。男有分，女有归。货恶其弃于地也，不必藏于己；力恶其不出于身也，不必为己……是谓大同。”

著名管理者卡罗尔在1979年提出“企业社会责任金字塔模型”，其涵盖了企业社会责任的各方利益相关者，并将其分为四个层次：经济责任、法律责任、伦理责任、慈善责任。

由我国学者和研究机构发起的中国企业家调查系统将企业社会责任的范围设定为：经济责任、法律责任、伦理责任、公益责任四个方面，并进行了实证论证。企业在构建基于社会主义核心价值观的企业伦理时，要将履行社会公益责任纳入行动框架，除却消费者责任、股东责任、员工责任、环境责任，还应提供安全可靠的产品与服务，促进就业，完善公司治理，重塑诚信商业文化，进行自主创新和知识产权保护，支持和推动我国各类教育事业的发展，包括创办各类企业大学，比如，1999年海尔集团创建了海尔大学，世界500强企业吉利控股集团在北京创建了北京吉利大学，他们都为社会做出了奉献。

### 5.3.4 企业伦理与法治目标的实现

党的十九大报告指出，坚持全面依法治国。全面依法治国是中国特色社会主义的本质要求和重要保障。必须把党的领导贯彻落实到依法治国全过程和各方面，坚定不移走中国特色社会主义法治道路，完善以宪法为核心的中国特色社会主义法律体系，建设中国特色社会主义法治体系，建设社会主义法治国家，发展中国特色社会主义法治理论，坚持依法治国、依法执政、依法行政共同推进，坚持法治国家、法治政府、法治社会一体建设，坚持依法治国和以德治国相结合，依法治国和依规治党有机统一，深化司法体制改革，提高全民族法治素养和道德素质。《“十四五”规划和2035年远景目标纲要》提出，国家治理效能得到新提升。社会主义民主法治更加健全，社会公平正义进一步彰显，国家行政体系更加完善，政府作用更好发挥，行政效率和公信力显著提升，社会治理特别是基层治理水平明显提高，防范化解重大风险体制机制不断健全，突发公共事件应急处置能力显著增强，结合中国特色社会主义法治的三大核心原则，企业在构建“法治化”的伦理价值观时要达到的目标就是完善现代企业制度建设、人民当家作主、依法管企三者的有机统一。

1. 不断完善现代企业制度建设

现代企业制度是以完善的企业法人制度为基础，以有限责任制度为特征，以公司制企业为主要形态的新型制度。现代股份公司制度是现代企业制度的主要形式。现代企业制度要素——法人产权制度（基础）、法人治理制度（核心）、有限责任制度（保障）、管理层级制度（工具）。现代企业制度的基本特征是：①独立的法人财产所有权；②对债务的有限责任；③管理的科层组织；④职业化的管理经营；⑤追求企业利润的最大化。新时期企业伦理的构建，必须坚持依法管理企业，依法处理企业内部的一切事务，协调好出资人、管理者、员工、消费者和供应商的关系。大力倡导共产主义和社会主义道德，才能保证企业管理者在管理中遵循先进的适合于社会主义市场经济的道德规范，保证企业管理与伦理道德融为一体，促进企业管理的不断完善。

2. 做守法的企业公民

美国波士顿学院企业公民研究中心为企业公民界定的定义是：其是指一个公司将社会基本价值与日常商业实践、运作和政策相整合的行为方式。一个企业公民认为公司的成功与社会的健康和福利密切相关，因此，它会全面考虑公司对所有利益相关人的影响，包括雇员、客户、社区、供应商和自然环境。

中国企业公民委员会对其所作的定义是：企业在经营活动中，以地球环境和人类福祉为出发点，按照为客户提供优质产品和满意服务为基本原则，自觉承担社会责任，实现全面、协调、可持续的线性发展。

1993年，德鲁克提出“企业公民意味着积极的贡献，意味着责任，意味着为社区带来改变，为社会和国家带来改变”。因此，企业不仅仅只是法律范围内的独立主体，也应该是国家范围内的公民，将公民观引申到企业社会责任范畴，建立企业公民理念，不仅意味着对企业承担更多社会责任的诉求，还包括对其参与社会环境改造的权利和义务的法律保障。因而，企业作为社会网络大家庭中的一员，其行为取向应与社会的一般规范、社会的核心价值观取向相吻合。作为社会成员，其最基本的要求之一就是要履行公民义务，遵守现行的各项法律、市场运行规则、政府的各项监管条例以及相关的国际标准。对于企业而言，具体结合到企业伦理层面，则体现在遵守法律和维护道德两个方面的内容。

一是企业法规和社会法律。已有的研究显示，企业可通过建立自身良好的内部控制制度从而切实提高守法水平、降低违规风险；内部控制不应是相互独立的制度措施的简单累加，而应该是以内部环境为“灵魂”的制度体系。加强企业社会责任法律化。伦理准则是以法律为底线的系统，分享这一伦理准则的人必须首先识别法律。这有利于利益相关者减少企业治理成本，在法律法规的规范下实现企业利润最大化，为企业的长期健康发展提供最基本的前提条件。追求利润是企业的目标，如果其违法成本较低，就会变相地激励企业的违法行为。而企业社会责任法律化可以提高违法成本，使企业违法不合算，理性的市场主体会自觉承担社会责任。用法律规范我国企业公民建设：首先，通过立法为我国企业公民建设提供法律依据；其次，通过执法为企业公民建设提供有效的法律监督。

二是企业道德。作为企业公民，其应遵守当地的法律和制度，这是企业伦理管理的底线。从社会对企业的要求和企业经营战略的角度思考，企业管理者应该从企业的可持续发展的战略高度来进行企业的伦理管理。因为企业经营应遵守国家法律、接受政府的相关监管，这是法律的强制，企业履行社会责任，一方面为社会和消费者提供安全可靠的商品；另一方面要兼顾企业利益相关者的各方利益，这就需要企业强有力的伦理管理，属于企业的自律。这时，企业的道德制度建设是企业应该着力关注的，也是企业实现可持续发展的内在要求。

3. 法治深化推进企业积极承担风险

有学者研究指出，法治深化对企业风险承担可能会有不同方向的影响。法治深化意味着法律执行效率的提升，这有助于公司治理机制更好地发挥作用，也有助于提高企业信息的透明度，降低企业与外部监督者（如中小股东、银行等）之间的信息不对称，使他们能在参与监督时发挥积极作用。良好的公司治理机制将会使经理人通过风险规避获得私人受益的空间减小，有助于企业积极承担风险，使企业更有效地进行伦理管理，避免企业为了短期发展或者主要决策者的个人偏好，给企业带来不可预期的经营风险。

4. 企业积极参与民主政治

企业参与民主政治，主要是企业作为社会网络节点，在社会主义核心价值观指导下，企业职工积极参与企业民主治理和企业管理层积极参与社会和政府的各项政治活动。

（1）职工参与企业民主治理。刘元文教授研究指出，企业职工基层民主参与是指企事业单位职工依据一定法律与制度，通过一定的组织形式，直接或间接地参与影响职工利益的决策与管理活动的总称。企业民主管理是指企业职工依照法律规定以主人翁的身份，通过一定的组织形式，参与企业管理，行使民主权利的活动。企业职工参与企业民主管理活动作为国家政治民主、经济民主的重要组成部分，同样也离不开法律的保障。有两个方面的内容：一是国家层面关于职工基层民主参与的法律法规制度科学而完备；二是具体到一个基层单位，组织内部制定的规章与制度是否科学与完善。

（2）企业高层管理者或企业所有者主体代表企业参与政府和社会政治活动。企业高层管理者处于组织行政管理体系的最高层，其主要职责是统领全局，确定组织发展目标与实现组织目标的战略，以及影响组织现状及其未来的重大决策，其主要担任企业人际关系角色，起到联络者的作用：维护自行发展起来的外部接触和联系网络，提供信息，从事外部委员会工作，履行许多法律性或社会性的例行义务。

当前，随着企业主社会经济地位的提升，其参政议政的意愿更加强烈，参与方式也较以往实现较大程度的拓展，概括而言，我国企业主政治参与的途径或模式主要有两种：制度化参与模式和非制度化参与模式。制度化参与模式表现为：加入中国共产党、建立民企党建制度、参加“两会”及基层治理、参加社会组织。非制度化参与模式主要是通过与各级政府和官员接触或介入基层组织进行政治参与，是制度化参与模式的有力补充。

因此，企业高层管理者或企业所有者（企业家）要不断增强政治参与意识，提升政治参与能力。一是企业家应提高政治站位，确保政治正确，主观上端正参与态度，树立正确的价值观和利益观。二是企业家在政治参与实践过程中要自觉加强学习，不断提升政治参与能力与素质。自觉接受政府的相关教育培养，向先进典型看齐，不断提升政治参与能力。三是企业高层管理者或企业家需要强化自身道德修养，增强自我约束力。企业的所有经营活动均要在法律的框架内进行，遵纪守法是底线也是红线，遵守社会公序良俗，企业家也应自觉在企业能力允许的情况下积极主动承担部分社会责任，在社会上树立良好的企业形象，赢得社会大众的广泛认可。例如，2008 年汶川大地震时，王老吉率先向灾区捐赠财物，社会各界给予了高度赞扬和评价。

# 第6章 企业伦理与个人层面社会主义核心价值观

本章主要讲述以个人层面的价值观为理论基础的企业伦理关系协调，主要围绕个人层面社会主义核心价值观与企业伦理建设的关系展开讨论，包括企业伦理中应该如何容纳“爱国、敬业、诚信、友善”的个人层面核心价值观的内涵，关注职工的个人发展，并对个人要有道德检验的标准和要求，增强企业爱国意识，提高自主创新能力，建立企业核心价值观的培训机制等，以此完善企业的伦理价值观。从“爱国、敬业、诚信、友善”四个方面研究。

## 6.1 个人层面社会主义核心价值观分析

社会主义价值观一直是中国实践中的基本问题。在国家发展建设的历程中，社会主义价值观的内容也会随之发展，在社会治理的各个层面，都有其具体的表现形式；从国家道路到政治体系、经济发展、文化更迭都表现出中国特色社会主义核心价值观的自信。社会主义核心价值观个人层面的评价标准是“爱国、敬业、诚信、友善”，这是公民个人在社会日常生活中需要遵守的基本道德行为规范和行动准则。

随着全球化进程的推进，文化自信所带来的影响力也在逐步扩大。针对提高文化软实力这一重大目标，国家以社会主义核心价值观为精神抓手，为将文化信念渗入从国家至个人各个层面，提出了总体方针并展开了一系列部署。以社会主义核心价值观为代表的思想理念，在社会生活的各方面都有具体的体现，培育和践行社会主义核心价值观对于社会、企业、个人都有至关重要的作用，也是个人是否能够融入企业、融入社会的重要基础。社会主义核心价值观个人层面的爱国、敬业、诚信、友善，充分体现了国家公民在精神层面的信念指向，也是中国五千年文明史传承下来的优良美德，更是我们从中国本土的人文和马克思主义两者中总结凝练出的核心价值观的精华。对于建设和提高国家文化软实力，个人作为实践的基础主体，对社会伦理价值观的建设和维护有不可或缺的基础作用。

### 6.1.1 爱国

爱国是公民的天职和社会美德。热爱自己的祖国是公民的责任和义务，也是每一位个体获得生存发展的前提保障、精神上有所寄托与归属的需要。爱国是中华民族伦理价值观的核心内容；热爱自己的祖国，有助于推动民族团结，有利于推进强国梦的实现，维护祖国统一。

中华民族素有爱国的传统，爱国主义是我们民族精神的核心，深深扎根于每个公民心中。爱国是民众对国家的一种深厚情感，其中包括自豪感、归属感等，国家利益至上，爱国对民众来说是一种基本的价值诉求。首先，爱国是一个民族最基本的核心价值观念。热爱自己的祖国是全体公民的基本素质，这一素质对于国家和民族的伦理价值观至关重要。其次，合理理想信念的树立为民族团结奠定了坚实的基础，而爱国主义又是广大中国公民理想信念所应具备的核心内容，也有助于有效整合社会中不同的价值理念，增强社会成员的民族意识，使每个公民形成“家事、国事、天下事，事事关心”的思维意识，始终将民族利益与个人利益紧密联系起来，形成强大驱动力。从世界范围考察，中华文明一直保持连续性，最根本的原因是民众具有爱国情怀。最后，爱国是社会主义和谐社会建设的强大正能量，有助于形成社会主义和谐社会共建共享的生动局面。

### 6.1.2 敬业

敬业是公民的职业美德。敬业精神对于个人来说，是一项重要的价值诉求。公民不论职业的不同、职位的高低，都应该有一定的职业理想。爱岗敬业是对个人的职业发展负责，也是用人单位衡量员工态度的一项重要标准，无论个人身处什么样的行业都需要有基本的工作态度，这样才能为更好地实现个人发展提供坚实的价值支持。

敬业就是个人在工作中要珍视自己的职业，勇于承担职业责任，实现人生价值，不辜负人民和自身对于职业所赋予的期望，是最贴近公民日常生活的一种价值观指引。敬业精神指引着每个坚守在岗位上的人们做出价值判断，提高职业道德水平，通过工作推动社会价值的发挥，推进强国发展进程，例如，新加坡人追求繁荣昌盛、凝聚奋斗的整体观念；德国人精益求精、严谨认真的态度等，这些优秀敬业理念在经济社会发展中所发挥的作用已被历史所证实。中国人具有吃苦耐劳、兢兢业业的敬业精神，经过多年的艰苦探索和不懈努力，中国现在已经是世界第二大经济体，取得了举世瞩目的成就，中国在世界舞台上的影响力越来越大。正是由于有了这些敬业理念，这些国家才得以在全球化的进程中站稳脚跟，获得国际影响力，赢得他国的尊重。

### 6.1.3 诚信

诚信是公民的基本道德素养，也是公民的一种美德，是处理各种社会关系的道德准则。在现实生活中，要诚实做人，经商不能缺斤少两，办公不能徇私舞弊，学术研究不能抄袭。人无信则不立。只有诚实守信才能赢得他人的信任和尊重，事业、生活才能可持续。

诚信也是传统伦理的基本准则。“诚”是指诚实、真诚；“信”是指守信、信任与信用。诚是人内在的德性，信则是诚的外在表现。诚信，其基本含义是诚实无欺、讲求信用。一个人只有内心诚实，才会待人守信。在中国传统文化中，诚信是一个伦理范畴，是中华民族的传统美德。随着中华文明的发展，在文化的积累与凝练中就形成了以诚立业、以信取人、守信义、重承诺的道德传统。

### 6.1.4 友善

友善是公民的社交美德。友善意味着对他人怀有善心，在社会关系的处理中持有包容友好的态度，包含尊重他人、宽容待人的含义。与人友善是良好人际关系的基础，人与人之间相处保持友爱、善良、奉献的良好品德，这个社会就会更加美好和谐。

友善是为人处世的社会基础。友善是中华民族传统文化的经典。在处理人际关系上，中国传统道德提倡谦敬、宽恕、礼让、仁爱、中和等准则，鼓励人们在处理社会关系的过程中持有相亲相爱的态度，秉持“和为贵”的处事原则，认为人与人之间的友善有助于群体与群体之间的团结，进而提高民族的凝聚力。在当今社会，友善人际关系的确立，重要的一条原则是要做到尊重他人。“爱人者，人恒爱之；敬人者，人恒敬之”。在具体的社会生活中，尊重是一种涵盖多层次的情感支持，不仅包括物质层次，即尊重他人的物质资源，还包括精神层次，即尊重他人的情感方式、人格尊严等。个人在生活与工作中，难免会遇到一些困难，如果每个人都能伸出援助之手，互相关心、互相帮助、友善待人，我们的社会必然会充满关爱和温馨，社会道德水平也将会随之提升。

友善作为核心价值观内容之一，其内涵可大致分为三个层面：一是人际交往层面，友善意味着“对人怀有‘善意’和施行‘善举’的统一”，关爱他人、互帮互助、友好善良；二是人与周围世界的关系层面，特别是人与自然的关系上，要求遵循自然规律、善待自然；三是个体品格层面，以利他为行为动机，致力于实现人类整体福利（李阳，2017）。

## 6.2 企业以爱国、敬业、诚信、友善公民为基础的伦理关系协调

企业的精神文化主要是指企业价值观。价值观念是人们根据自身的追求对自己或是自己的行为或是行为结果进行的评判性观点。人活着的意义就是对价值的追求，而每个人的价值观念也决定了人们追求价值时的各种行为。一个人的价值观并不能通过一件事或一时的表现体现出来，价值观指的是一个人在他长期的生活实践、处事方式中积累凝练出的有关什么是信仰、认为什么是正确的观念体系。而相对于个人价值观，企业价值观的塑造要更为复杂，因为它涉及将企业中个人的价值观统一起来，形成坚定目标导向的问题。而只有正确的价值目标才会使企业增加动力，努力朝着目标奔跑，企业才能够不断发展。所以，企业价值观的方向直接或间接地决定着企业职工行为的走向，对企业的发展起着决定性作用。在企业的价值观中明确爱国精神，以热爱自己的祖国和民族为荣，通过企业价值观的强大号召力影响员工的价值导向，规范企业的价值选择，同时，这也是个人层面“爱国、敬业、诚信、友善”实践方式之一。

信息化时代使文化的传播开启了加速按键，人们可以通过各种各样的渠道获取信息、更新见闻，这就促使传统文化也有了新的表达方式，每个人看待问题的角度都有所不同，解决事情的方法又多种多样，个人又作为文化传播的载体将这些看法进行再次传播，因此文化随之更新发展。

社会主义核心价值观是国家每个层面价值理念的集合与凝练。从宏观大局到微观细节，都有不同形式的发展。历史上的爱国人士如越王勾践；现代的爱国人士如边境战士，他们中有人写下，“清澈的爱，只为中国”；敬业人士如焦裕禄、袁隆平。这些精神即是传承也是发展，面对纷杂的世界，我们需要有自己的价值判断体系，只有这样才能做到取其精华，去其糟粕。

### 6.2.1 企业伦理与爱国目标的实现

爱国主义是凝聚民族精神的核心力量。爱国主义一直以来在中华民族的发展历程中都有着不可忽视的重要作用，是民族精神的核心。爱国主义有利于人类和平发展，有利于维护国家统一，有利于民族团结，是每个人积极建设祖国，实现自我的强大精神力量。因此，弘扬以爱国主义为核心的民族精神是我们普通公民不可推卸的责任和应尽的义务。

爱国主义教育不应该仅仅局限于大、中、小学教育，更应该走出校园，延续到社会经济生活的各个方面，进而成为社会生活、社会生产的一种自觉行动和社会优良传统。企业是经济社会非常重要的市场主体之一，无论是作为企业个体还是企业当中的个人都应践行社会主义核心价值观，具体结合“爱国”的价值理念，企业伦理建设可从以下方面做出努力：

1. 企业伦理中融入“爱国”精神

爱国精神不仅仅是个人层面的意识形态，也是集体展现对于国家发展的积极态度和认同感，企业是国家这个大集体中的一分子，企业和国家的关系是依存关系，企业发展离不开国家方方面面的各项政策的支持，需要有认同感和归属感。因此，企业伦理价值观中需要融入民族精神的核心内容，企业也需要有为国家的富强而奉献的精神，不仅要有日常的宣传，还要真正渗透到企业经营中。爱国精神对全民族的重大影响力和号召力与企业伦理对企业内部员工乃至外部利益相关者所产生的深远影响相似，将企业伦理与爱国精神联系起来是企业发展很自然的事情。

（1）在企业文化的各个层面融入“爱国”精神。企业文化是一个企业价值体系、目标取向与伦理精神的集合，作为一种文化，它也是社会文化的组成部分，显而易见地具有外部性，不仅会受到社会的价值取向的影响，还会影响到社会中的个人、群体乃至整个社会关系。从狭义上来分析，企业文化强调的是人的价值理念，是对以人为本最好的诠释，是企业通过长期经营实践自然而然形成的价值观、道德观以及企业最高目标等的综合。企业文化的内容包罗万象，相当丰富，因此企业文化建设涉及的领域十分广泛，按照其性质和特点，可以将其划分为四个层次的内容，分别是企业的精神文化建设、行为文化建设、制度文化建设以及物质文化建设。

企业精神文化是企业的核心文化，是企业生存和发展的精神灵魂。在企业文化建设中，要将爱国元素作为文化核心植入企业文化中，要将企业的日常经营行为和员工行为，与国家的繁荣昌盛融为一体，以热爱祖国为荣，将爱国行为内化于心外化于行，进而将爱国主义融入企业伦理制度。

企业的行为文化主要是指经营哲学。经营哲学是社会科学的一部分，在很多情况下对企业的经营实践起着不可或缺的指导作用。在当代市场经济条件下，各个行业竞争都非常激烈，而面临的选择和矛盾也是多种多样的，在这样的环境背景下，一个企业要想生存并且良好的发展，就需要拥有一种科学的方法作为指导思想，根据企业的特点，制定一套适合企业发展及经营的程序来约束、指导自己的行为，而这就是企业的经营哲学。在这个层面上，将爱国精神植入到企业生产经营的关键环节，让爱国精神指导企业的生产经营行为，营造民族自豪感和承担民族复兴的重担。

企业的制度文化是指企业制度，企业制度具有一定的强制性，能够确保企业成员的权利得以实施，是企业在长期的经营管理中形成的各种规定。企业应将社会主义核心价值观的爱国主义精神，通过职工爱国专题教育和实践活动，转化为企业员工的共同信念。管理者激励是以价值观管理为核心和目的的，实质上以满足人的伦理需要为着力点，激发和引导被激励者的行为、价值观向激励者预期方向发展的一种伦理管理手段。企业管理者要充分利用管理伦理激励方式，完善伦理激励机制建设，构建一种以组织内部赏罚行为导向机制和德行成本运行补偿机制，有效进行个体价值观管理，潜移默化中使社会主义核心价值观成为企业员工普遍认同的共同价值观念。在具体的企业制度构建中融入爱国思想，当企业形成团体意识之后，员工的使命感和责任感就会更加强烈，就会把自己与企业融为一体，把自己与国家融为一体，荣辱与共，企业的利益也就是员工的利益，企业的目标自然也就是员工的目标，国家的荣誉就是员工的荣誉，有了共同的目标，员工自然就会选择与企业发展以及企业目标相一致的行为，为企业的发展和国家强大而努力奋斗。

企业的物质文化主要是指企业形象和企业使命。企业形象是通过企业内外部来共同表现的，是企业带给消费者和大众的总体印象。企业的外部形象是我们能够看到的如招牌、门面、营业环境、广告宣传等表层现象，通过视觉感受我们就可以对企业形成一个初步的印象。而内部表现是通过企业经营实力来体现的，是企业的深层形象，是通过人员素质、生产经营能力、管理水平等来体现的。企业使命是指企业作为社会的组成部分所应担当的责任以及对自己的角色定位。也就是企业存在的意义。企业在经营过程中必须要对自身有一个清晰的界定，即明白自身使命、经营内容、发展计划、愿景、经营目标等。而经营哲学、宗旨以及形象则是企业使命的具体内容。在这个层面上，企业应积极营造文化自信氛围，营造爱国、爱家的正面企业形象，并形成良好的传播效果，使企业的爱国形象深入消费者内心，同时为维护自身的声誉而不断努力。

（2）开展爱国教育活动。企业伦理建设不仅需要自身伦理意识的觉醒，同时也需要加强对企业员工的伦理教育培养，增加企业员工对伦理问题的敏感性，提升企业员工自身的文化道德素质，激发员工的道德自觉性，并最终使企业员工在经济行为中做出伦理选择和实施伦理行为，为企业伦理建设夯实基础。企业员工作为企业经营管理活动的最终执行者，其伦理道德水平的高低决定了企业伦理的建设水平。即使企业家与管理者起到了良好的伦理模范作用并制定了相应的伦理规范，但如果最终没有被企业员工较好的执行，那么最终的结果必然与美好的预期呈现相反的效果，所以，企业员工的伦理教育直接影响企业的发展前景。企业伦理建设既需要内部人员充分发挥自己的独特作用，也需要不断地完善企业内部伦理责任制度。从伦理教育培训的角度来说，企业也应该相应地开展爱国主义教育运动，响应党的号召，充分利用红色革命基地、党建宣传、历史教育等弘扬爱国主义精神。尤其是国企中的基层党组织更应该以身作则，积极开展爱国教育活动。例如，我国企事业单位通过组织职工到革命老区和革命根据地学习和瞻仰前辈的英雄事迹，使员工受到精神层面的正能量熏陶，弘扬爱国理念，激励员工勤奋工作，爱国敬业。

2. 用企业实践证明“爱国”情怀

（1）响应国家号召，承担爱国责任。在新时代，我们国家肯定了市场在经济活动、资源配置中的决定性作用，同时认为为了更好地发挥宏观经济对人民生活方方面面所起到的积极作用，政府也应该充分利用宏观调控的影响，以各类货币政策、财政政策为抓手，克服市场经济盲目性、短视性的缺点。在经济领域，我们国家最高决策层对市场经济认知的变化，对宏观调控方法的探索体现了唯物主义不断发展的规律，为了更好地面对信息化时代所带来的变化，政府针对各行各业制定了许多相应政策规范，作为一个爱国的、有担当的企业，最基本的要求是要响应国家和政府的号召，遵守其所在地区和行业的政策法规和规范。

在一些特殊时期，企业承担爱国责任的作用则更为突出。例如，2008年，汶川发生大地震后，各类企业勇担当，纷纷伸出援助之手，捐钱、捐物。2019年的新冠肺炎疫情打破了原本和谐的环境，在面对这类重大突发事件时，人民与政府更加需要相互支持配合，保证社会各个层面的协调运转，同时期待着企业的积极响应和行动。疫情正式公布后，很多企业快速采取了救援行动，特别是在国家成立应对疫情工作领导小组后，企业更是加快了疾驰救援的步伐。2021年河南地区遭遇大暴雨时白象、鸿星尔克等优秀的民营企业全力支持受灾地区，表达企业的爱国情怀。正因为这样的举动，我们广大的人民群众和消费者也用我们的“野性消费”购买企业的相关产品，从而促进企业的发展。这样的爱国企业更能赢得人民群众的喜爱，他们的生存和发展依赖广大的消费群众，因为这样的爱国举动，企业会有更好的发展。

（2）自主创新。爱国主义精神经过时代的发展也形成了新的内涵，早在中国文化不断积累创新的进程中我国就形成了以爱国主义为核心的民族精神。其基本内容主要包括：自强不息、勤劳勇敢、热爱和平与团结统一。这些一直传承的爱国主义精神使人们保持锐意进取、奋发有为的精神状态。当今时代发展也推动了爱国主义精神的培育和深化，其中非常重要的一项变化就是改革开放所带来的创新精神，创新是社会发展进步的源泉和动力。在新时代，应着力自主创新，建设创新型国家。企业作为国家重要的经济主体和科技生产力的载体，在科技创新方面要起到技术创新的引领者和发挥领头羊的作用，通过科技创新，真正推动社会生产力的全面发展，为国家现代化发展添砖加瓦。反之，企业在技术创新和制度创新中如果保守僵化、固守陈规，则必然会被市场淘汰，从而导致全社会生产力的落后。鉴于此，我们必须在时代精神的塑造中更加注重爱国这一凝聚核的巩固，推动新时期国家现代化的快速发展。

### 6.2.2 企业伦理与敬业目标的实现

敬业是指劳动者敬爱自己所从事的劳动。社会主义社会敬业被赋予了更多更具体的内涵，作为社会主义核心价值观个人层面的要求，面对信息时代的发展，敬业要求作为公民的我们对一切推动中国特色社会主义事业的劳动、一切致力于创造美好生活的劳动给以足够的礼敬。要求每一个个体劳动者、企事业单位都能够在各自的领域，热爱岗位，忠于职守。

1. 加强职业道德建设

职业道德作为特殊领域的道德观念，要求每一个投身于实际工作的人都要尊重自己的职业，不辜负职业岗位对自己的期望。职业道德的培养有利于塑造员工完美的个人道德品质，为自我价值的实现奠定坚实的基础。现代企业员工职业道德素质是指在企业职工稳定的、长期发挥巨大作用的基本品质结构，主要由知识能力素质、思想道德素质、企业文化修养、整体企业意识等构成，其中思想道德素质居于核心地位。员工只有具备优秀的职业道德品质，才能干一行爱一行，恪尽职守，才能充分发挥自己的潜能，创造性地开展工作；员工只有具备敬业的职业道德品质，才能视工作为己任，才能成为一个忠诚可靠的人，才能获得同行的信任，才能获得晋升的机会。通过有计划地展开教育培训工作，加强与企业员工精神层面的交流，引起其对企业使命、个人职责的共鸣，从内到外塑造良好的工作氛围，形成内外循环共通的职业道德教育回环，让企业员工认识到企业道德的本质，坚持公平获益，正当求利的原则，不断提高企业人员的工作能力和服务质量。

提高企业道德的水平，还要在企业内部开展覆盖范围大、深入层次多的道德教育活动，并将其列为一项经常性、长期性的日常行为，引导企业上下自律内省，在企业内部员工中树立诚实守信的公德意识，全面提高企业员工对企业道德的认识，培育企业员工在企业道德方面的情感，有意识地去锻炼企业员工的道德素质，帮助员工树立正确的企业道德观，坚定他们在企业道德方面的信念，实践企业道德方面的行为，最后形成一定的企业道德品质。只有具备了一定的职业道德品质才能在工作行为中展现出较高的企业道德修养。加强企业员工的职业道德教育，建立完善的企业员工人格素质衡量标准，培养企业员工的社会责任感，以及崇高的理想和完美的人格。在面向企业短期物质目标的同时，营造指向长远利益与精神目标的使命愿景，并通过层层展开的企业制度进行职业道德精神的固化，使职业道德教育制度化为企业的日常活动。这样才能将企业内部的自省延展到企业外部的形象塑造，充分发挥职业道德教育的外部性，为社会发展目标服务。

2. 建立有效的激励机制

激励员工努力工作、爱岗敬业，建立有效的工作激励措施是企业构建员工敬岗爱业管理机制极为重要的一环，也是发挥员工创造性的重要举措。有效的激励机制应是多元化的，通过物质激励与精神激励相结合、长期激励与短期激励相结合来发掘人们内心深处的积极性。从内容上讲，激励机制是人力资源管理活动的一部分，涵盖了企业使命愿景的激励措施与理念，从深层次反映了激励的作用方式。企业有效的激励机制，可以让企业员工在其需求得以满足的情况下，其工作积极性能被充分调动起来，工作激情得以激发，其主观能动性也能最大程度发挥出来，企业的管理效益也能得以提高。激励机制要发挥激励作用，必要条件是企业要树立公平公正原则。公平公正原则是指企业在人力资源管理活动中，坚持平等公正的基本伦理原则，制定和执行一系列平等合理的企业制度和办事程序。

3. 完善企业内部管理机制

完善企业内部管理机制，使道德规范具体化，以管理机制规范企业员工的行为，使员工在工作中发挥出自己的工作价值，促进企业价值的最大化。第一，完善决策机制，规范决策权力体系。集权或分权的决策机制，由于决策的方式不同，决策的风险水平也不同。因此，要努力完善企业的决策机制并把握好以下两点要求：其一，要保证机制为决策者提供更多的帮助，在决策程序的完备性和信息资源的供给上给予决策者足够的支持；其二，要利用机制对决策者的权力有所限制，使之规范化，避免随意性。第二，设置企业伦理管理机构，进行伦理管理。企业伦理管理是一项任重道远的工作，必须设置专门的伦理机构。其应主要努力做好以下四个方面的工作：其一，对企业的伦理现状进行分析评估，为制定伦理守则和开展伦理培训提供依据；其二，制定伦理守则和伦理目标，为企业伦理建设指明方向、提供标准；其三，开展伦理培训，提高整个企业伦理水平，包括对管理者的伦理培训和对员工的伦理培训；其四，做好相应的监督工作，保证工作收到更显著的成效。第三，明确企业伦理道德责任，加强内部监督。加强内部监督要把握好以下三点要求：其一，保证监督者和被监督者的地位平等，真正发挥监督的效用；其二，提高监督者的监督能力，保障监督者的监督水平。须知“在其位、谋其政”，还须“有其力”；其三，提高监督者的监督收益，提高监督者的积极性、主动性和自觉性。

### 6.2.3 企业伦理与诚信目标的实现

诚信是社会主义核心价值观个人层面基本价值的体现，在人们日常生活中均有体现，贯穿社会、企业和个人的行为。中国传统文化中，诚信可集中反映各个学派对“义”与“利”关系的论证。例如，孔子提出“舍利取义”的价值取向，认为“君子喻于义，小人喻于利”，从某种方面否定了获取私利行为的正当性，认为其包含了一定的负面色彩，同时还提出“义者艺之分”，即“义”的实现需要从不同的情况划分，这取决于主体及情境的不同，但无论是宏观的治国方面还是相对微观的个人社会关系都应该把实现“义”放在首位，也就是“不义而富且贵，于我如浮云”；古人对诚信重要性的认识和践行，也是中国历史上商业企业如晋商、徽商成功的秘钥。因此，在新时代加强社会主义核心价值观建设，构建企业伦理新体系诚信更应被足够重视。

1. 构建以法律为基础的诚信行为

法律是社会主义市场经济运行的基础，道德高于法律，道德以诚信为内涵。法律与诚信是相互依存的概念，法律是诚信所需的外在约束，诚信是法律成立的内在自觉。2016年12月，中共中央办公厅、国务院办公厅印发的《关于进一步把社会主义核心价值观融入法治建设的指导意见》明确指出："把社会主义核心价值观融入法治建设……是加强社会主义核心价值观建设的重要途径。"因此，在建设社会主义核心价值观的过程中加入对法律的思考，社会主义核心价值观对法律建设的渗透对于全体公民的法律意识觉醒有着重要意义，能够传递法律制定背后的价值理念和道德考量，引导个人和集体自觉主动遵守社会主义价值观的要求（李芳、周围浩，2019）。社会主义核心价值观虽将诚信"置于个人层面，但是它的价值功能却不是仅局限在个人层面，而是辐射影响整个社会。这就从根本上要求我国在制定和实施各种法律规则时，必须要与社会主义核心价值观保持一致，这就包含对个人和集体诚信的要求。

法律必须依靠道德，诚信是道德的基本原则，是法律必须遵守的规则。如果法律制定不以道德为基准，那么将会与社会价值观产生冲突，丧失其实践意义。诚信既具有一定的外在约束性，也具有内在自觉性，其中内在自觉性起到了发挥诚信价值观的主要作用。他律是社会正常运行的重要保障，这样社会诚信才会有制度保障。新时代，企业伦理建设在个人层面上，我们可以通过制定合同来保障个人的诚信。

在现代市场经济中，为了保障各市场主体的利益，企业和个人都应遵守《劳动法》《合同法》等相关法律对人们行为规范的约束，对人诚信，对自己负责。企业的日常经营活动也要遵循经济秩序产生的"伦理精神"，这源于韦伯提出的经济秩序。任何一种经济秩序想要稳定持续运行，必须有认同并遵守秩序市场主体包括企业和交易活动的个体。

2. 培育契约精神，加强社会信用体系建设

当今世界已经进入了商业伦理经济的时代，无论是对于商业活动中的商业组织，还是个人来讲，遵守商业伦理道德都显得尤为重要。对于一个企业来讲，商业伦理更是其灵魂之所在。在商业活动中，要求市场上的个体和企业都必须自觉遵守相应的契约要求。契约精神是诚信建设的重要内涵，培育契约精神是社会诚信建设的重要手段。社会信任关系的建立需要有全社会认

同的诚信制度作保障，社会信任关系的建立既要靠全体成员尤其是市场主体对诚信的认同以及诚信文化的滋润，同时也要依靠诚信制度建设来保障。因此，党的十八大报告提出“加强政务诚信、商务诚信、社会诚信和司法公信建设”。

在新时期，国家建设社会主义社会信用体系，培育契约精神是重要抓手。在现代企业的运营中，企业的各种经营业务包括企业间的合作、企业招投标机制的建立，各类法律、法规的陆续颁布和实施，均有助于完善现有的社会信用评价体系，将其科学化、制度化，通过契约精神克服企业在交易过程中因信息不对称造成的效率损失，对整个市场经济的发展起到重要的规范发展作用。同时，要不断完善社会信用评估体系科学指标，指标体系的建立要兼顾多元化和一致性，既要考虑不同社会主体的需求，也要建立统一的评估标准。企业在实际生产经营中，应合理使用社会上公认的一些信用评估体系，以识别个体和相关企业的信用情况，对于失信人员减少合作，对于失信企业谨慎合作。这样的市场氛围会使得全社会的主体都能努力维持诚信，更能促进全社会大力培育和践行社会主义核心价值观。

3. 企业树立以“诚信”为核心的企业价值观

企业的核心价值观是企业立世的磐石，而“诚信”则是企业核心价值观的灵魂。企业应针对管理层和广大员工定期开展灵活多样的诚信教育培训；企业各级各类培训中均要包含诚信方面的内容，以增强员工诚信意识，培养员工诚信品质，营造人人讲诚信的企业环境，使以“诚信”为核心的企业价值观深入企业员工的思想中，形成以诚信规范员工日常行为的良好风尚。例如，松下公司就把“赢得人们的信任”作为企业价值观。

### 6.2.4 企业伦理与友善目标的实现

友善是中华民族的优良美德，是中华民族在长期的社会发展实践中所遵循的原则，“讲信修睦”是中华文化中推崇和睦社会的愿景。首先，对人要怀有“善意”、施行“善举”，在社会关系的交互中，更要做到友善，做到用长容短和“己所不欲，勿施于人”。一个人如果能意识到这一点，就会在与人交往时，对于别人的缺点和不足有宽恕之心，自己却时常反省，看看自己有什么做得不好的地方，力求改进。对己严、对人宽，就易做到友善。其次，讲友善要坚持原则。不分是非、不分善恶，一味友善，应当摒弃之。过于圆滑世故以至于抛弃底线、没有原则的人，在交往中是不会真诚待人的。在当今社会，对于社会中人民的敌人，也是不能讲友善的。最后，要有和他人友善的意识。马克思主义认为，人是社会关系的产物。任何人离开了社会、离开了别人的帮助都是难以成功的。因此，应当以平和、谦逊、友好的态度待人接物，这是做到友善的关键。

友善在中国传统文化中可追溯到儒家思想，儒家思想认为，人之所以为人是因为有德性，因此而区别于其他动物。这种德性是对正义的维护，对人性的包容，将道德放在首位，突出道德在社会生活中的重要作用和普适性。在传统文化中，儒家思想的“仁”“善”是友善的重要思想来源，经过历史的洗礼，在社会主义社会中，友善可以消除阶级对立，广大群众应相互尊重，相互仁爱，共同为中国特色社会主义建设凝聚力量。

1. 在企业培训中融入道德教育

企业培训是企业传播伦理道德观的重要途径之一，通过培训让员工意识到“友善”的重要，培育和践行社会主义核心价值观。通过培训机制将友善观念根植于企业运行的过程中、员工日常行为的各个方面，让大家感受到因为友善给人带来的美好愿景，将社会主义核心价值观转化成为人们的感情认同。这样的氛围会使大家的心态都变得更加平和，能够接受工作中的失败与挫折，也能让整个工作氛围变得更好，更能够提高工作效率。

随着科学技术的发展，社会公共生活领域不断扩大，社会成员的血缘、地缘纽带和单位功能相对弱化。中国社会正从传统的熟人社会向现代陌生人社会转型，人们在公共生活中的交往对象不再局限于熟人，而是进入公共场所乃至网络空间中的任何人。

越来越多的企业意识到培训的重要性，中大型企业均设置有培训岗位，以满足企业培养更好更适合企业发展的人才。那么同样的体系也应该着力给员工提供一个更加温馨的工作环境，因此道德培养也要融入企业，倡导企业员工互相友爱，这也是企业留住人才的手段。心理学家麦克利兰提出的“冰山模型”将员工素质分为外显素养和内在素养，外显素养多指职业素养、工作能力以及专业能力，这是工作的基础；内在素养指的是一个人的品德，是否能够有职业美德，能不能善待工作伙伴，遵守良好的行业秩序。因此，为了防止一些偏激观念的盛行，需要企业强加培训，将社会主义核心价值观强化到员工的思想中。

2. 履行社会公益责任

企业是社会的组成部分，需要承担社会责任。企业社会责任（简称CSR）是指企业在运行过程中，在履行企业基本经济职能并满足社会对其“合规性”要求的基础上，对社会整体福利水平的提高所履行的责任，目的是实现企业、经济、社会与环境的协调与可持续发展。社会责任属于公共责任的范畴，与社会权力相依存。其是指包括政府、企业、个人等社会主体依靠其拥有的社会权力在社会中处理相关事务时所需要承担的相应责任。需要强调的是，社会责任并不只是公共部门范畴的概念，任何处于社会关系中的个人或群体都应该自觉承担社会责任。新时代，我们走出了具有中国特色的社会主义经济发展路径，以公有制为主体，多种所有制共同发展，这也就意味着，我们的经济主体多样化，不仅公共部门需要承担社会责任，企业作为社会责任主体也需要主动承担公共责任，不断通过自身建设来实现社会发展目标。

战略性企业社会责任的基本思想是企业和社会相互依存，以损害其中一方而单方暂时得利，但将有损双方的长期繁荣。战略性企业社会责任打破了传统企业社会责任对企业经济目标和社会目标此消彼长的假设，通过创造共享价值，试图破解“企业如何做到赚钱与为善两不误”的难题。社会组织中企业占据半壁江山，但是近年来，有些企业受利益驱使，做出了很多非伦理的事情，例如，煤矿坍塌、透水事件，一些企业发生的重大火灾事件，“三聚氰胺”奶粉事件，等等，企业的所作所为、企业公共责任的缺失直接影响着我国公共服务型政府的构建。社会公众越来越关注企业社会责任的履行。尤其是在面对全球化浪潮冲击，政治、经济、文化等各个层面都趋于多元化的情况下，更需要企业承担社会责任。在企业的社会公益责任层面上，企业应契合自身发展目标，提供合规优质的产品及服务，同时也要与社会发展目标相契合，为社会公益事业贡献力量。企业在经营中要讲究诚信，尊重消费者的利益，尽其所能参与到社会公共事业的建设中去，如捐资助学、帮困扶贫等，为社区的建设提供要素产品和服务，为社区乃至社会的公益事业建设捐赠资金和物品，以实现企业伦理价值观的升华。

新时代，友善被赋予更多的含义，企业作为社会经济发展的活动主体，通过生产产品，服务社会，同时获得自身发展的机会。这样的社会公益活动会给企业品牌带来增值效应，也会带来无形的收益。数字经济时代的来临，企业履行社会责任，不仅仅局限于做一些公益服务，更重要的是，对自己的业务要有全面的考量，不能给社会发展带来负面影响。以一些大型互联网公司为例，企业开发游戏软件、视频软件以及社交平台，要能够给人们的生活带来便利。而不是为了眼球经济，为了收益忘记了社会责任。这样才是新时代的友善，要给社会传递正能量。

# 第7章 基于社会主义核心价值观的企业伦理建设：案例分析与对策

本章根据前文的理论研究，分析我国企业基于社会主义核心价值观的企业伦理构建内容与管理机制。根据实地问卷调查与访谈获得的内容，对我国企业基于社会主义核心价值观的伦理建设进行分析，从国家、社会、个人三个层面的运行与管理，通过价值构建、价值维持、资源动员等获取可持续发展资源的思路，证明了基于社会主义核心价值观构建企业伦理的必要性和可操作性。

## 7.1 HZ股份有限公司基于社会主义核心价值观的企业伦理现状、问题与对策

### 7.1.1 HZ公司的基本情况

HZ股份有限公司（以下简称HZ公司）是一家中外合资、上市的股份有限公司，总公司在青岛市。从1984年创业至今，HZ公司经历了名牌战略发展阶段、多元化战略发展阶段、国际化战略发展阶段、全球化品牌战略发

展阶段、网络化战略发展阶段五个阶段，2019年12月，HZ公司进入第六个战略发展阶段，目标是创全球引领的物联网生态品牌。创业以来，HZ公司致力于成为“时代的企业”，每个阶段的战略主题都是随着时代变化而不断变化的，重点关注的就是人的价值实现，使员工在为用户创造价值的同时实现自身的价值。2005年9月20日，HZ公司提出“人单合一”模式，“人”即员工；“单”不是狭义的订单，而是用户需求，即每个员工基于用户需求的工作目标。“人单合一”就是员工和用户结合到一起，员工在为用户创造价值的同时实现自身价值，即员工与用户合一、创造价值与分享价值合一。HZ精神、HZ作风是HZ公司在持续创业过程中孕育发展并不断成熟的思想观念体系和制度行为风格，其内涵和构成是跟随时代变化持续迭代的，来自HZ人为用户创造价值的创新实践，是HZ人创业创新实践的价值观反映，又能动地指导和促进HZ人的创新探索。现已发展到第四代HZ精神、HZ作风，迎合生态品牌战略阶段。

### 7.1.2 HZ公司基于社会主义核心价值观的企业伦理构建分析

1. 国家层面社会主义核心价值观与HZ公司的企业伦理

1984年，中共中央、国务院决定进一步开放14个沿海城市，这是继续实施对外开放的重要步骤和战略措施。HZ公司就是创立于当年14个开放城市中的青岛市，在应对多变而又激烈的市场竞争中，HZ公司致力于提高自身伦理水平，并将之作为企业差异化服务的重要组成部分，从而提高竞争优势。时至今日，HZ公司已成为具有国际影响力的杰出企业。HZ公司跻身于世界级名牌行列，与其自身始终践行商业伦理建设的重点与前沿密切相关。

在富强层面，HZ公司在法律法规、市场秩序、社会价值观和道德规范的约束下，最大限度发展道德生产力，实现更加全面的发展，因此，HZ公司从一家资不抵债、濒临倒闭的小厂成长为全球知名白色家电品牌。2017年，HZ公司第12次入选《财富》“最受赞赏的中国公司”榜单。2018年，HZ公司全球营业额达到2661亿元，同比增长10%，全球利税331亿元，同比增长10%。2018年HZ公司实现全年生态收入151亿元，同比增长75%。

世界权威市场调查机构欧睿国际发布2018年全球大型家用电器调查数据显示，HZ公司大型家用电器连续十年超其他品牌。2019年，公司实现营业收入2007.62亿元，同比增长9.05%，实现归母净利润82.06亿元，同比增长9.66%。从2019年的财报披露数据来看，HZ公司赢在了市场引领上。

在民主价值观上，HZ公司主要通过企业管理的人本主义来践行民主价值观。学者苏东水认为，在新经济时代，人本管理之所以能受到不同寻常的重视，是因为它能调动职工的积极性，能为企业创造最大的生产价值。HZ公司有著名的"狮鹿哲学"理论，即狮子硬不硬朗的关键在于每个细胞。一个企业是否强大，不是看规模多大，多么有力量，关键是看它的细胞有没有活力，而人是企业最基本的细胞。在HZ公司内部有"六才"之说。第一，尊才。重视所有职工，坚持人人为才的管理理念，通过用职工姓名命名发明创造等方式，增强企业员工的自信，尊才理念得到广泛认同。第二，选才。为了挖掘每位职工最杰出的素质和潜在能力，HZ公司坚持变相马为赛马的理念，将人才放置在属于他的岗位上竞争，从而激发出最大的潜能，尽可能挑出优秀的人才。第三，用才。HZ公司有优秀员工、合格员工、试用员工之分，且根据工作表现进行上下流动的转换，以此激励员工和提高工作效率。第四，信才。实行员工自主管理，合理把握选择权利，进行自我调控，使员工按照个人方式去理解、去辨别、去实践。第五，育才。HZ公司始终强调人才的培养，从始至今倡导以人为本的培训理念，构建最大程度调动职工能动性的人才培训体制，使企业迅猛发展。第六，奖才。HZ公司从人性的角度出发，将职工看作"经济人"和"社会人"的综合体，设置了一套系统化的职工激励机制来发挥职工的积极性和充分迎合他们的需求。HZ公司的"六才"理念充分阐释了以人为本的价值追求，使人本观念深入人心。总的来说，HZ公司将人视为企业的主体与企业活力的源泉，在对员工的管理上坚持以人为本，对于HZ公司来说，人是目的而不是工具，人的价值的实现值得企业的重视。

在文明价值观上，HZ公司基于社会主义核心价值观建设领导文化、组织文化。HZ公司创始人是全球50大管理思想家之一，作为领导者在HZ公司的企业伦理文化建设及企业发展中发挥指南针、催化器作用。30多年创业创新，HZ公司创始人始终以创新的企业家精神和顺应时代潮流的超前战略决策引航HZ公司，引领公司经历了五次发展战略变革，带领公司实现产品、服务、科技与生态的转变。从中可总结的领导文化经验主要如下：

(1) 领导者观念决定企业发展观念。HZ公司创始人认为，HZ公司要实现企业的总体目标，首先要实现个人生涯计划与HZ公司事业规划的统一。在此指导思想的作用下，HZ公司充分调动全体员工的积极性，不断提高产品的质量。其中最重要的是解决共同价值与个体价值的关系问题。另外，企业的基础是个人，没有个人能力发挥，没有了解个人能力是怎样发挥作用的，企业就不能成为一个有机体，也就不可能形成企业活力。企业的所有问题都在于人，而每个人都有自己的意愿，企业文化就要研究人，研究人的意愿、人的心智、人的思考方式，如果员工本身没有被充分激励去向目标挑战，当然不会有企业的成长。

(2) 领导者价值观决定企业精神和企业文化。HZ公司文化的核心强调团队精神、团队文化，即要充分兼顾职工个人的利益、个人的人生目标、个人的爱好和志向，充分调动每个员工的积极性，激励他们为企业的共同事业规划贡献力量。HZ公司在进行团队文化教育时，特别强调共同价值是个体价值得以实现的根本保证，因为，一个基于个人利益增进而缺乏合作价值观的企业在文化意义上是没有吸引力的，这样的企业在经济上也是缺乏效率的，以各种形式出现的狭隘的个人利益的增进，不会对企业和社会带来好处。HZ公司也强调自强不息的奋斗精神。从HZ公司不断创业的历程可以发现，一家优秀的企业要想平稳发展，并取得成绩，具备一定的危机意识必不可免。领导者要善于发现企业存在的威胁和面临的问题，并向全体员工及时转达，在企业内部制造危机感，调动员工主动学习、积极思考的能力，激发员工的潜能，促进企业的发展和完善。HZ公司人从不困守旧业，领导者针对HZ公司是“守业”还是“创业”的问题提出一些看法和见解。其一，一家高速发展的企业不会出现“守业”还是“创业”之辩，只有在发展的过程中创业再创业，企业才能稳健上升，否则必将面临一败涂地的后果。其二，如何在再创业时保持激情和热血是值得认真思考的问题。因为在初始创业时由于外部压力会百折不挠的前进，而再创业时压力减少，动力便消退，所以保持初心，不断学习和自我加压是企业迅速发展的关键。HZ公司内部有这样一种理念：不断涌现业绩卓越的部门，不断出现工作突出的员工，每位员工唯有艰苦奋斗，才能处于遥遥领先的位置。HZ公司通过坚持不懈的创业，产品从单一的冰箱发展到各种类型的家电，销往全球100多个国家和地区。HZ公司的成就不计其数，离不开HZ人自强不息的奋斗。

(3) 企业文化决定决策伦理。基于企业文化和价值观的判断，HZ公司实施了品牌文化战略。从企业经营战略上看，HZ公司文化战略就是一种伦理，在西方称为决策伦理学，其内容主要包括：现代企业责任（责任的广度、运作权限、权衡角度），在个人和组织效率的前提下伦理价值的中心，忽视企业伦理的危害及影响，融合伦理价值进行企业决策，衡量经济与非经济结果的企业策略与实施方案，尊重法律并了解其限制。着重培养管理者的决策伦理能力及信任、尊重、诚实、公正判断的素质。

在和谐价值观上，HZ公司为促进与员工、消费者、同行、政府等的和谐关系，不断进行伦理行动的创新。在处理与员工的关系上，HZ公司奉行厚德载物的包容精神和“三心”原则。一是热心。为减轻员工工作中的负荷和生活中的困难，HZ公司独树一帜成立解忧小组，每位员工会获得一份解忧卡，在卡上填写相关信息或拨打电话给解忧小组，解忧小组就会遣人帮助员工解决实际问题。通过这一举措有利于对员工心理进行疏导，也有利于工作顺利开展，提高员工对企业的忠诚度。二是诚心，主要体现在两个方面：一方面，在批评教育员工错误之处时要诚心，认真分析发生错误的原因、危害等，让员工深切了解由于个人的失误将会导致的后果；另一方面，在表彰奖励员工时要诚心，让员工深刻体会自身创造的价值和对企业做出的贡献，提升员工满足感和荣誉感。三是知心，举办各种形式的座谈会了解员工的想法和需要。管理层倾听员工的想法和需求，做到件件有答复、有改进办法。企业高层对职工细致入微的关心，换取了员工对企业的信任。

在处理外部组织和人员关系上，HZ公司实施了开放式创新，强调寻求与外部组织和人员开展有效的合作，并通过内外部渠道将创新成果商业化，以快速响应市场需求，实现商业利润最大化。随着经济全球化的推进，市场开放程度日益扩大，知识劳动者的流动性提高和风险资本的介入，为企业的创新成果提供了商业化途径，HZ 公司实施开放式创新，很好地构建了平台型组织生态圈。

首先，开放式创新给 HZ 公司组织管理带来的影响。最显著的体现是组织结构的变革，要求组织无边界或边界模糊化。HZ 公司在开展开放式创新战略时，对组织结构变革进行探索，建立了平台型的组织结构，构成平台组织的基本单元是“小微”，“小微”是一个自主经营主体，是由创客在 HZ 公司的孵化平台上自主注册而成的，完全拥有自主经营和自负盈亏的权力。“小微”与平台的关系不是从属关系，是共创共赢关系，小微的成员是按单聚散的，是聚焦新机会、新事业的完全市场化的组织，由此，HZ 公司的员工与组织之间的关系不再是固定不变的，传统的科层制层级关系不再存在。HZ 公司的组织结构是一个动态循环的平台生态圈，最大化保障组织结构的柔性和灵活性，实现组织结构扁平化和无边界化，使组织内外部创新资源在流通过程中实现高效共享的效果，实现了动态性的资源配置，提高开放式创新系统效率。HZ 公司的平台型生态圈适应了开放式创新战略的实施。

其次，HZ 公司构建了按单聚散的开放动态人才体系。为适应开放式创新战略环境，HZ 公司构建了动态循环的人力资源体系，提出了“世界就是 HZ 公司的研发部，世界就是 HZ 公司的人力资源部”的口号。HZ 公司的动态人力资源循环体系适应了开放式创新的自组织、自循环的实时动态性特点。第一，动态实时的人才配置方式。HZ 公司的人才需求是来源于市场需求和战略目标的，按照市场需求和企业战略目标，HZ 公司通过开放平台自动吸纳和聚集企业内外部人才，实现了市场需求、战略和人才的动态匹配，由此，改变了传统的依靠招聘、选拔和甄选等方式获取人才造成的人才与需求相互脱节的现象，提高了人才使用效率，适应了时代的要求。第二，HZ 公司的小微团队是通过 PK 方式竞单上岗，与企业签订单承诺，成为“单”的负责单位。当某类技术产品出现市场需求时，企业的单开始出现，平台通过亮单的方式，人员通过自主申报和抢单的方式“竞单上岗”。具体来说，是参与平台互动的内外部人员自主组成团队后，对用户意见进行归纳总结，提出可行的解决方案。然后经过“PK 三预”最终获胜的团队和企业签订单承诺，并成为负责单子的小微。小微在完成这个单子过程中，在产品的研发、设计、生产、销售、服务等整个过程中，又不断有内部和外部人员参与进来共同研讨，由此形成了“世界就是HZ公司的人力资源部”，在知识员工流动性增强的时代背景下，这种开放式平台可以充分吸纳全世界的创新资源和人才，降低了企业的人力资源成本，提高了人力资源效率，为企业开展创新活动提供了充分的人才资源，有利于企业技术和产品创新迭代，不断满足市场需求。

最后，HZ公司运营起了开放共创的“生态棋局”。下棋靠的是智力的角逐、也是气度的较量。到了新时代，下棋的“人”已经变了，单靠一个人的智力解决不了N个用户的N种问题。HZ公司披露的2019年财报中的一项数据尤其值得注意：2019年，HZ公司实现物联网生态收入48亿元，同比增长68%。据了解，“生态收入”指标首次出现是在HZ公司2018年一季报中。目前，海尔智家是第一个披露生态业绩的公司，也是至今唯一披露生态收入的家电公司。从零和博弈到共创共赢，这一项不断增长的财务指标，代表着海尔生态圈的持续壮大。以衣联网为例，HZ公司的衣联网覆盖了服装、家纺、洗衣液等13个行业，整合国内外5300余家生态资源方，为用户提供全生命周期的衣物解决体验。这也意味着，这场生态棋局中，HZ公司、用户与生态方，共同组成“美好生活共同体”，在为用户定制个性化的智慧家庭解决方案的同时，围绕美好生活实现共创共赢。不仅如此，2019年，COSMOPlat作为全球首家引入用户全流程参与体验的工业互联网平台，已为15大行业提供软硬一体的综合解决方案。

2. 社会层面社会主义核心价值观与HZ公司的企业伦理

HZ公司积极应用社会主义核心价值观中的公正原则和基本理论，解决企业伦理在政治、经济、科学、教育、文化等具体生活领域的社会道德问题，在应对环境污染、资源枯竭难题上，HZ公司通过应用环境伦理价值观与履行社会责任来建立环境管理体系，为企业价值定向，寻求解决社会道德难题的企业对策。

HZ公司积极履行社会责任，树立“责任驱动价值”“责任创造未来价值”“责任创新、价值未来”等社会责任理念，提出HZ公司只有通过对社会和人类真诚的爱，只有为社会和人类做出应有贡献，社会才会承认HZ公司，HZ 公司才能像海一样永恒存在。在环境方面，HZ 公司提出“在发展中保护，在保护中发展”并树立“绿色”价值观，即绿色产品、绿色企业、绿色文化，将生态环保理念融入企业文化中。HZ 公司把低碳发展贯穿于企业发展的各个方面，并用环境价值观引导员工践行绿色生活。HZ 公司通过系列活动使环境价值观得以实施，企业内部建立“随时关闭冗余照明灯”的节约用电制度；网站发布节能环保倡议书，倡导节约用纸、节约用电、节约办公用品的绿色办公理念；开启视频会议，降低旅行次数，履行环保责任；为用户提供一站式远程服务，引导消费者进行绿色低碳消费，有效降低外出活动所排放的 $CO_2$。同时，HZ 公司定期参加山东省和青岛市组织的环保培训会议，引导职工领会环保法规政策精神，学习国内外先进的环保技术，增强职工环保意识，提高职工环境管理能力。

党的十九大报告指出，我国经济已进入追求高质量发展的新时代，并对现代企业履行社会责任提出了新要求。作为企业履行社会责任的主要途径，公益性捐赠愈发受到社会各界的关注。相关实证研究表明，公益性捐赠可以助推企业营运资本的周转。虽然公益性捐赠似乎在短期内减少了公司的现金流，导致每股收益下降，暂时无法带来经济回报，但从长期看，公益性捐赠带来的关系资本可以使公司在资本市场上实现更高的价值，并最终表现为财务绩效的提高。HZ 公司的发展就是一个可以证明公益性捐赠助推企业“供产销”各环节营运资本周转的案例。有学者对 HZ 公司与电器机械及器材制造业相关数据进行了对比和分析，探讨了公益性捐赠对企业营运资本管理的作用机制，发现：HZ 公司通过公益性捐赠，经过各方利益相关者的感知，会使他们在进行决策时易于做出有利于企业的选择，进而影响企业的营运资本周转，最终实现了经济效益与社会责任的均衡承担，从而驳斥了公益性捐赠损害股东利益的早期流行观点。因此也得出结论：①公益性捐赠助推 HZ 公司的营运资本周转。公益性捐赠虽然可能存在时间上的滞后性，但最终换取了 HZ 公司良好的声誉与关系资本，从而获取丰厚的经济租金与竞争优势，凭借这种关系，HZ 公司在与各利益相关者的交易过程中，取得了有利于自身的优惠条件，从而降低了资本成本，带来了营运资本管理水平的提高。②HZ 公司公益性捐赠所代表的社会责任与营运资本管理所代表的经济效益存在共生协同的效应，HZ 公司积极履行社会责任可以带来经济效益的提升，而良好的经济效益状况是履行社会责任的基础前提。③HZ 公司在制定战略规划时，将利己与利他的动机相结合，因此，不仅注重获得经济利益的最大化，也注重社会责任的履行与各方利益相关者利益的保障，由此达成与利益相关者的双赢，实现企业的可持续发展。

在处理与社会的关系上，HZ 公司强调践行社会责任。自成立以来，HZ 公司始终奉行“真诚到永远”的文化理念，重视利益相关者的需求，出于企业发展和伦理动机践行社会责任，进行公益性捐赠，用真情回报社会，得到了政府和社会公众的广泛赞赏和支持。表 7－1 所示为 2013—2017 年 HZ 公司捐赠事迹一览表。

**表 7－1　2013—2017 年 HZ 公司捐赠事迹一览表**

| 年份 | 捐赠事迹 | 捐赠形式 | 金额（万元） |
|---|---|---|---|
| 2013 | 四川雅安 7.0 级地震，为帮助灾区重建捐款 | 人民币 | 1000 |
| 2013 | 向山东商河县张坊乡希望小学捐赠学习用品 | 物资 | |
| 2014 | 向云南鲁甸捐赠款项，用于救援及灾后重建 | 人民币 | 600 |
| 2015 | 支援贫困地区希望小学建设 | 人民币 | 600 |
| 2015 | 建立 10 所“HZ 手拉手红领巾书屋” | 人民币 | 20 |
| 2015 | 向青岛市残疾儿童康复基金会捐资 | 人民币 | 8 |
| 2016 | 精准扶贫资金，用于青少儿教育、健康建设 | 人民币 | 965 |
| 2016 | 帮助贫困残疾人投入资金 | 人民币 | 15 |
| 2016 | “温暖益起来”活动为西昌高原小学送温暖 | 物资 | |
| 2017 | 向共青团青岛市委捐赠希望小学援建资金 | 人民币 | 600 |
| 2017 | 向希望小学学生捐赠生活用品与体育器材 | 物资 | |

从表 7－1 可以看出，HZ 公司积极投身建设希望工程的公益活动中，捐款捐物，截至 2017 年 6 月，HZ 公司已累计投入 9200 余万元援建希望学校，全国已有 266 所 HZ 公司希望学校；在自然灾害面前，HZ 公司勇于承担，在第一时间为灾区送温暖。除了社会公益，HZ 公司也一直紧跟国家步伐，积极推进精准扶贫项目。HZ 公司与国家开发银行携手合作，就贵州精准扶贫试点进行积极尝试，并已取得一定成就。2020 年，HZ 公司旗下多个产业的

团委联合生态方资源，共同开展了 2020 年 HZ 公司希望小学公益帮扶活动，在为学校捐赠防疫消毒物品及学习用品的同时，也为后疫情时代教育公益活动的开展探路。

公平和平等是社会制度的首要价值，意味着资源与利益在社会成员之间的合理分配。平等原则实质上是一种适用于个人、组织与社会及自然的普遍原则。HZ 公司是平等价值观的践行者。因此，HZ 公司公益平台把做公益优化成为一种生活方式，HZ 公司专卖店就是一个典型代表。HZ 公司在全国各地拥有 3 万多家线下专卖店，HZ 公司将其打造成开展“梦想驿站”公益活动，通过为 HZ 公司希望小学捐助智能彩电、智饮机、图书，同时开放共享 HZ 公司专卖店部分硬件及服务资源，改善孩子们的学习环境，去关爱学生们的身心健康。通过“梦想驿站”，孩子们可享受由 HZ 公司智能彩电提供的系统教育资源、远程教育服务，并通过与全国各地青基会及 HZ 公司希望小学常态化的联系与交互，精准获取公益需求并实施精准帮扶。线上用户也可通过平台与 HZ 公司专卖店这类触点进行联合，为公益事业贡献力量。

不同于其他公益机构或个人的单打独斗，在物联网公益生态模式下，HZ 公司打造开放的公益平台，实现人人受益、人人公益，力促公益向共益转型。HZ 公司不仅自己输出公益资源，还影响了众多的资源方参与到 HZ 公司希望小学的公益活动中。2020 年 5 月，HZ 公司公益生态圈的伙伴上海真爱梦想公益基金会走进位于甘肃的金星 HZ 公司希望小学，开展送课活动，通过寓教于乐的“开心农场”游戏，让孩子们化身为“农场主”，学习投资理财、存款储蓄的管理，帮助孩子们在游戏中获得正确的金钱观，建立管理金钱的基础能力。基于开放的公益平台，HZ 公司致力于将社会公益行动常态化，除了援建希望小学，还涉及扶贫救灾、生态环保等公益领域，在全球范围内积极投身社会公益事业。面对新冠肺炎疫情的全球蔓延，HZ 公司迅速发挥全球化优势，是抗疫行动最早、最立体的企业之一。从中国到全球，HZ 公司抗疫援助行动不断，HZ 公司的欧洲、美国、菲律宾、印度、马来西亚等海外员工也积极为当地抗击疫情提供支持。

在法治价值观上，HZ 公司坚持依法治企，包括遵守国家法律法规和方针政策，制定稳定严明的企业制度，运行符合优秀伦理文化的行为准则。中华优秀传统文化是社会主义核心价值观的理论基础，HZ 公司坚持以中华优秀传统文化培育和践行社会主义核心价值观，在社会层面倡导“自由、平等、公正、法治”，说明了“建设什么样的社会”的美好愿望。法治是治国理政的基本方式，在企业管理中，“法”主要是指企业实施的规章制度和行为准则，如信息反馈制度、领导决策制度以及岗位责任制度等。

自古以来，“礼”都是治理国家的根本规则，是维护社会秩序的行为规范，是一切社会活动和价值判断的标准。“礼”在企业中即表现为企业的规章制度、行为准则等，起到举足轻重的规范和引导作用。HZ 公司的企业文化“敬礼”，坚持以礼治企，建立法治社会。主要做法是以井然有序的开展工作和规范员工言行为目的来制定适合本企业发展的行为准则。通过制定标准，员工树立了制度意识，养成良好的工作习惯和学习态度，并使企业顺利开展工作。对于员工的激励与奖惩有严格的标准体系，做到有章可循，违章必究，实现相对公平和自由。同时，HZ 公司严格遵守“礼”在社会主义市场经济环境中的要求，即遵循社会主义市场经济规则，不违法乱纪，不以身试法。

3. 个人层面社会主义核心价值观与 HZ 公司的企业伦理

HZ 公司注重爱国教育。爱国主义是企业文化之魂。企业发展要与国家发展保持统一，企业发展要将爱国思想贯穿始终。以爱国主义为核心的民族精神能够增加民族凝聚力，提高企业向心力。中华优秀传统文化在现代企业文化建设中的作用，体现在以天人合一的和谐精神培养企业人与自然和谐相处的价值追求、以以人为本的人文精神创新企业人力资源的文化战略、以修齐治平的爱国精神塑造企业忧国忧民的爱国情怀、以自强不息的奋斗精神造就企业积极向上的工作态度、以厚德载物的包容精神指引企业形成和谐的人际关系和以崇德重义的品德精神培育企业德义现行的价值观念。HZ 公司着重发挥了中华优秀传统文化的爱国精神，不仅建设了企业内部的优秀伦理文化，也促进了企业的发展进程。

HZ 公司追求以卓越报国，体现了修齐治平的爱国精神。报国即报答和报效国家，国家兴亡，匹夫有责。其价值取向反映在以下两个方面：一方面，对企业忠诚，对工作认真，是 HZ 公司对职工提出的具体要求。HZ 公司员工也用实际行动证明了这一点；另一方面，企业自身要知晓感恩，用最好的服务和产品来感谢客户。一个企业的终极目标应该是回报国家和社会，这也是其生存发展的根本。中国素来有重视“家国”的历史文化传统，有识之士向往修身、齐家、治国、平天下。个人的发展，家庭的兴旺，要以民族的荣辱和国家的兴衰为前提。目前，HZ公司人的奋斗目标是为国家和人民创世界品牌，为国家争荣誉。这个奋斗目标恰如其分地把HZ公司的发展与企业职工的自我价值联系起来，在实现企业目标的过程中，每位HZ公司职工将有效落实个人的存在意义与人生追求。追求卓越，这种价值选择在HZ公司主要体现在三个方面：第一，卓越的产品。即追求高质量，创造名牌。第二，卓越的服务。HZ公司坚持服务的卓越性才能保障产品的卓越性。因此HZ公司推出了完善的服务系统。第三，卓越的效益。HZ公司自始至终都将盈利目标与国家利益相协调，寻求企业获利最大化的同时，更是把带动民族工业发展、人与自然和谐发展当作企业不变的宗旨。企业存在的最终目的应该是结合社会的发展，推动社会不断向前。

HZ公司注重爱岗敬业。爱岗敬业是企业发展的应有之义。“敬业”是职业道德提出的要求，也是社会主义核心价值观的主要内容。其表现为：遵守企业规章制度，认可企业理念，端正工作态度，勇于克服困难，努力加强学习。

在社会化大生产条件下，企业具有高度的组织性，它的各个部分以生产经营为纽带，形成相互衔接、相互配合的有机整体。HZ公司同其他企业一样，面临着激烈的市场竞争，要求员工必须具有热爱企业、奉献企业的集体主义精神，才有可能使企业成为竞争中的强者。

HZ公司注重诚信建设。信用问题是现代商业交往中普遍的伦理问题。讲求信用可以提高企业的竞争力，给企业带来资金和利润。离开了一定的信用体系，就谈不上现代市场经济体制，信用是市场经济下的所有企业的无形资产，企业具有“重信誉、守信用”的美誉度是一种竞争力的体现。HZ公司认为，“诚信”不仅是做人的基本原则，也是社会主义市场经济中应遵循的准则。因此，在企业内外部，HZ公司对个人素养提出具体要求，讲究诚信，形成正确的人生观、世界观和价值观，员工之间以诚相待，建立和睦友善的工作氛围；对客户诚信，抵制假冒伪劣产品，以服务客户为宗旨。这种真诚的态度，是崇德重义的道德精神在HZ公司企业伦理建设中的体现。“诚”是中华优秀传统文化的代表，也是市场经济中应遵循的原则。“诚”使企业收获商业信誉，留住更多的顾客。“诚信为本”的文化理念可以说是中国传统道德的基本，HZ公司的企业文化浸润了优秀传统文化思想。不可否认，HZ公司能有今天傲人的成绩，“诚信”发挥的作用不可小觑。HZ公司坚持先卖信誉后卖产品，坚持质量是产品的生命，信誉是企业的灵魂。在公司困厄交加之时，HZ创始人毫不留情地砸掉七十六台质量不合格的冰箱，为的是提高全体员工的产品质量意识，为的是寻找一个契机让员工明白有缺陷的产品就等于废品。虽然砸毁了七十六台价值不菲的冰箱，但是砸出了HZ公司追求质量、保证质量的品质，树立了HZ公司精神，赢得了大众的青睐。可以说，正是这一锤塑造了全新的HZ公司，才能让HZ公司在发展的道路上阔步前行。在售后服务中，HZ公司明确承诺，只需客户一个电话，HZ公司必将全力以赴。有一位打工者在北京购买了一台HZ公司生产的彩电带回山西老家，回家后发现音像效果不佳，便打电话给HZ公司售后部门，售后服务人员立即赶往用户所在地，售后服务人员经过十余个小时的奔波抵达时，HZ公司的迅速行动令用户感叹。经过认真排查发现问题源于当地信号不稳定，而非HZ公司产品的质量问题。尽管如此，HZ公司人依然帮助村民整修电路系统，保证顾客无后顾之忧。这些“诚信”举措，使HZ公司收获业界赞誉和顾客的信赖。

HZ注重个人激励。HZ公司建立了对赌酬分享激励机制。建立对赌超值分享平台，在事前由小微和平台签订对赌承诺，承诺“单”的目标价值和超值的分享空间，在达成对赌目标之后，按事前的约定和承诺分享对赌价值，并在小微内部自主分配到小微成员。创新点主要有以下几个方面：第一，改变了薪酬支付主体，突破了人力资源是企业成本的局限。传统薪酬激励模式是企业给员工支付薪水，人力资本高则企业付的薪水多，企业成本也就高。HZ公司通过有价值的“单”，采用人单合一的模式，使企业在实现客户价值的同时实现人力资源价值，实现了双价值驱动。解决了过去由企业付薪激励而员工处于被动激励，不利于自主创新的问题。第二，将传统刚性薪酬制度改变为与市场价值相挂钩的动态薪酬形式。传统薪酬体系往往是刚性的，一般由企业高管在一定时间内根据企业实际制定相应的薪酬体系，短期内不会轻易改变，这种薪酬体系使薪酬水平上调容易下调难，无法与外部市场价值挂钩。HZ公司的对赌酬分享激励机制，薪酬与市场价值挂钩的动态形式，高单高酬，使企业与员工同时实现双赢。

HZ公司注重教育培训。HZ公司通过完善教育培训体系，提高员工的创新能力和技术水平。开放创新模式下，HZ公司以“基因传承”作为企业文化，以“人单合一，速决速胜”作为企业作风，以“创业、创新”作为企业发展观，加强企业文化建设。另外，HZ公司还通过不同渠道和方式对员工进行创业培训和教育，例如，HZ公司大学、HZ公司国际培训中心、HZ公司北大联合创业基地等，都成为HZ公司给员工进行培训教育的基地。总之，HZ公司通过不断探索和创新，在文化建设和教育培训方面狠下功夫，为创新人力资源体系构建注入了精神力量。

### 7.1.3 HZ公司基于社会主义核心价值观的企业伦理的提升建议

社会主义核心价值观既是全社会共同的思想道德基础，也是兴企之魂，决定着当代中国企业的发展方向。企业价值观的塑造必须以社会主义核心价值观为引领，这是学术界和企业界的共识。但在引领的方式上存在着不同的看法。有观点认为，应主要推进“四个融入”，即有效融入企业思想政治工作中、有效融入企业文化建设中、有效融入安全生产经营活动中、有效融入精神文明建设中。也有观点认为，面对当今世界思想文化交流交融交锋形势下价值观较量的新态势，面对社会主义市场经济条件下思想意识多元化的新特点，国有企业在发展过程中需要多路径培育和践行社会主义核心价值观，要“将其与企业中党的建设、企业文化、政治思想教育、制度建设及队伍建设等多方面工作有机结合”。

同时，在实践中以道德模范引领推动企业道德建设是一种普遍的做法。山东等省份每年评选企业道德模范，企业普遍开设了道德讲堂。不仅如此，国务院国资委召开的中央企业道德模范学习交流活动，也是大力弘扬道德模范的先进精神和高尚品格的重要途径，“推动企业形成崇德向善、知荣辱、树正气、促和谐的良好风尚，为实现企业持续健康发展做出新的贡献”。HZ公司虽然不是国有企业，但同样可借鉴国企的四个融入，在自身伦理结构与伦理事务的操作中，将党建部分融入业务之中，既表达了对执政党的尊重，也传递了爱国之情。

有研究表明，组织信任和组织认同已经成为评价企业社会责任行为和企业伦理活动成功的重要指标，对企业声誉和企业竞争力具有重要影响，也是企业管理者和学术研究者关注的热点问题。而企业伦理行为通过组织信任和组织认同间接影响企业社会绩效，这说明企业的伦理活动要针对利益相关者进行，提升利益相关者的满意度，才能实现对企业的信任和认同。因此，第一，HZ公司管理者应继续增加企业的社会责任行为和伦理活动。有步骤地进行企业社会责任活动和伦理行为不仅能够缓解企业的外部环境压力，还有助于提升企业的口碑和竞争优势，HZ公司管理者应该进行环境保护、社区关怀、倾听员工声音等活动，提升企业在行业中的声誉和竞争优势。第二，重视组织信任和组织认同对企业社会绩效的影响。除却对外公开的公益活动履行，HZ公司领导者在员工内部大会等会议上也应该不断宣传企业社会责任和企业伦理行为，推广企业的社会责任文化有助于提升社会的信任和认可，进而提供企业社会绩效。例如，2008年汶川地震，加多宝集团的捐款赢得了广泛的社会信任和认同，从而在短时间内实现企业声誉、品牌价值、销售收入、竞争优势的巨大提升。第三，制定差异化的企业社会责任和企业伦理战略。企业的伦理活动只有通过组织信任和组织认同才能提升企业社会绩效，因此在制定企业伦理计划时要充实考虑社会信任和认同的因素，为企业更好地提升口碑和竞争优势提供有益的参考。

另外，HZ公司应完善以儒家生态伦理观为基础的企业绿色品牌战略与绿色管理战略。企业绿色品牌战略是全面的、全方位的，应将企业绿色创新战略、绿色形象战略、绿色营销战略、绿色投资战略包括在内。企业的绿色管理战略分为主动型绿色管理战略和被动型绿色管理战略，而实际中，推崇主动型绿色管理战略的制定与实施，即自愿遵守相关的环境规范，绿色管理能够为企业提供长久的动力，在整个经营周期内贯彻绿色概念，重视企业绿色文化建设。企业主动型绿色管理战略有六种基本驱动力，包括绿色社会观念、绿色政策利益、市场绿色需求、行业绿色竞争、企业绿色文化、企业绿色能力，绿色品牌发展模式包括了品牌的“绿色化”和绿色“品牌化”及两者同时进行的模式，强调绿色品牌的发展战略应该在设计生产环节、推广环节、消费环节、废弃物处置环节均有渗透。儒家生态伦理观强调“天人合一”，具有生命主义的特点，强调人与自然为一体和对生命的尊重，追求平衡的、可持续的、绿色发展。企业打造绿色品牌的行为很好地契合了儒家生态伦理观的含义，尊重自然，重视消费者，承担环境责任，最终实现企业的可持续发展。儒家生态伦理观是自然界的生态秩序和人类社会秩序的协调者，天道与人道一致的思想理念在实施中并不存在片面性。儒家生态伦理思想为企业文化的形成提供丰沃的精神土壤。绿色品牌想要持续发展，必须不断创新、适应时代发展需要，在各类绿色品牌竞争之中如果没有正确的精神指引，有力的精神支柱，很难突出，独树一帜。这一切与企业文化的建设密切相关，绿色品牌可持续发展、环境友好型的理念也正是源于儒家生态伦理思想的“天人合一”“敬畏生命”的理念。因此，要以生态意识、公共社会责任感、环境责任文化促进HZ公司的绿色品牌战略行为、绿色品牌定位战略、绿色品牌形象战略以及绿色品牌创新战略。

一是要发挥企业家精神，促进绿色品牌战略内部驱动。企业家作为企业战略方针的制定者与决策者，在企业的发展中起着重要的方向引领作用。企业品牌是企业家精神的外化。企业家的生态伦理意识是构架企业绿色品牌的基础与关键。HZ公司要加强对中国传统文化特别是儒家生态伦理思想的学习，树立“天人合一”的生态伦理战略思维。将这种思维方式贯彻落实到HZ公司的战略规划、战略实施、战略管理等战略过程的各个阶段中。这是促进绿色品牌战略实施的内驱动力和精神源泉。

二是树立“天人合一”的生态环保战略思维。首先，企业应遵循自然规律与法则，无论是绿色品牌产品的生产过程还是推广及废弃物的处理过程，都不可任意挥霍自然资源。要合理选择、理性运用、充分利用自然资源。其次，制定和实施绿色品牌战略必须树立可持续发展的战略思维，用发展的眼光看问题。此处的可持续发展，不仅要考虑企业自身的可持续发展，还要把企业与周围的生态当作一个整体来考量，在考虑企业自身发展的同时，更要考虑人类的可持续发展，周围环境的可持续发展。所以，绿色品牌企业所生产的产品首先应该是生态保护型、环境友好型的产品，开发和利用资源时不仅要考虑到当代人资源分配的公平以及环境权利的保护，还要考虑到后代人的生存环境状态。绿色品牌的发展既要求环保的原材料、创新的思维、先进的生产技术、合理的资源配置、一流的产品质量，在企业生产过程中更需要优化生产流程、提高生产效率、优化价值链来降低质量监督支出，实现利润增长。这不仅帮助企业形成新的利润增长点与指明投资方向，还符合目前市场的需求，提升企业绿色品牌在消费者心目中的形象，保证企业健康发展。最后，企业要以系统、整体的眼光看问题，从企业外部来说，企业与自然、社会是一个有机的生态系统，企业的健康成长与生态资源的持续利用、自然环境的保护、经济社会的和谐高效发展之间的作用是相互的，绿色品牌的长远发展必须考虑到品牌与自然、社会之间的协调互动关系；从企业内部来说，企业是一个微观的生态系统，包括战略制定、生产、推广、废弃物的处理在内的内部环节是紧紧相扣的，绿色品牌战略的选择、决策、执行、控制环节要根据内外部环境的变化及时地做出反馈与修正，以维持企业的正常运转。要认识到打造绿色品牌并不只是营销环节的部分，而应该将其上升至战略层面，贯穿于企业经营全过程，正确地进行绿色品牌的定位。

三是要提高以儒家“五伦”思想为基础的社会责任意识。儒家伦理中的“仁”，在秉承万物皆有其价值的基础上同样遵从爱有等差的原则，遵循万物一体的价值观时又尊重人的主观能动性，仁爱的推行应该注重等级次序，“亲亲而仁民，仁民而爱物”。儒家五伦思想可以看作“仁”的延伸，是引导人正确处理个人、人与人、人与社会之间关系的道德准则。企业想要通过构建绿色品牌以实现可持续发展，处理好人与自然的和谐关系是首要的，但是同时还要处理个人问题，协调人与人、人与社会的关系，儒家五伦思想便为这种关系的良性互动指明了方向。儒家五伦思想首先强调的是个人的角色问题，其和谐的关系来自恪尽职守，每个人应该明确自己的角色与责任，这给企业的警示是首先企业需要明确自己在社会环境中的位置与职责，明确企业发展绿色品牌不仅是对自己负责，而且承担着对消费者及其他利益相关者的责任；其次企业需明确企业内部分工，从横向来讲，各个部门之间的职责划分清晰，不会出现职责不清、权利义务不明的情况。从纵向来讲，管理层与员工的权责要划分清楚，管理层不可过度干预基层的事务，员工也不能越权替管理层做出决策，绿色品牌战略的制定、决策、实施、控制环节的分工要明、权责要清。其次，儒家五伦思想强调个人对他人、对社会的社会责任，上下级之间、父子之间、夫妻之间、兄弟之间、朋友之间都对彼此承担着责任与义务，这能够帮助企业塑造强烈的社会责任意识。作为儒家伦理观的一部分，儒家生态伦理观同样要求“仁者爱人”“仁民爱物”，企业必须将绿色品牌的发展同企业社会责任感培育联系在一起，唯有如此，企业才能实施正确的绿色品牌战略。企业要认识到，构建绿色品牌，并不是单纯的为了实现企业的经济效益，还应承担社会效益。应当明确树立社会责任理念，不仅提升绿色品牌的价值，更应把品牌立足于整个人类社会福祉的视角思考。把社会责任的理念贯穿于企业经营的全过程，传递品牌社会责任理念，塑造绿色品牌真诚、友好、创新、进取的形象，加强与用户的情感联结，帮助企业实施绿色品牌战略。

四是要培育儒家和合思想为指导的环境责任文化。儒家生态伦理思想强调“和谐”“时”“中”，和合思想讲究“和而不同”“以和为贵”“贵和尚中”的思想。企业的绿色品牌战略想要获得成功，必须把“和谐”“时”“中”，和合思想讲究“和而不同”“以和为贵”“贵和尚中”的思想纳入企业战略，高点站位、战略引领、体系支撑、层层落实。企业把对生态环境的责任提升到自身战略定位的高度。主动承担环境治理义务，减少污染转嫁等不公平现象的发生。企业必须统一绿色理念，加快转型升级，做强势绿色品牌的引领者、示范者。企业生态战略定位的转变要从转变企业文化开始。首先，构建“和而不同”的企业精神文化，“和而不同”的观念促使企业包容、尊重文化理念的生成，承认企业员工的独立人格与差异性，激发员工的创新思维，促进绿色品牌创新战略的制定与实施。其次，构建“以和为贵”的企业物质文化。人类社会的可持续发展与自然的可持续发展要求人与自然的和谐共生，这离不开绿色品牌的绿色环保属性，企业需完善产品结构，生产优质产品，加强对清洁能源的开发与利用，减少污染废弃物的排放。需大力研发绿色环保产品，加强对环保方面的投资，大力加强技术创新，加强对信息化管理的投资。最后，企业应培育“贵和尚中”的行为文化。生态伦理观念作为一种价值观念，应内化于每个人的心中，外化于行动中。“尚中”要求在处理企业内部、企业与消费者、企业与社会、企业与自然的关系时要崇尚中道，绿色品牌利用的资源要取之有度，用之有节，加强对生产过程的一体化控制，实现生产各个层次的协调优化，提高资源的利用率，发展循环经济，加强各个部门、各个环节之间的协同管理。“贵和”要求企业内创造和谐的氛围与内外部人际关系；加强与消费者的沟通，听取消费者的建议，满足消费者的需求；企业甚至可以尝试与同行业的企业建立竞合关系，实施合作竞争战略，达到双赢的效果。

五是要塑造绿色品牌形象，培育消费者品牌忠诚度。首先，要提高消费者的品牌满意度，对于绿色品牌来说，它的生态观和环保行为是消费者所关注的。其次，应该实施差异化战略，在众多同行业的绿色品牌中，如何提高消费者的情感忠诚度，是企业必须关心的问题。这可以通过外观设计与包装、具有区别度的LOGO来实现。再次，需要提高消费者的感知价值，强化消费者对品牌的好感度，与消费者建立情感上的纽带。最后，可以在适当的时机推出新产品，进行品牌延伸。进行品牌延伸的时候必须掌握消费者的心理预期和心理认知，加强与用户的沟通与交流，准确地对新产品进行定位。

六是要培育消费者绿色品牌价值认同感，倡导正确的消费需求。绿色品牌战略的成功实施，最终离不开消费者，建立消费者—绿色品牌关系，增强绿色品牌的透明度和真实度，增强消费者的感知价值。在绿色品牌不同的消费阶段，企业应该采取不同的措施。首先，要培育消费者的生态伦理观。帮助消费者形成正确的生态伦理意识，促使消费者形成绿色消费意识。其次，在消费者了解绿色品牌的阶段，应该进行差异化、精准、可靠地投放和宣传，避免因相似和模糊困惑影响消费者的绿色品牌选择。最后，在消费者选择阶段，应该帮助消费者传递绿色品牌的价值，帮助消费者全面了解绿色品牌产品的生产过程和其承担的社会责任，帮助消费者了解绿色品牌产品带来的社会价值。提升消费者的理性认知，促进绿色品牌情感的形成。

# 7.2 ZS能源股份有限公司基于社会主义核心价值观的企业伦理现状、问题与对策

## 7.2.1 ZS公司的基本情况

ZS能源股份有限公司（以下简称ZS公司）是由原ZS集团公司独家发起设立的股份有限公司，成立于2004年11月8日，总部位于北京。2005年6月15日，公司在香港主板市场上市；2007年10月，公司在上海证券交易所上市。目前，ZS公司是国家能源集团唯一一家在A+H股上市的公司，也是集团资产规模最大、盈利能力最强的上市公司。截至2019年12月31日，公司资产规模5570亿元，有38家二级企业（其中全资21家，控股17家），职工总数7.5万人，总市值为503亿美元（约合人民币3504亿元），是世界最大的煤炭上市公司和世界第四大综合性矿业上市公司。ZS公司是国家能源集团一体化运营核心。主要经营煤炭、电力、铁路、港口、航运、煤化工六大板块业务，以煤炭采掘业务为起点，利用自有运输和销售网络，以及下游电力和煤化工产业，推进跨行业、跨产业的纵向一体化发展模式，提高产业集中度，增加产品附加值，形成了规模优势，构成了ZS公司的核心竞争力。企业目标是建设具有全球竞争力的世界一流能源上市公司。企业使命是为社会发展提供绿色能源，战略愿景是打造国际一流大型能源企业，核心价值观是科学和谐、厚德思变，企业精神是艰苦奋斗、开拓务实、追求卓越。公司主营业务是煤炭的生产与销售、煤炭和其他相关物资的铁路及港口运输以及电力生产和销售等。

## 7.2.2 ZS公司基于社会主义核心价值观的企业伦理构建分析

1. 国家层面社会主义核心价值观与ZS公司的企业伦理

在富强价值观上，ZS公司坚持以发展经济、保卫国家能源安全为己任。

从在国家中的战略地位看，ZS 公司有三大作用。一是在能源保障方面。在相当长一段时间内甚至从长远来讲，中国还是以煤为主的能源格局，只不过比例会下滑，但中国不会分散对煤炭的注意力。二是 ZS 公司是中国煤炭产业清洁、高效、安全、规模生产的引领者。只有像 ZS 公司这样的大型煤炭公司坚持做好煤炭生产、上缴税收工作，中国才能在保障全国能源供应的同时，去关闭不安全、高污染、低效率的中小煤矿，去补贴和发展可再生能源，去逐步解决人员再就业、社会转型、环境保护等问题，完成供给侧结构性改革和能源革命。这是 ZS 公司的设立初衷和历史使命。三是如果煤炭对中国来说必不可少，那么 ZS 公司将是其中的佼佼者。ZS 公司尊重所有股东、各利益相关方的意见，公司将加大环境、社会和治理工作力度，充分披露运营及治理信息，努力提升环境、社会和治理评级，为投资者和各利益相关方决策提供支持。可以明确的是，ZS 公司的生产经营活动与股东等各利益相关方紧密相连，直接或间接影响多家企业的运营、大众的生活、环境的变化和社会的发展。因此，ZS 公司的首要任务是发展经济。2019 年，ZS 公司坚持效益优先，防范经营风险，经营质量进一步提升，实现营业收入 2418.7 亿元，利润总额 667.2 亿元，位居普氏能源资讯“全球能源公司 2019 年 250 强”榜单第 14 位，为保障国家能源安全、为社会发展提供清洁能源、为中国全面建成小康社会并实现第一个百年奋斗目标进一步夯实了经济基础。

在民主价值观上，ZS 公司坚持民主治企。首先，ZS 公司强调对股东和员工负责。第一，按时召开股东大会。股东大会是公司的最高权力机构，股东通过股东大会依法行使职权。公司严格按照《公司章程》召开股东大会，按议事规则开展通知、审议、表决和信息披露工作，充分保障所有股东享有平等地位并有效行使其知情权、参与权、质询权、表决权。2019 年 11 月，上交所“沪市公司质量行——我是股东”活动在 ZS 公司举办，30 余名中小投资者参观了北京燃气热电厂，并与公司管理层进行了沟通交流。公司重视投资者权益保护，通过定期报告和临时公告、路演和反向路演、上证 e 互动网络平台、热线电话和邮箱等渠道，如实向投资者充分说明公司运营信息，保障投资者知情权。公司制定了单独计票、累积投票、不得限制征集投票权持股比例、透明分红政策等规定，维护中小投资者合法权益。第二，按规召开董事会会议和专门委员会会议。公司董事由股东大会选举产生，对股东负责，任期三年，任期届满可连选连任。董事从全体股东的利益出发，恪守勤勉、诚信、务实的准则，认真履行职责。董事会是公司的常设决策机构，对股东大会负责。董事会下设战略委员会、审计委员会、薪酬委员会、提名委员会和安全、健康及环保委员会，各专门委员会发挥专业知识对董事会议案进行事前审议和把关。2019 年，ZS 公司董事会审议年度报告、关联交易、修订规章制度等议案共 77 项；开展了题为“履行董事会责任，提升公司价值和形象”的 ESG 专题培训和反腐倡廉专项培训。ZS 公司已制定董事会成员多元化政策，董事会成员甄选以多元化为基准，综合人员特点、作用及公司实际、自身业务模式和工作需要而定。2019 年公司董事来自于境内外的不同行业，每位董事的知识结构和专业领域在董事会整体结构中，既具有专业性又互为补充，呈现多元化的特征，保障董事会决策的科学性和民主性，最大程度维护了全体股东利益。另外，ZS 公司的董事长、总经理分设并由不同人员担任，不存在权力过于集中的问题。第三，ZS 公司重视民主沟通。一是坚持全心全意依靠职工办企业方针，高度重视员工对企业发展和管理的意见建议，逐步完善了以职工代表大会为基本形式的企业民主管理制度，畅通信息交流和沟通渠道，为职工创造上情下达机会。二是建立厂务公开办法，干部选拔、评先评优等职工关注事项按规定公示、公开，在制度制定过程中广泛征求意见，让职工参与企业民主决策，确保员工的民主参与权、知情权、监督权。例如，2019 年，公司严格履行民主程序选举产生了新任职工监事。

在文明价值观上，ZS 公司十分强调节能环保责任意识的落实与制度的建设。其环保文化的构建机制类似“行政发包制”，主要是从公司总部到分公司再到厂（矿、段），将节能环保责任层层分解、层层下压，并层层辅以激励约束，从上至下形成了决策部署、监督检查、组织实施三级环境管理体系。在总部统一领导下，各子分公司节能环保管理委员会负责环保决策部署，各子分公司环保部门或环保审计组等机构负责环保监督检查，各生产单位负责实施完成环保工作计划任务、指标。由此，ZS 公司强化了环境风险伦理的感知和控制能力，各子分公司建立由环保监督监测、环境隐患预防、风险应急管理构成的全过程环境风险管控机制，努力达到环保“零违规”目标，牢牢把握住了绿色发展方向。

在和谐价值观上，环境、社会与治理被ZS公司摆在了与效益发展同样重要的地位。ZS公司在牢记经济责任的同时，时刻不忘履行对环境、对社会的责任。作为中国最大的国有控股煤炭综合能源上市公司，ZS公司始终以“为社会发展提供绿色能源”为使命，致力推动行业低碳发展、建设美丽和谐矿区、系统开展公益事业，以实际行动保护环境。在可持续发展的道路上，ZS公司力争建成“世界最好的煤基能源企业”，更立志成为“最有益于世界的煤基能源企业”。因此，自2007年起，ZS公司坚持发布环境、社会与治理的社会责任报告，现已更新到2019年版。

在企业核心价值观上，ZS公司始终秉承“科学发展、厚德思进”。科学，就是坚持以人为本，协调、可持续、健康发展；和谐，就是营造企业内部、企业与社会、企业与自然和谐氛围，创造内有亲和力，外有影响力的稳定环境；厚德，就是处事为人忠诚厚道，公平公正，依法经营，守信践诺；思进，就是，居安思危，求知谋进，勇于变革、敢于创新，建设“五型”企业，打造国际一流能源企业。在致力于实现企业发展、为股东创造价值的同时，ZS公司积极履行社会责任，时刻关注利益相关方的权益，不断促进企业与社会、环境的和谐发展。牢固树立“绿水青山就是金山银山”理念，积极应对气候变化风险，开展公司气候风险全面评估和温室气体排放核查，大力实施清洁生产和能源资源节约利用，深入开展“责任落实年”活动，携手伙伴共筑生产和环境安全的护城河。2019年ZS公司原煤生产百万吨死亡率为0，运输产业连续3年杜绝伤亡事故。这体现了ZS公司坚持“和谐”的价值观。

2. 社会层面社会主义核心价值观与ZS公司的企业伦理

在自由价值观上，为实现国家治理体系下本企业的自由发展，ZS公司在最大限度内完善治理架构，以图实现经济效益和社会效益的最大化。根据监管要求，ZS公司认真推动ESG治理融入公司治理体系。ESG治理，即是环境、责任和公司治理。董事会是ESG治理工作的决策机构，负责整体部署和推进公司的 ESG 管理；董事会下设的安全、健康及环保委员会负责 ESG 治理监管工作；公司管理层负责组织推进 ESG 治理工作。2019 年，ZS 公司的十大 ESG 实质性议题是碳排放、安全管理体系、污染防治、产品质量、风险预控管理、反贪污、职业健康、合规管理、节能降耗、科技成果应用，对内，提升员工能力建设，开展 ESG 相关培训和研究以提升公司管理层及员工对 ESG 的理解和认识，并且实施目标管理，设定具体目标，明确目标推进机制；对外，加强信息披露，通过问卷调查、媒体平台等多种途径，了解利益相关方诉求，开展利益相关方沟通活动，努力实现议题的可持续管理。

在平等价值观上，ZS 公司牢记法律面前人人平等原则，按照国家相关政策，在经营管理过程中尊重和保障人权，包括平等雇佣少数民族人员、残疾人，保障员工多元化、无歧视、禁止雇佣童工等，避免在产品生产、业务运营、供应链中出现侵犯人权的行为。此外，通过参与社区建设，着力解决社区群众就业、医疗、教育等社会问题，体现了“平等”的价值观。在平等雇佣层面，ZS 公司严格遵守各项法律法规，贯彻平等雇佣和同工同酬原则，禁止任何形式的歧视，坚持对不同国籍、民族、性别、宗教信仰和文化背景的员工一视同仁，按照公开、公平、公正的原则开展招聘工作，积极为残疾人、少数民族人员、退伍军人等提供就业机会，实现男女同工同酬，严格落实女性员工孕产期、哺乳期休假规定，保障女性员工权利。

在公正价值观上，ZS 公司一直推崇恪守商业道德并坚持反腐败。对于腐败，ZS 公司是“零容忍”的态度，坚持管住关键环节、重点人和重点事，持续开展反腐倡廉活动，培育廉洁文化，不断提高监督的针对性和实效性，打造规范化、法治化的运营环境。2019 年，ZS 公司采取的反腐倡廉行动有：①成立反腐防线。组织公司党委委员签订《“一岗双责”工作责任书》，书面提示党委委员履行“一岗双责”2 次，规范领导干部廉洁用权；针对总部全体员工开展“讲案例、学法规、划底线”学习教育，举办廉洁从业知识答题活动，参观北京市全面从严治党警示教育基地，制作并累计推送 18 期“节假日廉洁提醒”等 4 个系列电子宣传册，引导领导干部和党员同志筑牢思想防线。②举报信息保密。完善管理制度，规范问题线索的流转和登记、处置方式及工作纪律；严格遵守《中国共产党纪律检查机关监督执纪工作规则》中关于信息保密的相关规定，举报电话和邮箱由专人管理，相关涉密人员离岗离职后实施脱密期管理，保护举报人的合法权益。③内部排查。制定《ZS公司关于严禁领导人员亲属和其他特定关系人在集团公司系统内从事经济活动的规定（试行）》，对总部副处级及以上领导人员亲属和其他特定关系人在国家能源集团公司系统内从事经济活动情况进行了摸底排查；对公司总部评优评先、职称评审、出国出境、支委选举等严格把关，为232人次出具党风廉政意见。④违纪追究。严格执行国家能源集团公司《职工违规违纪处理办法》，纠治干部违规违纪问题，2019年共对本公司及下属子公司86人给予党政纪处分。

总体来看，ZS公司在2019年共计开展廉洁教育培训2873场次，接受廉洁教育员工达103198人次，接受信访举报数量367件，得到核实的信访举报数量351件，受到党政纪处分人数86人，开展防止贿赂、欺诈及贪污工作挽回的损失金额是18.41万元，切实落实了社会主义核心价值观的公正内涵。

在法治价值观上，ZS公司一直坚持正道经营。遵纪守法、诚信经营是企业实现可持续发展的基本保障。ZS公司在追求高质量发展的同时，遵循公司治理、商业道德标准和市场最佳实践，恪守中国人权政策，积极开展合规管理、风险管控、反腐倡廉等工作，为企业的稳定发展保驾护航。

ZS公司坚持法治性的企业伦理，主要体现在合规管理方面。ZS公司严格遵守国家法律法规及上市规则，按照“全面覆盖、重点突出、权责明确、高效协同”原则，构建董事会决策、委员会统筹、经理层推进和总法律顾问负责的合规管理领导体系，以及牵头管理、专项负责与强化监督相结合的合规管理工作机制。2019年，ZS公司制定了《ZS公司合规管理规定（试行）》和《ZS公司合规管理体系建设工作方案》；公司建立健全采购与招标领导小组工作机制，专项负责物资、工程及服务采购方式和结果审批，严格落实公开招标制度；严格落实关联交易小组例会和审批管理制度，审批14家子分公司33次关联交易新增额度需求，及时维护关联交易人士清单，保障日常关联交易控制在年度上限内；开展“合规管理”专题讲座，加强法治宣传，提升员工法治观念和法律意识；初步建立公司律师队伍，促进企业内部管理的科学化、规范化。2019年，ZS公司通过以下举措提升员工法律意识：一是媒体宣传，通过微信推送法治宣传PPT、组织全员网络答题等方式，有计划、有针对性地开展全员覆盖的法治宣传工作。二是读物科普，通过发放《领导干部法治思维十讲》和《公司法及司法解释》读本，增强领导干部的法治观念和法治思维，增强员工的法律意识。三是知识竞赛，组织“2019年应急管理普法知识竞赛”和“第十届全国法律知识竞赛”活动，全员参与率100%，优秀率达99%。

3. 个人层面社会主义核心价值观与ZS公司的企业伦理

在爱国价值观上，ZS公司具有保护国家能源供应的使命，因此在日常活动中更强调自己的政治性。在党的建设上，ZS公司以习近平新时代中国特色社会主义思想为指导，牢固树立“四个意识”、坚定“四个自信”、做到“两个维护”，贯彻落实党中央和国家能源集团党组工作要求，树立“迈向高质量、建设双一流”的工作导向，认真履行全面从严治党主体责任，厘清党的领导和公司治理的关系，发挥党组织和党员的先锋模范作用，以一流党建引领一流企业建设。加强党的政治建设、落实党建责任制并加强支部建设。例如，在2019年，ZS公司开展了“庆祝新中国成立70周年”“十九届四中全会精神”等10期专题集中学习和“讲学习、强素质、做表率”读书活动，推动理论武装常态化制度化。“不忘初心、牢记使命”主题教育也取得实效，检视问题与整改问题同推进、同落实。同时，落实党建责任制。制定了《党建责任制实施办法》和《党建责任制考核办法》等18项党建制度，公司党委委员签订履行“一岗双责”工作责任书，总部11个党支部签订了党建目标责任书，层层压实主体责任。

在诚信价值观上，ZS公司着重加强“诚信”价值观建设。例如，ZS公司承诺把员工健康放在优先发展的战略地位，为员工创造安全职业环境，事实证明，ZS公司通过健全管理制度、制定职业病防治规划等措施，构建了相对完善的职业安全与健康管理体系，履行了承诺。一是为员工提供并督促员工使用国家规定的劳动防护用品，在井下配备专业医疗装备和救助设施。二是更新工作场所的除粉尘措施，开展包括粉尘、噪声、有毒物质在内的综合治理。三是加强工作环境监测与评价，保证员工营养健康，夏季发放防暑降温用品，避免员工过度劳累。四是治理职业病危害严重工作场所。总之，ZS公司坚持诚实守信经营理念，牢固树立诚信可靠、履行合同、恪守承诺、合法经营、依法纳税负责任的大企业形象。

在敬业价值观上，对客户，ZS公司强调诚信履约、品质保证与优质服务，做法是保证长协合同兑现率、加强煤质管理，准班轮运输与开展满意度调查。对员工，ZS公司保证薪酬福利、职业发展、健康与安全与人文关爱，主要做法有确保权益保障、医疗保险、企业年金，开展教育培训、职业发展平台，组织健康防护、消除职业病，推行员工关爱、设立投诉反馈信箱。

在友善价值观上，ZS公司注重处理与员工、合作伙伴、生态环境的关系。ZS公司首先重视员工的成长。一是ZS公司坚持德才兼备、以德为先的用人理念，建立规范的人才选拔任用程序，着力培养战略型经营管理人才、复合型党群人才、创新型科技人才、专家型技能人才和开拓型国际化人才，确保人才数量充足、梯次合理、结构优化。二是通过职业发展助力员工成长。ZS公司重视员工职业生涯规划，不断完善和深化人才培养机制，建立了以总部和各子分公司为主体的多层次、多渠道培训体系，构建了行政管理、专业技术和技能操作并行的职业发展通道，实现了覆盖全岗位的人才晋升机制。公司全系统积极开展“首席师”评聘工作，引导员工传承工匠精神，提升岗位技能。ZS公司充分应用现代企业培训理念，持续完善培训基地和培训网络建设，知识培训、专业培训、岗位培训并举，脱产与业余培训相结合，实行多样化、差异化培训，努力实现员工成长与企业发展同步。在推进全员培训的基础上，重点培养经营管理、专业技术、国际化和操作技能四类人才。另外，ZS公司也重视员工福祉，关注员工幸福。如通过开展丰富多彩的文体活动，为员工提供展示自我、相互沟通交流的平台，增强员工的归属感和凝聚力。再如，ZS公司热心帮扶基层困难职工家庭，做好重大疾病救助和助学帮扶慰问等工作。2019年，公司帮扶困难员工2815人，救助重大疾病造成困难的员工家庭147户，并发放大病救助金545.15万元，为324户特困员工家庭和员工遗属发放了最低生活保障金，累计发放慰问金、帮困基金和最低生活保障金1202.79万元，真正把以人为本、关爱员工的举措落到实处。

对于合作伙伴，ZS公司强调伙伴精神，主张以商业道德进行透明采购，互利共赢。主要做法是对伙伴诚信执行协议合同，公开采购，电子化采购，并进行业务交流合作与专题研讨会。

对于环境保护，ZS公司坚持"绿水青山就是金山银山"，严格遵守《环境保护法》等法律法规，深入贯彻绿色发展理念，以技术创新为先导，以资源节约为目标，以高效利用为根本，推动煤炭清洁开采、清洁运输和清洁转化，积极应对气候变化，打好污染防治攻坚战，推进蓝天、碧水、净土生态环保工程建设。在应对气候变化上，ZS公司积极拥护政府应对气候变化行动目标，完善应对气候变化体制机制，不断提升碳排放管控水平，增强适应气候变化的能力；积极实施发电机组供热改造，加大对社会第三方高排放锅炉/散煤的替代力度；积极回应投资人、公众对耗煤业务碳排放问题的关注，谋划未来长远发展的战略。在温室气体排放上，ZS公司不断优化碳排放管理制度，坚持推进统一的碳排放管理体系，实行总部—子分公司—基层企业三级管控，层层落实碳排放的管理责任。同时，ZS公司积极参加全国碳市场建设，参与碳配额试算、交易系统试运、模拟碳交易等工作。在碳排放管理上，ZS公司按照生态环境部《关于做好年度碳排放报告与核查及排放监测计划的通知》，自2017年起开展了火电及化工控排企业的年度碳盘查工作，并按时向政府生态环境部门提交排放报告、补充数据表等文件，积极配合第三方完成核查工作；各控排企业均制定年度碳排放监测计划并严格执行。2019年，公司分批开展了控排企业碳排放和交易管理培训，在煤炭、运输企业进行了碳排放核算。在碳交易试点区域的控排企业，严格按照试点市场规则开展交易，控排企业清缴履约率达100%。

另外，ZS特别强调"淡泊名利、慎权守职"的廉洁理念，淡泊名利、慎权守职。对于广大员工特别是党员领导干部，要坚定理想信念，加强道德修养，提高精神境界，树立正确的世界观、人生观、价值观，常想立身之本，常修职业之德，常思贪欲之害，常怀律己之心。坚持廉洁自律，清白为人，遵纪守法，始终保持蓬勃朝气、昂扬锐气、浩然正气。

### 7.2.3 ZS公司基于社会主义核心价值观的企业伦理的提升建议

文化管理是企业持续发展的基础，是组织管理的最高境界，企业伦理价值观是企业文化的核心。以“仁、义、礼、智、信”为核心的儒家思想包含了中国传统文化的主流与核心精神资源，是中国企业文化管理切实的理论来源和文化载体。ZS公司应融合儒家思想构建企业伦理价值观以及企业文化。

伴随全球金融海啸及区域经济危机发生后，中国在全球经济复苏中发挥愈发重要的作用，西方企业开始重新审视企业中深层次的伦理及文化管理问题，并更为深入地从东方文化的儒学传统思想中探寻优化之道。已经有西方学者提出了企业管理由全面质量管理（TQM）转向全面伦理管理（TEM）的概念。中国企业需要接受并主动践行企业伦理，因为无视伦理的行为会对人类社会造成巨大危害，企业行为也身处其中。近年来中国企业界频频发生社会责任问题，正是此内在的危险症状集中爆发的表现。ZS公司必须更深刻地认识到经济、社会、伦理之间的综合平衡，将企业伦理视为一种极为宝贵的企业无形资产，作用于企业的经济行为，促进企业多样化目标的实现。

经济新常态下ZS公司面临挑战的同时也应抓住转型发展的机会。在企业伦理价值方面，坚持正确的“义利观”，兼顾经济、政治与社会责任，既看重当下，更注重长远可持续发展；以多元共赢更替零和博弈的经营思维，兼具对竞争企业的互惠关切，力求自身创新并同促发展。在社会责任承担方面，积极参与完善企业治理机制和规范制定，从以往被动的接受者转变为主动参与的利益攸关者。在经济新常态下，经济转型的重要内容之一即是企业的自主创新，因而ZS公司更需合理布局，协调内外平衡以把握发展主动权。国无德不行，人无德不立，新常态下中国企业要实现其长远可持续发展，企业文化建设应以企业伦理观的构建为核心，立足于经济责任和法律责任的担当，进行文化管理，着力探寻企业伦理价值的实现路径。从中国历史文化看，以“仁、义、礼、智、信”为核心价值观的儒学传统，历经岁月的陶冶与沉淀，连同其人文精神已深深融入中华民族共同的文化与心理素质之中，成为中国民族文化之根，其合理内核是中国企业伦理价值观真正的文化载体，儒学精髓同“和谐社会”与“科学发展观”的精神一脉相承且高度契合，对于社会、经济、政治、伦理等各方面愈发具有深远的当代意义。ZS公司处在工业化的中后期阶段，正值中国国家复兴并深度融入全球经济一体化之际，儒家思想包含了中华优秀传统文化的主流与核心的精神资源，其“仁、义、礼、智、信”为核心的价值观体系应成为ZS公司乃至全社会和谐与发展的基础。“大道之行也，天下为公”的整体价值观有利于正确处理在经济发展与转轨时期，国家、企业、个体之间的利益关系。正确处理好人的社会价值与个人价值的关系，健康的企业文化管理才有保障。对于中国企业的文化管理而言，汲取儒学精髓十分必要，并且具有独特的人文价值。儒学仁爱观在企业组织行为方面，利于企业成员的和谐关系与集体观念，增强企业向心力；价值导向是企业文化管理的核心，儒学义利观有助于企业树立社会主义市场经济价值观；“修己安人”“为政以德”的儒学管理思想有助于提高企业领导者的综合素质与管理水平；而儒家讲“礼”、修“和”的美育思想，可催生企业和谐的文化环境与精神氛围。

在经济新常态背景下，身处知识经济时代的ZS公司，需建设知识型组织，并以科学的企业文化管理来持续生命，赢得竞争，成就价值。而建设知识型组织的首要任务是实现精神资源的共享，亦即建立共享型伦理价值观。共享型伦理价值观，必须是博弈论意义上的均衡价值观，是基于恒定及可复制原则的价值观，这个原则就是平等原则。平等原则在企业层面表现为更细分的价值观形式，如契约精神、信任精神、遵循制度、尊重个体、团队协作等，而是否有共享精神是对企业核心价值观最终的衡量。没有共享精神则绝非均衡的价值观，企业作为经济组织和企业公民，与组织成员、经济合作体以及全社会分享知识和财富，从而长期地产生内在和外在的认同，实行科学的文化管理，达到建设知识型组织并创新发展的目标。

《孟子·公孙丑下》曰：“得道多助，多助之至，天下顺之”。企业的伦理价值观作为企业长远发展的根基，需上升到“道”的高度，具备毋庸置疑、无可妥协的特质。不仅在理性、情感、行为及话语方面得到组织成员、经济合作体与社会的认同，还须在信仰和精神方面得到深层次的认同。ZS公司必须从更深邃的儒学传统精神资源中发掘共享型文化的基因，依靠本土文化基因，包括优良的精神内核与深刻的价值认同，由博大精深的文化支持来保证ZS公司核心价值的持续，适应经济新常态带来的变化，来实现与国人精神层面的无阻沟通，取信社会，从而建立得到深层次认同的共享型伦理价值观，奠定企业长远发展的基础。

另外，ZS公司因其所处行业的特殊性质，承担着维护国家能源安全的使命，这时候更需要员工使命与企业使命一致，培养员工与企业共存共荣理念。员工与企业共存共荣强调了员工对企业的价值观和归属感，价值观和归属感是企业员工从事工作的积极态度，表现在能够在企业发展中以高度责任心投入工作，提升工作主动性，提高工作效率，没有正确价值观引导和企业归属感的员工，则会消极怠工，推卸工作，以避免自身承担更多企业责任。而作为每个个体的人来讲，都期待能够融入一定的团体，从团体中获得温暖和爱，获得生活中必要的安全感。企业员工的归属感一旦形成，就会给员工自身产生持久的自我约束力和强烈的自我责任感。企业员工在和谐人际关系中工作，其才能与能力得到锻炼和提升，其价值被企业认同，就能让员工在思想上、心理上和感情上产生对企业管理的认同感、公平感、归属感、成就感以及为企业服务的使命感。要想给企业员工形成长久稳定的价值观和归属感，就要培育企业的物质和精神文化，就要在日常行为管理机制中渗透关怀管理的思想，就要在企业考核评价机制上重视公正公平，就要使企业的领导者坚持以身作则并能够以睿智眼光和开阔胸怀发现企业员工优点，就要为企业员工能力提升和自我发展创造良好平台，就要时刻能够让企业员工看到企业发展前景，将创新精神融入企业发展机制中，就要在企业发展中，时刻坚持以人为本的原则，就要重视企业形象建设和独特企业产品的支撑，并为企业发展制定合理规范简明的价值观体系，引导企业员工为了企业共同的发展目标而努力。只有这样才能够有效进行企业人力资源开发，增强企业核心竞争力，减少企业人才流失和异动，为企业可持续发展提供持久内在推动力。因此，可借鉴日本企业“玻璃式经营”的模式。所谓“玻璃式经营”的核心要义是公开和透明，这种公开和透明是建立在对企业员工充分信任基础之上的，“所有企业产品的生产和销售，都像玻璃一样清澈而不进行任何修饰”。做到的关键是管理者与员工之间的坦诚相待，调动员工生产积极性，能够让员工在企业发展过程中感受到自身重要性，为自身存在获取价值感和归属感。

## 7.3 LY集团有限公司基于社会主义核心价值观的企业伦理现状、问题与对策

### 7.3.1 LY集团的基本情况

LY集团有限公司简称LY集团，成立于1993年，总部位于中国青岛。集团秉承“诚信、进取、卓越、创新”的发展精神，以“科学化、多元化、社会化、国际化”为发展目标，多年来稳步前进，是一家涉及经营国际物流、食品加工、国际贸易、旅游园区投资、地产开发等行业领域的综合性现代化企业集团。主要发展历程是：1993—1998年，创业、发展；1998—2003年，企业多元化发展；2003—2008年，投资战略的调整与合作，企业多元化深入发展，做社会化LY集团；2008—2013年，向着“科学化、多元化、社会化、国际化”大步迈进；2013年至今，以世界眼光、国际标准探索又好又快可持续发展之路，进一步深化“科学化、多元化、社会化、国际化”发展。LY集团走出了一条独具特色、融入社会的发展之路。企业精神是诚信、进取、卓越、创新。以社会主义核心价值观为指导，不断开拓进取，发挥本土区位优势，致力于构建国际合作、高端定位、稳步经营、互利共赢的战略合作伙伴关系，促进企业、股东、员工等多方位的和谐发展。

### 7.3.2 LY集团基于社会主义核心价值观的企业伦理构建分析

1. 国家层面社会主义核心价值观与LY集团的企业伦理

LY集团成立于1993年，正是改革开放，创立社会主义市场经济，大力

解放和发展生产力的时期。LY 集团积极投身社会主义经济建设，因而获得“纪念改革开放 30 年山东百强私营企业”“改革开放三十年民营经济发展‘30 年、30 强、30 人’卓越成就奖”称号。2019 年，在“发现未来的青岛华为”民营经济创意会暨青岛市民营企业 100 强发布会上，LY 集团排名第 40 位，再创集团发展新成绩。LY 集团在食品方面，充分发挥优越的农副资源优势和区位优势，遵循“规模化、系列化、特色化、品牌化”的发展思路，积极引进合资合作开发，与众多企业、高校建立了稳固的战略合作伙伴关系，规划建设成为大型现代化综合类食品生产加工基地，是青岛市和平度市政府重点扶持企业之一。

LY 集团坚持积极、热情、开放和活力的企业文化，首先，在人才引进上，LY 集团积极吸纳优秀的中国共产党党员进入组织，尊重党员的政治与经济诉求，并以党建引领企业伦理建设。其次，LY 集团注重员工工作热情的发挥，包括开展座谈会、联谊会、运动会、宣誓会等多项活动形式，主动模糊上下级的界限，以此积极激发员工的自主性和能动性，并通过创造良好的工作环境使员工保持良好的心情、心态。最后，LY 集团积极响应当地政府、国家的政策。LY 集团对政府保持感激之心，主动与政府保持“亲清”状态，如积极表达进行汇改的呼声，并率先贯彻中国外汇管理局的企业汇改政策。

2. 社会层面社会主义核心价值观与 LY 集团的企业伦理

LY 集团恪守商业道德，明确相关政策和行为要求，严格遵守商业行为准则，坚持诚信经营、公平竞争。旅游度假区投资是 LY 集团重要产业之一。LY 集团目前投资的重点项目裕龙 · 青岛假日项目，投资坚持以人为本、尊重自然、保持生态，这很好地坚持了“公正”的价值观。目前，LY 集团食品方面正在快速、健康地发展，已先后荣获“2008 奥帆赛食品备案生产加工企业”“信用等级 AAA 企业”“全国食品工业龙头企业”“青岛市富民兴农标杆企业”等荣誉，并连续获得当地“纳税突出贡献企业”“利用内资企业”“平度市支持新农村‘五化’工程建设先进单位”等荣誉称号。LY 集团将本着“互惠互利、精诚合作、共图发展”的原则，与国内外客户建立更加广泛的合作与贸易关系，实现共赢、做强做大的目标，实现自主品牌的有效创建，并不断提升食品品牌在国内外市场的影响力。这不仅促进了当地的经济发展，也塑造了良好的对外形象。

企业伦理是企业文化的核心和基础，企业伦理责任又是企业伦理的核心和基础。企业应对社会承担伦理道德方面的责任和义务。企业不仅应对企业本身负责，还应对顾客、现今社会、未来社会和自然环境负责。严格地讲，企业是一个生产和服务部门，企业对顾客负责就是要提供给顾客切实的产品和服务。提供切实的产品和服务既是企业要解决的首要问题又是企业要解决的最终问题，这不仅能使企业在自由竞争中实现利润，还能给社会的发展带来一定财富。同时，优质的产品和服务有助于企业树立良好的企业形象，从而加强企业的市场竞争力，推动企业的进步。

LY集团企业文化“尚风”。“尚风”包括推崇爱国主义情怀、爱岗敬业的工作作风，也包括诚信友善的人际关系。LY集团一直强调公司文化的根基是中华优秀传统文化，十分注意传统文化的学习与传承。LY集团用事实证明，优秀的企业文化，必然蕴含中华优秀传统文化的基本精神，企业家要有学习优秀传统文化的主动性，以自己的价值观念、哲学思想和气质风貌等凝聚而成的自身个性，凭借对企业员工的感召力和影响力构建企业文化，如同北极星，只需处在一定的位置，别的星辰就围绕着它转动，由此实现无为而治。

对于客户关系的处理，LY集团坚持客户为先，正视投诉的正面作用。LY集团认为，适当地接到一些投诉信息，可以加强对内部的审视，帮助员工及领导进行批评与自我批评，以及管理处理机制与沟通渠道的完善，有助于企业内部的管理效率的提升。即使与客户摩擦较大，也不会上升到法律层面，更多的是以内部的完善促进冲突的解决。对于伙伴关系，LY集团坚持全球战略视野，开展国内外合作，典型的中外合作关系是与韩商的合作，在物流业、速成食品上开展资本的共同运作，注重双向互补的各自的优势发挥。旗下的物流合资企业有青岛中韩国际物流有限公司、青岛中棉LY国际物流有限公司等。

LY集团成长为一家具有国际知名度的企业，绝非偶然。从LY集团的例子中我们不难看出，企业的伦理水平与企业的利益息息相关。企业对员工负责可以激发员工对其本职工作的热忱，培养对企业的忠诚；对客户负责可以为企业赢得忠实的消费者和良好的口碑；对股东和同行等利益相关团体负责同样会为企业带来正面的反馈；承担一定的社会责任，具有较高的伦理水平将帮助企业塑造正面的企业形象，赢得市场的认可，获得长远的利益。

3. 个人层面社会主义核心价值观与LY集团的企业伦理

LY集团秉承“诚信、进取、卓越、创新”的发展精神，以“科学化、多元化、社会化、国际化”为发展目标，多年来稳步前进，涉及国际物流、食品加工、国际贸易、旅游园区投资、地产开发等行业领域，为社会、为企业所创造的成绩，得到了社会各界的一致认可，赢得了越来越多的社会信誉和合作机会。连续多年被评为金融系统“AAA级信用企业”“青岛市银行信用最佳企业”，国家级、省级“守合同重信用企业”，国家工商系统的“年度免检企业”“中国光彩之星企业”、省市“诚信文明私营企业”、青岛市慈善“爱心飞扬”单位、山东省“儒商单位”等称号。

企业的商业伦理水平与企业的经济利益与可持续发展密切相关。在竞争日益激烈的今天，企业社会责任本身就是体现其差异化的一部分。重视商业伦理会给企业发展带来长远的利益，所有企业都应追求高伦理水平，从来带来忠诚的员工、良好的口碑与市场、社会的认可。LY集团强调敬业精神、团队精神和服务意识，注重口碑建设与服务质量，这使LY集团与顾客的联系更紧密，能够深入了解顾客需求，及时接受顾客的反馈意见，不断改进企业产品和改善企业的服务质量，也大大提高了企业的工作效率和产品的创新速度，有利于优先抢占和扩展有利市场。在履行社会责任方面，企业管理者积极参与公益慈善活动，多次担任慈善晚会的秘书长，管理者也积极收养孤儿，截至2018年，共资助22个孤儿，基本资助、抚养至高中或大学毕业，对于就业有困难的当地人群也会考虑内部消化，积极促进当地就业率与就业质量的提高，促进当地贫困人群脱困，也由此增强了LY集团的社会影响力与社会认同感。对于股东，LY集团尽量做到稳健经营、收益回报和信息畅通，提升企业竞争力和盈利能力，坚持较高比例现金分红，加强市值管理与及时披露信息，加强投资者关系方面会有所侧重。对于债权人，LY集团保证如期偿还贷款、加强沟通联系并开展合作，因此也满足了债权人对于LY

集团偿债能力强、按时还本付息与互信合作的期待。对于行业，LY集团力争做到拒绝恶性竞争、与行业开展经验交流并不断进行技术创新，因此也促进了行业的公平竞争与行业进步，并推动产业链发展。

### 7.3.3 LY集团基于社会主义核心价值观的企业伦理的提升建议

首先，合理利润是LY集团繁荣的基石，要把产业报国和企业效益辩证统一于LY集团的企业伦理实践。LY集团要想实现产业报国的目标，真正为人民大众服务，真正满足人民需求，就需要有企业效益的支撑，即需要用盈利来维持自己生存。如果LY集团连盈利能力都没有，实现产业报国的理想就成为空谈，没有盈利就没有资金，就没有能力发展自身。日本企业家松下幸之助指出，“不能够实现企业利润，是违背了企业的经营道德和企业的社会责任的，对于企业来说，首先就是企业利润，其次就是社会责任，要在承担社会责任的过程中，在完成企业使命的过程中，谋求自身能够生存的合理的利润。”因此，LY集团既要做到为了顾客幸福而努力，又要赚取能够壮大自己的资金，这一看似矛盾的命题实质上是既对立又统一的。因为企业完成了应该承担的使命，为社会的发展和人民的生活水平的提升做出了贡献，国家与社会以合理的方式给予企业一定的报酬，这是企业应得的收益。所以LY集团要有正确的利润观和事业观，一方面完成利润，另一方面承担责任，在谋求效益的时候，要始终坚持不损害国家利益和人民长久发展的利益，在这个限度内，LY集团可以尽最大努力谋求发展，赚取足够多的利润。在此过程中，需要LY集团遵守以下三个原则：第一，守法经营，企业所有活动都要在法律所允许框架内开展，在做好本职工作的同时，促进经济发展。第二，坚持公平正义，合乎伦理法则，企业发展要重视消费者，要坚持公平竞争，要呵护人类赖以生存却正在日渐遭受破坏的生存环境。第三，坚持以人为本，企业生产的最终目的是为了人的发展，人只能成为目的而不能成为手段。只有做到这些，才能为企业谋求良好的信誉形象，才能为企业发展创建稳定的生存环境。

其次，企业承担社会责任在确保企业的长期竞争力和可持续发展方面起到非常重要的作用，落实企业社会责任是各公司的重要日程。而企业社会责任的履行涉及企业高层领导的社会责任观、企业文化和员工社会责任态度三者之间的关系，因此，需要关注企业高管的社会责任观是如何影响、传导至基层员工的，以及这一传导过程中基层员工是如何通过组织学习、上行下效等方式来塑造自身的社会责任行为的。从可观察到的企业现实看，企业基层员工的社会责任态度对于推动企业开展社会责任工作起着至关重要的作用，而员工的社会责任态度又深受企业领导人的价值理念和行事风格的影响。一个有高度社会责任理念的企业领导人会身体力行、现身说法地影响员工的态度和行为，当这些员工真正认同了领导人和组织倡导的社会责任理念之后，才能在组织中形成良好的社会责任氛围，社会责任活动才有可能通过员工的一言一行真正落到实处。因此，LY 集团在提升企业伦理建设水平时，需要考虑领导者的类型。研究表明，变革型领导的义务论、伦理价值观（利他、普世权利等）与员工的企业社会责任态度积极相关。

Bass 认为，变革型领导通过让员工意识到所承担任务的重要意义，激发下属的高层次需求，建立互相信任的氛围，促使下属为了组织或更广泛的利益而超越自身利益，并达到超过原有期望的结果。在此基础上，Bass 等进一步将变革型领导划分为领导魅力、愿景激励、智能激发和个性化关怀四个维度结构。由于长期受到儒家思想的影响，在中国研究领导的问题可能还需要考察一个独特的维度——品德。李超平等将中国情境下的变革型领导划分为德行垂范、愿景激励、领导魅力和个性化关怀四个维度结构。其中愿景激励和领导魅力的基本内涵与 Bass 等的相一致，但个性关怀的含义更为广泛，不仅包括对员工的工作和个人发展的关注，还包括对员工家庭和生活的关注。因此，LY 集团在建设符合社会主义核心价值观的企业伦理时，可加强对于变革性领导的培养或引进，从多方面、多角度去激发员工对企业伦理文化的感知，包括变革型领导愿景的阐述、理念的传达、道德模范以及伦理准则的制定。在理念上，变革型领导将自己公正、利他和人道主义的价值融入到企业的愿景和日常项目中，逐渐向组织成员渗透；在实践中，通过行为榜样向员工传达伦理信息，告诉员工什么是伦理行为，该如何处理伦理问题；在日常管理中，制定伦理行为准则，通过奖惩措施来鼓励道德行为或抑制不道德行为。

一是要以重视高管的伦理道德素质促进基业长青。俗话说，“上梁不正下梁歪”。在企业内部，高层管理者的个人道德素质对于塑造企业道德规范具有举足轻重的作用，员工常以高管的道德准则作为个人伦理行为的标准。因此，致力于基业长青的 LY 集团要承担社会责任，应从管理者开始树立道德标准，由高管树立榜样，进而结合企业伦理文化和规章制度，鼓励员工力行实践社会责任活动。为保证高管具有良好的伦理道德素质，LY 集团一方面要重视高管的招聘和选拔，另一方面也要重视高管的定期与不定期的道德培训。二是要重视员工的企业社会责任态度。员工的企业社会责任态度对推动企业开展企业社会责任工作起到至关重要的作用。只有员工真正认同了组织倡导的社会责任理念，才能真正形成良好的社会责任氛围，社会责任活动才会落到实处。因此，LY 集团有必要建立员工企业社会责任态度的调查与反馈机制。员工可围绕 LY 集团的企业社会责任相关议题进行探讨并反馈给高管，如员工如何看待领导者的伦理理念，领导者理念与企业所推行的企业社会责任项目是否一致，企业的伦理文化氛围是否足够浓厚，员工对企业社会责任的态度是否支持，如果不支持，背后的原因又是什么？高管能够及时根据员工反馈的意见对自己的伦理行为和企业的伦理文化进行改进和完善，从而更好地将 LY 集团的社会责任活动落到实处。

# 第8章 数字经济下企业伦理的新趋势

习近平总书记致首届数字中国建设峰会开幕式贺信中指出："信息技术创新日新月异，数字化、网络化、智能化深入发展，在推动经济社会发展、促进国家治理体系和治理能力现代化、满足人民日益增长的美好生活需要方面发挥着越来越重要的作用。"当前，数字经济成为推动新旧动能转换的重要引擎，数字经济蓬勃发展，机器人、无人机等新产品不断升级，迭代速度原来越快；电子商务、网约车、个性化定制等新模式不断涌现，生产生活方式发生巨大改变；共享经济、云制造、互联网金融等新业态不断发展，数字经济正在重塑整个社会生态，已日益成为国民经济的重要组成部分。但在数字经济如火如荼发展的同时，诸如隐私保护、网络安全、产权保护、消费者维权、行业垄断等问题不断涌现和放大，现有监管方式已无法满足企业伦理管理的高要求和适应数字经济的治理。本章聚焦数字经济的新发展，分析数字经济时代给企业伦理管理带来了哪些新的机遇和挑战，归纳总结了数字经济下企业伦理失范行为，旨在顺应中国企业伦理规范的同时推动数字经济健康发展与维护数字经济发展秩序。

## 8.1 数字经济

### 8.1.1 数字经济的起源与界定

"数字经济"这一概念最早始现于加拿大的商业战略家唐·塔普斯科特

在1995年出版的著作《数字经济：网络智能时代的希望和危险》中。1998年7月，美国商务部发布了《浮现中的数字经济》，这是有关数字经济的第一部专门著作。在此之前，日本通产省于1997年5月也已经提出"数字经济"，又称其为"信息经济""网络经济""失重经济""知识经济""E经济"或"新经济"等。1999年6月，美国商务部在《新兴数字经济》报告中把数字经济视为电子商务以及使电子商务成为可能的信息技术产业等两个方面。

数字经济是从以互联网为代表的信息技术发展而来的。1969年，分属于美国四所大学的几台计算机被连接起来，组成全球首个计算机网络，又被称为阿帕网（ARPA），这一事件标志着计算机网络的诞生。20世纪80年代，随着TCP/IP协议的建立和发展，覆盖全美国的计算机网络随之形成。之后，全球越来越多的计算机开始互联，逐渐形成了覆盖全球的因特网，这就是数字经济发展的技术基因——互联网。20世纪90年代，由于互联网具有信息交换简便快捷的特点，开始被广泛应用于商业用途，这也直接带动了互联网的快速发展和应用，进一步催动了互联网经济的诞生和发展。世界市场上一些具有敏锐商业头脑的机构和资本快速地看到了互联网发展的前景和巨大的机遇，将大量资金投入到互联网行业，从而培养和造就了今天我们看到的一批有巨大声望的互联网巨头。

虽然互联网快速发展，互联网经济蓬勃向上，但世界经济景气度不高，特别是自20世纪70年代起，全球发达经济体陷入经济大萧条，很多国家面临严重的经济滞胀问题和发展困境。但美国经济反而一枝独秀，经济持续高速增长，并创造了失业率和低通胀率并存的经济神话。尽管互联网经济泡沫在2001年被刺破，很多互联网企业倒闭、破产或资产大幅缩水，但是数字化发展和互联网的普及应用已是大势所趋，在经过了几年的调整和震荡之后，互联网发展迎来新的爆发，Google、Facebook等新一代互联网巨头相继诞生，业界沉寂多年的电子产品制造企业苹果公司也被唤醒激活。受2008年全球金融危机的影响，2009年世界经济陷入低迷期，依靠基础设施投资和过度消费的传统经济增长模式难以为继，各国都在为经济发展寻找新的增长点。此时，以互联网为代表的信息技术再一次爆发出惊人的力量，4G通信技术、大数据技术和云计算的快速发展使互联网与传统产业融合加速，新业态、新产业、新产品持续涌现，高质量的供给端产品不断涌现；移动互联网快速发展，手机逐渐代替台式计算机成为新的智能工具和消费终端，需求端的便捷化也带动了新一轮的生活消费；受惠于技术的变革和发展，企业生产模式也从排浪式批量生产步入个性化私人订制，从自动化、数字化制造步入智能制造阶段，产品质量和生产效率更高。随着互联网与经济社会的深度融合，数字经济已经成为发展的新动能。根据中国互联网信息中心 2018 年的报告：截至 2017 年 12 月，我国互联网用户已达 7.7 亿人，应用普及率达 55.8%。这一普及率超过了全球平均水平（51.7%）4 个多百分点，超过亚洲平均水平（46.7%）9 个多百分点。互联网技术的广泛应用和普及，为经济发展提供了广泛的技术能力和消费基础，为社会向数字经济转型创造可能性。

随着社会发展和技术进步，越来越多的数字经济与传统经济交织在一起，使人们对其的划分更加困难，迄今对数字经济的定义仍没有形成统一公认的概念，但普遍认为数字经济具有区别于传统经济的新特征，特别是有数字技术作为基础这一鲜明特征。《澳大利亚的数字经济：未来的方向》认为，数字经济主要是通过互联网、传感器网络、蜂窝网络等信息通信技术，实现经济的全球性和网络化。美国学者博默松肯则认为数字经济的本质是将商品和服务通过数字化方式进交易，是一种特殊的经济形态。美国 TechTarget 网络媒体公司将数字经济定义为由信息通信技术（ICT）实现的全球经济活动网络，主要包含数字基础设施、数字化过程、电子商务等三个关键组成部分。维基百科、牛津词典的定义则更为简要，前者认为数字经济是几乎数字计算技术的经济，后者将其定位为通过数字技术特别是使用互联网进行电子交易的经济。

2016 年 9 月 4 日—5 日在中国杭州召开的 G20 峰会将数字经济作为主要议题，发布了《二十国集团数字经济发展与合作倡议》，数字经济开始成为全球最重要的国际经济论坛的关注对象。这次峰会也进一步明确了数字经济的定义："数字经济是指以使用数字化的知识和信息作为关键生产要素、以现代信息网络作为重要载体、以信息通信技术的有效使用作为效率提高和经济结构优化的重要推动力的一系列经济活动。"可以概括讲，通过将数字化、智能化的信息技术与生产和消费深度融合，与传统产业深度融合，与经济社会发展深度融合，深刻改变了企业生产和人民生活方式，深刻改变了社会及经济运行的方式，也使现代经济的应变性、适应性更强。G20杭州峰会给数字经济的定义包含了三个方面的要素，即：数据是关键的生产要素，信息网络是重要载体，ICT（信息通信技术）是重要的推动力。这一定义与我国2015年7月提出的“互联网+”核心理念有一定重合性和一致性。“互联网+”是把互联网技术、互联网创新成果与经济社会深度融合，推动技术、效率、质量和组织变革，提升经济的质量和效益，形成以互联网为基本支撑和创新要素的经济社会发展新形态。数字经济定义比“互联网+”的范畴更广，不仅包括“互联网+”，还包括“智能+”；不仅包括互联网技术及其对经济社会的影响，更包括人工智能、大数据等新兴技术及其对经济社会的影响。

### 8.1.2 数字经济的特征

数字经济与传统经济相比，呈现出全新的经济形态，也表现出其自身独有的特征。

一是数据资源成为新的关键生产要素。在传统农业、工业时代，社会主要生产要素是土地、劳动力、矿产和机械设备等，而在数字经济时代，价值的携带和创造主要由数据完成，数据也成为这一时期最必不可少的生产要素。特别是随着移动互联网的普及，人工智能、大数据、云计算、5G、物联网、区块链、虚拟现实/增强现实、量子信息以及CPS（虚拟物理系统）等快速发展，万物互联、人机互动逐渐成为现实，这就需要企业加强对数字资源的认知和数据的管理使用以及基于数据资源的创新开发。

二是数字化转型成为所有社会组织都要面对的一道必答题，不只是企业也包括政府、NGO组织，甚至是个人，数字化转型是企业以业务驱动技术，实现业务、组织、技术、人员的全面数字化，是提升客户服务能力，优化客户服务体验，是思维方式的转型，是技术赋能体验提升。数字化转型也将为企业在日趋复杂环境中，进一步获得竞争优势，并促进其在竞争的同时发现合作机会，摒弃零和思维，实现生态化的共生、共存。

三是数字经济本质特征就是算力经济。数字技术渗透的领域从过去的商业、消费、传媒、文化领域向工业、农业、能源、建筑、金融、教育、医疗等产业领域延伸。数字经济的经济发展由“信息技术+数字资源”驱动，信息技术是根本，数字资源是核心，两者缺一不可。在技术的引领和推动下，生产领域和消费领域、流通领域和管理领域、制造领域和服务领域等都以网络化、数字化、智能化的形式表现出全新的形态，产品和服务的供给质量、效率和成本向着更加有益增加社会总体福利的方向发展。同样，得益于数字技术的帮助，企业内部的经营管理、生产销售、组织结构等也发生了根本性的变革，企业的适应性变得更强。

四是数字经济使企业无边界化进一步成为企业常态。经济数字化出现了许多新的组织，像平台经济、共享经济、虚拟工厂以及各种形式的新模式新业态等。这些组织模式突破了传统的工厂组织，以及制造业、服务业、农业的边界，形成一种新的“超级工厂”“超级市场”“超级农场”等。数字经济中，数字技术改变了企业的经营决策模式，产业竞争逐渐进入大规模、大范围的平台战略竞争，产业生态系统的构建变成产业竞争力的核心内容。ESG战略要求企业发展要将生态发展理念、社会关怀与责任融入公司治理，并基于此转变发展方式，明确战略方向，助力实现碳达峰、碳中和，使企业在未来的数字经济主导的市场上获得可持续发展的竞争优势。

### 8.1.3 数字经济商业模式

1. 应用软件商店与云计算

应用软件商店是一个为消费者和生产者提供对接的在线互联网平台，其提供的数字化商品涉及游戏、音乐、阅读、交通等生活的诸多方面。应用软件商店需要基于终端电子设备和相应的操作系统，比如，苹果APP Store线上模式是基于苹果iPhone、iPad等移动终端，通过IOS操作系统，在APP Store平台上为客户提供应用程序，客户付费，最终利润回流至苹果公司和平台第三方开发者。在此之后，数字经济产业链相关企业纷纷开始了移动应用商店的推广，其中包括微软、谷歌、亚马逊等。

美国国家标准技术研究院对云计算的定义是："云计算是依据所使用的数据量进行收费的模式，这种模式提供方便、高效的网络访问，通过计算资源共享池（资源包括网络、服务器、存储、应用软件、服务等）获得所需的服务。"其核心价值在于由互联网所集合的计算资源最大化地集中管理和使用，并为客户提供相应的个性化的、可以极大化扩展的服务。现实中的云计算在互联网时代得到了广泛的发展，如搜索引擎、电子信箱等，用户只要输入目标关键字就能得到相应的海量信息。

2. 网络广告

网络广告，顾名思义即以互联网为载体发布广告信息，将信息传达给终端的互联网用户的一种数字化的运营方式。就其特征而言，网络广告具有以下四个本质特征：网络广告需要展示于有价值的互动平台；网络广告的最大价值在于引发用户的兴趣点；网络广告具有主导性和诱发性的双重属性；网络广告应体现出消费者、广告商和网络平台三者之间的互动关系。

随着当下数字经济的不断更新和发展，网络广告作为一种新型商业模式也在数量和收入上快速发展。在中国市场，预测在五年期间内互联网广告会以15.1%的年复合增长率发展，同一时期，传统的中国广告市场也将以10.1%的年复合增长率继续增长，超过移动广告、电影、视频游戏的平均增长率。

3. 数字平台

构建数字平台，实现数字平台的连接红利。以数字平台为生态中心，构建消费者需求群网络，通过消费者的点击、下单购买商品，从而获取到相应的红利。企业不仅能通过网络平台销售产品来获取产品的直接销售利润，更重要的是企业将产品作为聚集消费者的场景元素，与消费者之间进行价值互动与交换，从而形成长期性的价值网络平台，形成能满足消费者需求的平台。从而在更大程度上提升数据信息使用效率，通过消费者的连接获取红利。在市场环境中，企业只有帮助消费者创造出更多的价值，才能够被认可，也才能最终获取到更多的连接红利。

4. 数字流量

在数字经济时代背景下，互联网信息传播的成本较低，基于互联网的营销活动与客户引流成为当代企业运营的重要思维。所谓“流量”，就是快速增加的客户或者潜在客户，如微信公众号、抖音主播的粉丝，美团外卖平台的食客，滴滴打车的司机与乘客，以及蛋壳长租公寓的房东与租客等。流量思维的核心在于如何实现“流量变现”，即让流量发挥商业价值，为企业实现盈利。流量变现的方式有很多，最常规的方式是直接对客户进行推销，将潜在的流量客户转化为自己的存量客户，也有一些企业向流量客户推送金融理财产品和保险产品，或者将客户导流给其他企业，从中获取收益分成。

5. 移动支付应用

移动支付，其终端设备具有可移动性，目前主要是指智能手机等的支付功能和服务。移动端支付技术涵盖更为广泛，主要包括手机银行、某宝支付功能、近场通信技术等，其极大地促进了商品及服务的交易频率。

强调移动端的第三方支付，是因为该模式发展迅速，大数据应用性强，基于该种商业模式的税源税基更具监管的可能性。艾瑞网提供的数据显示，2015 年前三个季度，中国第三方移动支付市场的交易规模分别为 2 万亿元、2.3 万亿元、2.4 万亿元；同时上半年国内手机支付和手机网购用户规模则分别达到了 2.76 亿户和 2.7 亿户，同比增长 26.9% 和 14.5%。通过对商户和经营者个人的营业额的大数据监督，以及个人所得税的申报功能，大数据可以对税收监管的全程覆盖起到促进作用。近期，对一些直播平台的税收监督，就是大数据在此领域中的很好应用，很好地维护了社会公平。

### 8.1.4 数字经济催生数字治理

习近平总书记指出，随着互联网特别是移动互联网发展，社会治理模式正在从单向管理转向双向互动，从线下转向线上线下融合，从单纯的政府监管向更加注重社会协同治理转变。当代经济数据体量指数级增长、线上线下融合的特性，使传统治理机制难以适应新形势新需要，要求在协调机制、监督机制、保障机制、制度规范等方面突破原有框架，结合现实情境和新兴技术手段寻求治理模式的变革与创新。中国信息通信研究院将数字治理划分进数字经济“三化”框架之一，包括数字产业化、产业数字化和数字化治理。

我国的数字治理还处在起步阶段，实践先于理论的特征较为明显。

数字治理协同机制的建构。数字社会是一种生态系统，政府、平台、企业、居民、媒体等都是系统参与者，需要形成以国家治理为核心，行业自律、平台治理和社会监管广泛参与的立体化治理体系。当前数字治理面对很多问题，如运用互联网技术和信息化手段建立大数据分析和动态协同系统，共建数字治理沟通协调平台，搭建数字监管的风险预警体系、信息披露体系、大数据征信体系和社会评价体系，完善数据共享与安全保障机制，参与推动全球数字治理协同化体系的建构，以数字治理创新推动整体宏观经济治理体系升级等。这些问题既环环相扣，在落实举措上又需要立足整体顶层设计进行优先级排序，有效整合多主体力量协同推进。

推动新兴数字要素资源向数字价值的转化。随着 5G、人工智能、大数据、云计算等新兴技术应用的发展普及，整个社会走向全面互联，新型价值网络雏形隐现，整个社会逐渐演变成为一个以数据增值为核心的数字生态命运共同体。阿里研究院提出“智能经济”的概念，这与依赖价格信号的市场机制，以及依赖人为协调的企业机制有着显著差异。智能经济具有三个特征：其一，数据作为关键生产要素，“数据 + 算法 + 算力”的智能化决策、智能化运行，将更加依赖于数据的获取和处理。其二，人机协同成为主要生产和服务方式，这与工业时代“工人附属于机器”的情况截然不同。其三，经济价值的追求方向是满足海量消费者的个性化需求。智能经济将呈现全新的运行规律——以数据流动的自动化化解复杂系统的不确定性，实现资源优化配置，是支撑经济高质量发展的经济新形态。数据本身并不具有价值，而是通过有效治理使无序数据关联化、隐形数据显性化，挖掘数据背后隐藏的信息、激活数据使其动态化才能产生价值。当前，新兴数字要素资源大规模扩散的条件尚未成熟，对于各种创新要素之间，尤其是大数据作为新兴要素与传统要素之间的协同作用探讨深度不足，理论研究和体系搭建远远落后于现实经济发展速度。数字经济在快速发展过程中暴露出诸多亟待解决的问题，如在横向上存在数据部门化、碎片化、单一化现象；在数据汇集、分析以及共享应用等方面不乏潜在的风险隐患，如数据泄露、篡改以及倒买倒卖数据等不良行为。如何推动新兴数字要素资源向数字价值的有效转化并防范其负面效应，是在数字治理过程中要长期面对并伴随技术迭代历久弥新的一个命题。

防范和化解经济社会数字化转型进程中的风险隐患。大数据时代，整个社会的数据量呈指数级增长，数据存储技术也在持续迭代。在云端集中管理、挖掘和精准匹配分发数据，是大势所趋。一方面是大数据的经济价值和社会价值不断彰显，数字资产日益成为社会资产构成中的重要组成部分。另一方面，新技术应用过程中暴露出各种风险隐患，在利益驱动之下一些企业和个人数据被恶意泄露或买卖，相关法律法规体系欠缺，对风险因素识别不够、风险预警机制缺失、风险评估体系不完善、风险后果预判及预案不足等，都会影响数字治理的效率提升与效能发挥。

关于数字治理过程中面临的风险问题，学者对于项目风险的评估要多于研究协同治理整体风险的评估。现有研究大多数是从利益相关方个体视角出发，较少对治理风险问题进行深入探讨，风险评价指标难以拓展运用于其他使用对象。未来需要以单个项目的治理风险评价理论积累为基础，构建基于数字协同治理整体格局的风险评价体系，强化风险处置决策机制，提高对新兴领域潜在风险的感知敏锐度和突发情况应急处置能力，以公共管理和决策工具体系的完善来缩短风险监测信息反馈周期。

### 8.1.5 当前数字治理涉及的五大关键领域

1. 数字国家治理

国家必然是数字治理的权力中心，拥有对主权范围内所有数据体系的管理权，通过大数据驱动国家治理进一步发展，使政府管理更高效、决策更科学、服务更精准。在国家整体数字治理优化层面，需要完善数字领域法律法规体系，规范和深化政务信息公开，以社会需求为导向破解当前广泛存在的数据孤岛化、信息碎片化、应用条块化、服务割裂化等问题，提升在线公共服务的规模与质量，切实保障社会信息安全与公民数据隐私。需要准确把握好政府引导和市场主导的关系、技术扩散与实体经济的关系、创新发展与融合监管的关系、国内发展与国际发展的关系，让政策设计最大程度地与政策土壤协同起来。在政策创新和监管优化层面，除出台《网络安全法》外，我国尚缺乏更加广泛涵盖网络安全、审慎监管、数据资源共享、个人信息保护等全方位适应数字经济发展的法律法规体系。数字经济高速发展与产业生态持续演变的特性，给立法时机的选择、立法策略的设定和立法框架的形成等诸多关键决策领域带来了一系列挑战。

2. 数字社会治理

当代中国政府治理能力不断提高，但社会力量发育程度依然弱小，发展进程相对缓慢，政府仍然是多个治理层级的主导力量和有效治理的关键因素。如何在政府引导、社会力量参与、专业化社会工作者操作、公众监督、法律保障的原则下，建立健全数字化时代社会治理领域的各种利益协调机制、诉求表达机制、权益保障机制、矛盾调处机制等，保障社会的常态化运行是我们面临的巨大挑战。在构建数字社会治理体系过程中，需要充分关注新的技术基础、经济基础和社会基础承载的新特征。传统产业主体和新兴数字经济运营主体之间的资源争夺和利益博弈日趋激烈，采用数字技术为传统产业提质增效过程中，会触动大量既得利益。这就要充分发挥不同层级、不同能级多元主体的积极作用，充分考虑不同治理主体的利益、价值偏好和资源影响力，站在国家战略高度妥善协调各方利益。无论何时，以人为本始终是数字社会治理的落脚点。

3. 数字城市治理

迄今为止，数字城市还是一个正在发展和演变的概念。从信息化广义角度看，数字化城市是借助一整套空间化、网络化、智能化和可视化的技术系统来支撑实体城市在数字世界的信息化映射，实现城市管理过程数字化、管控手段数字化、管理绩效评估数字化。这不仅涉及新兴技术手段的采纳，也涉及城市管理体制和运行机制的整体变革。在此基础上“数字孪生城市”（Digital Twin City）的概念应运而生。数字孪生城市意味着在网络空间构建一个与真实、物理城市相对应的数字城市，这是城市数字治理现代化的必经之路。

4. 数字经济治理

中国信息通信研究院数据显示，2018 年我国数字经济规模达到 31.29 万亿元，占 GDP 比重超 33%，同比增长 1.9 个百分点；2018 年数字经济发展对 GDP 增长的贡献率达到 67.9%，超越部分发达国家水平，成为带动国民经济发展的关键力量。数字经济运行逻辑与传统经济呈现出较大差别，创新资源的流动性、可用性和创新主体间的相互依赖性都大大提升，创新复杂性和不确定性也会越来越高，给监管和治理带来新的挑战。数字经济治理优化与政策创新，既需要系统思维，又需要根据国情现实，立足全球视野下我国数字经济当下的历史方位，找准重点领域、突破口与着力点。

5. 数字文化治理与舆情治理

数字文化治理包含两个维度。从宏观层面看，经济社会的数字化转型和创新必须有与之相适应的文化价值引领和监管体系。从意识形态层面看，数字文化的治理与现代舆情治理息息相关。在泛娱乐时代，社会公众的情绪表达和思潮扩散形式更加多元化和隐蔽化。利用新兴数字技术手段可以让舆情监测与研判超越简单的内容分析层面，从社会话语表达、社会关系呈现、社会心理描绘、社会诉求预测等角度对社会舆情进行多维透视，寻求民生关切、社会需求与政府决策的结合点和社会各方利益的最大公约数，积极挖掘社会舆论对社会治理的良性推动力量，推动数字中国的“治道变革”。

## 8.2 数字经济给企业发展带来的机遇和挑战

数字经济是引领绿色低碳可持续发展，推动经济发展质量变革、效率变革、动力变革的关键力量，对我国在新的历史机遇期重塑国际竞争力具有重要战略意义。近两年，数字经济所形成的新业态正从不同层面上改变着人们的生产和生活，也润物无声地影响着企业的发展进程。从总体看，数字经济给企业带来的影响是双重的。一方面，数字经济的快速发展给中小企业带来了许多新的机遇。随着数字经济产业的不断向前推进，许多新技术也加快被应用于交通、医疗、物流等行业的发展过程中。对于从事相应服务的企业来说，为不断改进服务质量、提升服务水平，就必须与时俱进地学习和运用新技术，这对于企业加快实现数字化、智能化转型而言意义重大。另一方面，数字经济发展也使企业面临许多前所未有的挑战。对于规模大、盈利能力强的大企业来说，其综合竞争力和抗风险能力与中小企业相比都更强，而中小企业在业务开展过程中则比较容易出现资金周转困难、自主创新能力薄弱等问题。

## 8.2.1 数字经济给企业带来的机遇

1. 多技术交替的数字经济推动了平台经济更深层次的商业运用

人工智能、区块链、云计算、大数据等先进技术的应用不断融合，群体性、链条化、跨领域创新成果屡见不鲜，颠覆性、革命性创新与迭代式、渐进式创新相并行。云计算积累的大量数据给机器提供了学习素材，机器通过算法分析数据，并自动归纳总结成模型，最后使用模型做出推断或预测，以哺育人工智能学习，而深度学习是AI技术应用于现实的基础，数据越充足、计算能力越快，得出的结果就越准确。这些技术在商业领域的快速应用，极大提高了资源配置效率，促进范围经济、长尾经济和规模经济的融合，加速消费互联网向产业互联网转变，对传统企业核心价值理念（以客户为中心的理念建立），内部产品服务，组织架构，生产方式，技术支撑，渠道、流程，价值实现方式，都提出挑战，也带来机遇。

2. 数字经济的快速发展，使市场规模优势得到释放

相关研究显示，随着我国数字经济研究的不断深化和研究投入的不断加大，到2020年中国数字经济总规模近39.2万亿元，同比增加3.3万亿元，规模排名全球第2位。另外，中国有着巨大的市场优势，超过9亿网民和接近2亿5G用户带来海量数据，为数字生产提供了更广更优质的生产要素，4亿中等收入消费者更能够为数字技术下的产品提供消费渠道，海量数据创造出的新需求进一步刺激了消费，推动了国内经济的循环。另外，直播带货更是极大地改变了人们的消费方式。在数字经济蓬勃发展背景下，自2019年（“电商直播元年”）以来，网络直播带货销售量猛增。2020年中国直播电商市场规模达近1.3万亿元，年增长率为189.57%，2021年达2.35万亿元。

如今，直播带货已经普及到各个直播平台，俨然成为许多人娱乐消遣、线上购物的重要途径，其在改变人们日常生活的同时也正强势助力社会经济的发展。企业所面对的市场不再囿于某个或某几个地区，而是面向全球性的市场，这为企业提供了更广阔的舞台。

3. 新技术的应用能很好地实现企业管理成本的集约化管理，提高企业管理效能

随着以5G为代表的新一代数字技术与实体经济的深度融合，全面深化研发、生产、经营、管理、服务等环节的数字化技术应用，助力传统企业网络化、数字化和智能化转型，实现企业降本增效减排。首先，企业管理运营方式更加多样化，企业能够实现更加灵活多样的办公方式，移动办公、异地远程办公、网络会议等方式可以使企业能够大力开拓更广阔的市场，并节省更多日常行政管理成本。其次，组织结构更趋扁平化，管理层级进一步变少。在数字经济背景下，企业的组织结构由高耸型进一步向扁平化转变，企业信息的传递和信息的反馈路径更短更畅通，能够避免层级繁复造成的信息失真和扭曲，使企业信息传递的清晰度有所提高。最后，企业研发、试制、生产、销售和售后各环节之间实现了无缝衔接，这样企业能够大幅度降低沟通与协调的管理成本以及因信息传递障碍造成的资源浪费。

### 8.2.2 数字经济给企业带来的挑战

1. 传统企业向数字经济转型面临困难

随着新的科学技术的应用，数字经济使得企业能够更加精准地提升企业的各项服务。这对企业提供服务的内容和方式提出了新的要求，迫切需要传统企业向数字化转型，但是有的研究机构指出，传统企业数字化转型从目前的情况看成功率不高，据估计不足三成。数字经济使企业的生存环境变得更加变幻莫测。作为传统经济与现代经济的分水岭，数字经济正在成为“破”与“立”更替和变换的推手。一方面，传统企业面临被淘汰、被替代的风险。大数据分析、云计算等技术手段的应用，能够提供甚至优于传统经济中企业提供的商品和服务，这使传统企业面临艰巨的挑战。从当前来看，传统

实体商超正呈现出消费额大幅下降的态势，从长远来看咨询业、信息服务业等相关服务性企业也都存在被淘汰的风险。另一方面，我国是传统制造业大国，现行的制度规则带有浓厚的工业经济色彩，很难满足数字经济时代跨界融合新产业新业态新模式的发展要求。就数据价值化而言，关于数据披露、确权、交易的规则设计还处于探索起步阶段，监督管理的政策体系远未建立，导致数据流通交易缺乏统一的标准规范，数据权属特别是企业数据权属界定缺乏法律法规支撑，数据共享流通程度受到局限，既造成了巨大的财力物力浪费，又加剧了统一标准的制定难度，使得数字经济领域的竞争加剧。如导航、无人驾驶等的竞争。

2. 个人数据的隐私保护问题

数字经济时代，随着数字技术渗透到各个方面，人们享受着数字技术带来的便利，同时由于技术发展的周期限制，也面临个人隐私数据被泄露的挑战。2013年的"斯诺登事件"给全世界敲响了信息安全的警钟，也让人们更进一步认识到网络信息安全所面临的严峻考验，它不仅涉及个人消费者的隐私及安全，更涉及国民经济、技术、知识产权的安全。在数字经济中，数字成为新的生产要素，具有生产价值，是人们享受技术、生产和生活便利的基础。企业在使用数据的同时亦产生了海量的个人信息，个人信息直接关系着消费者生活和工作风险，若被非法使用会给消费者造成不可估量的损失。因此，信息的安全和隐私权的保护对企业提出了新的要求。企业要对相关信息进行妥善保管、保护和维护，确保企业所掌握信息不泄露、不滥用和不被非法获取。

3. 人工智能挑战企业传统管理原则

在过去的数年间，人工智能技术在经济、医疗、教育、交通、服务等领域取得了快速发展和广泛应用，而相关的伦理问题也愈发得到重视和关注。人工智能（AI）是指"显示智能行为的系统"，它可以分析环境，并行使一定的自主权来执行任务。随着人工智能在企业中的普及和应用，企业管理效率大幅提升，如果企业内部管理制度滞后，一味通过管理手段智能化追求管理效率的提升，这并不符合管理伦理的要求。所以，实施管理手段的智能化，企业管理者必须了解哪些技术执行哪些类型的任务、每种技术的优势和局限性，以及可能带来的管理伦理问题（Davenport and Ronanki，2018）。管理人性化、制度严格化和手段智能化三者如何共存并有机融合，是每个企业和每个管理者面临的挑战。

4. 数字信息对企业决策是把"双刃剑"

市场的特点是，市场主体对外部事件反应敏感，市场行为波动比较大，根据SWOT原理，企业需要灵活应对。数字经济中，市场信息传递以几何级的速度传播，受众范围比传统市场的信息传播要大数倍，承载了过量信息的市场反过来会使市场环境变化莫测，这对企业的反应能力、辨别能力和信息可获得能力都提出更高的要求。首先，丰富的信息使得企业管理者在决策时由于掌握的信息比较全面，信息相对比较对称，决策质量、速度和效果相对较好。其次，企业经营中如果产生负面信息，其传播速度同样更快，这对企业形象的树立与维护提出了新的要求。不同于传统渠道的一点对多点式信息传播模式，互联网的信息传播具有多点、多角度、多维度联结的特点，使负面信息传播的速度和影响范围远超从前。这对企业的应对能力提出更高要求。最后，过量的信息传播会增加企业对有效信息的获取成本，包括资本成本和时间成本，也可能会因不真实的信息造成企业决策的错误，导致错失发展机遇。

## 8.3 数字经济背景下企业伦理失范行为

在数字经济时代，每个企业、消费者个人都是一个数据源，不断产生各种各样的数据——交易数据、消费数据、社交数据等，企业的运营、人们的各种行为都被数字化，成为市场上一种新的重要资源。随着大数据的融入，传统商业伦理问题的呈现方式、影响程度、应对路径等方面变得更加复杂、激烈，且不确定性更高。下面梳理了数字经济背景下几大典型的企业伦理行为问题：

### 8.3.1 数字企业的产品搭售定价问题

搭售定价是指卖方在销售或提供某种商品或服务时，要求买方除购买该商品或服务的同时，还要购买另一种商品或服务。在此情况下，前一种商品或服务被称为结卖品，后者被称为搭售品。

数字企业的搭售定价问题对企业、产业和消费者福利都有很大的影响。尤其是现在市场上存在的强制或隐形搭售定价模式，企业强制消费者在购买某商品的同时搭售消费者可能完全不需要的另一商品，且明确消费者不能单独购买该商品，或隐藏搭售定价行为，引导消费者购买某商品，但不直接提示消费者该商品定价包含另一搭售商品。对数字企业来讲，搭售定价可以提高企业利润和市场占有率。但是对产业发展来讲，数字企业的搭售定价可能影响数据行业的市场竞争，尤其是对中小企业来讲，这样做侵蚀了市场份额，涉嫌不规范竞争，并且使价格运行被人为操纵，无法成为市场竞争和资源配置的有效信息，进而它会直接影响数字产业的市场效率。对消费者来讲，一方面，搭售定价可能迫使消费者购买不需要的商品和服务，造成了不必要的支出，尤其是在消费者不知情的情况下，严重侵犯了消费者权益；另一方面，数字企业具有一定的特殊性，数据传输、存储、处理等环节均涉及一些技术壁垒，不同厂商商品和服务的集成可能导致效率下降和不兼容的问题，整体上降低了市场的资源利用效率。

### 8.3.2 数据驱动型企业滥用市场支配地位

数据驱动（data - driven）从广义上讲，是通过获取、分析和应用企业内外部数据进行决策的过程。无论是新兴的互联网公司还是传统制造型企业，都开始意识到数据的重要性，并尝试利用数据发掘商业价值。具体来讲，数据驱动是指通过先进的 IT 技术和人工智能技术对企业的数据资产进行有效和充分的利用，其目的是从数据中获得有价值的“洞见”，以指导企业做出更加科学的决策和更加有效的行动。据此诞生了“数据驱动型企业

(组织)”，其具体有以下三个特点：①数据资产化：将数据视为企业资产，最大程度上利用数据的价值，关注数据的安全性、完整性、关联性以及数据质量；②数据驱动决策：以数据为基础，通过高质量的数据分析驱动业务决策；③数据驱动创新：以知识为起点，通过认知智能实现智能化创新。

数字经济时代下，对数字驱动型企业而言，企业收集、融合数据在一定程度上是其企业运营所必需的，但跨越这条边界就会构成市场支配地位。较为典型的案例是2017年德国联邦卡特尔局的Facebook案。

Facebook（脸书）是全球运营社交网络的知名企业，开发和运行各种数字产品、在线服务和智能手机APP，其核心产品是社交网络Facebook. com。Facebook在德国从2008年运行至今，其用户一直不断攀升，成为德国社交网络市场的主流企业。Facebook是典型的依赖数据收集利用作为主要业务模式的企业。使用Facebook. com社交网络的前提是用户在注册时同意其提出的服务条款，因此用户不得不签订合同、同意该服务条款。根据服务条款规定，Facebook不仅可以收集各种用户数据，还可以通过诸如Instagram之类的商业服务收集用户数据。2016年3月，德国联邦卡特尔局对Facebook展开调查，分析Facebook在数据收集、融合过程中是否构成了滥用市场支配地位。2019年2月6日，德国联邦卡特尔局公布了其对Facebook数据收集行为为期三年的调查结果，认定Facebook在个人用户数据的收集、整合和使用等方面滥用市场支配地位，构成剥夺性滥用行为，构成了滥用市场支配地位。

### 8.3.3 平台经济的税收征管问题

数字经济新商业模式的兴起促生了当前的平台经济经营范式。平台经济是基于互联网、云计算、大数据、区块链等新一代信息技术，通过提供虚拟或真实的交易平台，促成双方或多方供求之间信息分享并达成交易的一种数字经济形态。在这样的经济经营范式下，批量的、大交易额的交易被众多小额、零散化的碎片交易所替代，税务管理机关面对巨量的零星交易过程难以适时追踪，这给纳税时间的确定、纳税期限的管理和纳税地点的确定都带来了很大的干扰，由此就产生了一些平台企业逃税、漏税或不主动配合税务监管等伦理失范行为。其背后折射出的是平台经济税收监管的复杂性问题。

第一，平台经济中纳税主体确认难度加大。纳税人是税收法律关系两大主体之一，是直接负有纳税义务的单位和个人。任何一个税种首先要解决的就是对谁征税的问题。平台经济的发展和应用减少了中间环节，数量庞大的自由职业者和个体经营户等市场微观主体成为平台经济的主要参与者。税务机关要获取这些参与者的有效信息，并进行纳税人的身份认定，变得异常复杂。平台经济由于是网络虚拟环境，没有地域的限制，就有了无限的扩展空间，平台集聚了几何级增长的货物或服务提供者。由于这些参与者仅需要在相关平台进行简单注册，即可成为平台经济货物或服务的提供商，大都没有办理工商税务登记，这样就加大了税务机关获得此类信息的困难，影响了税收的征管。近期披露的一些直播带货主播通过隐藏个人收入等方式偷逃税款就是对这一问题的最好诠释。

第二，征税业务和税收政策实施不确定性增大。随着平台经济的快速发展，新的商务模式、经济业态不断涌现，在此过程中传统的行业划分边界日渐模糊。比如，平台经济把有形的商品和服务数字化销售，这就使得商品、劳务等变得难以区分，发生销售业务后，同样一笔业务，税征部门和实际销售部门就会因理解的不同，产生歧义。比如，搬家平台企业，他们本身并没有具体的运输车辆，最终完成顾客搬家任务的是车辆拥有者和他们的雇员，对他们的税收征管就存在着歧义，需要政府主管部门出台相关文件明确后，才可得以解决。

第三，平台经济经营主体纳税地不易确定。现行税制对纳税地点的规定主要是以属地原则为主。企业所得税的纳税地点的规定是：①企业除税收法律、行政法规另有规定外，居民企业以企业登记注册地为纳税地点；但登记注册地在境外的，以实际管理机构所在地为纳税地点。企业注册登记地是指企业依照国家有关规定登记注册的住所地。②居民企业在中国境内设立不具有法人资格的营业机构的，应当汇总计算并缴纳企业所得税。企业汇总计算并缴纳企业所得税时，应当统一核算应纳税所得额，具体办法由国务院财政、税务主管部门另行制定。③非居民企业在中国境内设立机构、场所的，应当就其所设机构、场所取得的来源于中国境内的所得，以及发生在中国境外但与其所设机构、场所有实际联系的所得，以机构、场所所在地为纳税地点。非居民企业在中国境内设立两个或者两个以上机构、场所的，经税务机关审核批准，可以选择由其主要机构、场所汇总缴纳企业所得税。非居民企业经批准汇总缴纳企业所得税后，需要增设、合并、迁移、关闭机构、场所或者停止机构、场所业务的，应当事先由负责汇总申报缴纳企业所得税的主要机构、场所向其所在地税务机关报告；需要变更汇总缴纳企业所得税的主要机构、场所的，依照前款规定办理。④非居民企业在中国境内未设立机构、场所的，或者虽设立机构、场所，但取得的所得与其所设机构、场所没有实际联系的，以扣缴义务人所在地为纳税地点。⑤除国务院另有规定外，企业之间不得合并缴纳企业所得税。入驻平台的任何一家企业都可以在全球任何地点进行经营活动，平台上的大多数商家工商税务登记不完备，使得平台企业所在地税务机关和平台商家所在地税务机关难以有效监控商家经营行为，造成纳税地点难以确定，而且，平台经济的收入来自不同的地域，平台企业所在地和纳税义务发生地的税务机构对税收管辖权就会有歧义，进而使税收征管陷入复杂的境地，易重复征收或漏征，增大了税收流失的风险。

第四，发票管理难度大。平台经济的迅速发展，衍生了很多新型的平台经济模式。在这些新型的平台经济运营模式下，平台企业承接业务（大多为企业的业务）后，再将业务转委托给平台上海量的个体会员，业务完成后，平台企业收取价款并开具增值税专用发票，形成平台企业收入，同时，平台企业向个体会员支付价款，往往不能取得发票作为成本列支。这一新型的经济模式在促进地方经济发展的同时，也大大增加了发票虚开的风险。此类情况的发生与数字经济的快速发展和企业盈利模式的创新密切关联，这种情况的出现不仅扰乱了国家对增值税专用发票的管理秩序，更干扰了正常的经济秩序，给国家经济的健康发展带来了很大的负面影响。

### 8.3.4 企业的数据泄露和消费者个人隐私问题

数字经济时代，新的信息技术应用主要体现在信息通信技术与交通、金融、医疗等领域融合所产生的新的互联网应用、平台和场景互联的元宇宙概念，如自动驾驶、网络约租车、智能投递、虚拟社区等。计算机信息技术给企业大数据和消费者大数据的收集、储存、归类、处理及分享创造了更加便捷和灵活的方式，企业的管理决策、问题的发现与分析、管理模型的构建等企业日常管理问题基本上都需要借助大数据分析来实现，大数据在社会、经济各个领域得到广泛应用，其在极大地提升了企业和社会管理层面的工作效率的同时，也给计算机网络信息安全的防护和管理带来了挑战。首先，垂直行业线下管理机制自成体系，不同部门各司其职，在互联网引入后，部门间的监管职责边界变得有交叉，符合新情况的监管体制框架尚未形成，新业务的安全监管隐患大增，在监管职责交叉领域一些不良竞争对手趁机违规操作；其次，数字化生活、智慧城市、工业大数据等新技术、新业务、新领域创造出纷繁多样的数据应用场景，使得数据安全保护具体情境更为复杂；最后，数字经济时代，企业安全与隐私保护的责任进一步增大，大数据形势下，近期各类隐私泄露事件时有发生。据英国科技研究机构报道，Facebook公司于2019年再度出现数据泄露问题，超过2.67亿用户数据被泄露，任何人都可以直接访问该数据库。这反映出了互联网平台企业在确保数据多渠道流通的同时，需要更加注重保证数据的机密性、完整性和可用性，保护企业商业秘密和消费者的个人隐私已成为监管部门的重要工作。

### 8.3.5 电商平台的虚假欺骗行为

1. 刷单行为盛行

随着电商行业的蓬勃发展和竞争日益激烈，商家之间的竞争也从“商品竞争”升级为“品牌竞争”和“口碑竞争”，催生了以刷单为代表的一系列不规范的商业经营行为。所谓刷单，指的是电商经营者有偿聘请“刷客”假扮买家进行虚假网上交易，并填写虚假的网络好评，以提高电商商家的排名、销量和美誉度，达到吸引真实买家下单的目的。在对消费者移动端购买决策及影响因素的问卷调查中发现，有相当一部分电商认同通过刷单可以达到提升信誉，进而带动销量的做法。刷单已经形成了一整套非常完备的灰色产业链。

2. 电商平台存在的侵害消费者权益的情况比较突出

2022 年"3·15 国际消费者权益日",人民网旗下消费者维权投诉平台"人民投诉"公布的数据显示,2021 年消费者维权投诉共 2.6 万余例,其中电商领域投诉占比居最高位,达 40.62%,其后分别为房产领域和生活领域,均为 23.3%。数据显示,电商投诉关键词包括"质量问题""商家跑路""宣传套路多""退款维权难"等。而在知名消费者服务中心"黑猫投诉"官网可见,商家投诉榜前三位均为电商平台,分别为拼多多 443555 次、淘宝 314511 次、京东 263174 次,前十位中电商平台高达七家,可见电商领域实为消费者权益受损痛点之所在。

其存在的主要问题是:首先,虚假宣传,眼花缭乱。某头部带货主播曾于 2019 年售卖一款声称"来自阳澄湖"的大闸蟹,后被网友发现其并非阳澄湖所产。为了激发直播间观众的购买欲望,直播带货的商家往往在商品销售额、好评率等消费者重点关注的数据上加以修饰,甚至不惜标注虚假的销售量、刷好评、请"水军"来误导消费者。更有主播为吸引眼球、刺激购买,故意夸大产品功能,宣称价格"全网最低"等,严重侵犯了消费者的知情权。

其次,产品质劣,以次充好。据中消协 2020 年 3 月公布的《直播电商购物消费者满意度在线调查报告》显示,近四成消费者在网络购物中遇到过产品质量问题。网络直播带货是劣质产品的重灾区,有网友戏称"好货不用带,带的没好货",许多带货主播售卖假冒伪劣商品、三无产品的新闻已屡见不鲜。假冒伪劣商品为何泛滥成灾?除去主播、委托商家及平台对高额经济利益的追求,相关监管力度不强、惩罚力度较小也是主播存有侥幸心理的重要原因之一。

最后,售后不力,维权无路。消费者进行网购的两大主要顾虑是对商品质量和售后服务的担忧。由于存在冲动消费、受主播虚假宣传影响等原因,直播带货的退货率极高。据《2020 年中国直播电商行业研究报告》显示,网络直播带货的退货率甚至高达 40%—60%。然而,在如此高的退货率下,消费者的售后服务并非一帆风顺,退货难、维权难是许多消费者都曾遇到的难题。根据北京阳光消费大数据研究院对 2021 年全年 12 万余条网络舆情的整理与分析，近三成的直播带货消费舆情都与维权有关，维护消费者合法权益势在必行。

## 8.4 数字经济下企业伦理的新趋势

在新经济时代，数字经济正快步走进我们的社会和生活，数字经济在重构企业商业模式的同时也将重塑企业的管理范式，由此渗透到企业伦理管理工作的方方面面。数字经济技术不仅使企业社会责任变得更加重要和迅捷，也使企业履行社会责任的行为和结果更易为利益相关者和社会大众所了解和社会传播，数字化变革和企业数字化转型，使得企业的社会责任管理创新出现了新的浪潮，企业伦理管理与发展也出现了新的趋势。

### 8.4.1 树立数字经济协同治理的伦理观念

企业是数字经济协同治理的重要主体。企业作为在数字经济活动中扮演着主要角色的经济组织，对数字经济治理起着非常重要的作用。在传统经济时代，政府对经济事务的管理权限比较具体，政府各部门管理职责比较清楚，企业从成立到运行、从注册资本金到运营资金再到利润情况、从招聘员工到社会保障等，都需要向政府备案或报告，政府对注册的企业运行数据和辖区内的企业情况比较了解。在此类经济管理模式下，政府自然而然成为市场的主要监管者。但在数字经济时代，由于技术和数据掌握在企业手中，且技术手段更新很快，数据也在每时每刻发生变化，再加上数字经济具有天然的技术壁垒，没有技术性授权的情况下，其他主体很难得到企业最新数据；而且即使获得技术性授权，如果不是专业机构，也很难分析并获取到有价值的信息。这就给政府监管带来技术性障碍和复杂性，在海量数据面前政府的监管能力就面临着巨大挑战和新的监管难题。从新的世界范围和行政管理体制发展趋势看，放松政府规制、加强社会共治已经成为国际社会和政府治理理论发展的共识。因此，在转变政府职能时，政府需要做好信息对接服务，为信息的共享和交流搭建一个可信度高的专门平台，应当尽可能地为企业的合法权益提供保障，积极地优化营商环境。政企共建的目标是达成政府与企业共建共赢共享的局面，这就需要企业对投资项目有一个比较全面的理解以及自我定位，需要企业自我激发出社会责任感，社会责任意识可以通过企业员工培训、企业党建等方式实现强化。强化企业的协同治理作用、明确企业的治理职责已经成为数字经济协同治理的必然趋势。

### 8.4.2 企业社会责任管理与时俱进

1. 从“非数字化”转向“数字化”

数字经济（广义）是今后的发展方向，以互联网为代表的“新技术群”的涌现，倒逼整个社会实行数字化大转型，信息化、数字化、智能化、网络化等元素全面融入企业创新发展的全过程，形成“机在干，网在看，云在算”。未来趋势已经呈现：一是线上替代线下，字节取代实体（“去物质化”），机器替代人工，数据驱动决策，软件取代职能，虚拟空间替代物理空间，企业内部去中间化，外部市场去中介化等；二是数字经济（狭义）、智能经济、尾部经济、体验经济、共享经济、零工经济、全时经济、空间经济、平台经济、生态经济等新形态日益成长，这些都在倒逼中国企业加快领会数字经济时代创新发展的全新理念。大数据使管理科学真正进入到了可量化的科学发展阶段，也将推动企业社会责任建设。责任管理在“目标—措施—结果”全流程上趋向数字化，并据此进一步修正社会责任管理目标，形成“目标制定—管理实践—目标优化”的良性循环，从而有助于企业社会责任实践的可持续。

2. 企业从“承担社会责任”转向“经营社会责任”

“承担”和“经营”含义绝对不同，承担社会责任是企业管理的重要方面，但其目标仍然是把获取最大利润作为企业终极追求；经营社会责任则是把解决社会问题作为企业伟大使命，企业主动选择把社会责任理念融入其过程的方方面面，利润只是其经营社会责任的“副产品”，即跳出利润谈利润。

承担社会责任是被动选择，将成本与资本分离，认为承担社会责任只会带来成本而无资本，将社会责任视作影响企业营利的负担；经营社会责任则是主动选择，它把社会责任视作一种财富，是把今天的成本变成明天的资本，这里将成本和资本相融合、相统一，是理念上的重大变化。一些企业通过经营社会责任，获取了发展所需的重要资源，扩大了产品的市场，获得了利益相关者的深度信赖。经营社会责任摆脱了以往被动承担社会责任的局限，这是企业反哺社会，将有形资产转化为无形资产并将无形资产再转化为有形资产的过程，以此循环往复，这是保障企业安全发展、永续发展的战略性制度安排。

### 8.4.3 企业伦理管理由“CSR”迈向“ESG”

当今世界，任何企业都无法回避环境（E）、社会（S）和治理（G）的责任。在这种背景下，股东利润最大化的传统企业伦理已经无法适应时代要求。为此，哈佛大学经济学教授、2016年诺贝尔经济学奖获得者哈特教授提出，应该用“股东福利最大化”标准取代“股东价值最大化”标准。这可能昭示了今后公司治理的重大转变。

ESG是英文Environmental（环境）、Social（社会）和Governance（公司治理）的缩写，基于ESG评价投资者可以通过观测企业ESG绩效、评估其投资行为和企业投资对象在促进经济可持续发展、履行社会责任等方面的贡献。对于正逐步兑现ESG相关承诺的企业而言，实行董事会问责制至关重要。问责制能够帮助企业回应投资者对公司董事会履行其在可持续发展事务上监督及管理责任的需求，推动企业稳健管治，并在企业可持续发展目标实现过程中发挥关键作用。目前，投资者十分需要更一致、更具有可比性与可靠性的ESG信息披露。因此，企业应紧随可持续发展趋势，领先于即将出台的全球报告标准，稳步提升ESG数据透明度，从而满足投资者的高需求。

### 8.4.4 重塑“互联网+”共享经济时代企业伦理道德

新时代数字经济快速发展，为实现社会效益和经济效益的最大化，可以依托现代互联网技术，共享经济通过闲置资源的共享，与有短期使用需求的用户进行匹配，例如，共享单车、共享充电和共享雨伞等。一方面，使用者通过较低的价格享有相应的服务；另一方面，占有资源的企业通过提供闲置资源给有需要的用户，通过共享获得经济效益，实现双赢。然而随着共享经济的不断发展，由于行业准入的门槛低，造成了供需混乱，打破了原有的经济结构。此外，完善的行业规范和标准尚未建立，引发了一系列的非法行为，对市场经济秩序造成了极大的损害。市场经济从根本上讲是法治经济，诚信经济。共享经济要实现企业的“互联网+”可持续发展，就需诚实守信、公平公正、多赢共享，维护公平竞争、重视诚信、保障公众权益是企业的道德责任。企业须在社会主义核心价值观引领下，构建数字经济体系下的企业伦理规则新体系。

# 第9章

# 结论与展望

## 9.1 主要结论

企业伦理的核心是协调利益相关者的关系，价值关系是利益相关者关系的核心。经过分析可以看出，企业伦理发展到今天，已经由单一的企业内外部关系的管理转向企业的价值关系，由产权管理演进为价值关系的管理。在一般产权关系管理理论下，企业强调股东利益最大化，内因决定外因，符合一般的哲学原理；在社会主义核心价值观下，企业强调社会价值关系的管理，核心价值管理是其管理决策的核心；企业须顺应国家宏观政策、社会生态变化和经济的要求，按照社会成员的规则来规范自己的经营行为，以诚信为本，融入社会主义核心价值体系，在各种利益相关者的协同作用下生存和发展。即在价值观指导下，外联内治，外因决定内因，这在形式上违反了一般的哲学原理，但却是社会、经济管理中的现实。

在基于社会主义核心价值观的企业伦理运营管理中，国家层面价值观、社会层面价值观、个人层面价值观是三大基本价值观，是企业伦理运营管理的基础。每个层面价值观的协调基点都有所不同：国家层面主要围绕企业如何协调、处理好企业发展与国家宏观发展的长期发展的利益关系，建立和维护企业新价值体系，不断形成新的价值资源，为企业的生存和发展构建经济平台；社会层面主要围绕企业构建“自由、平等、公正、法治”的美好社会，坚持以人为本，尊重员工和消费者的主体地位，关注他们的利益诉求和价值愿望，协调企业与各利益相关者的利益关系，努力使企业成为“Key stone”，树立优秀的社会形象，以此改善企业的社会生态环境；个人层面主要围绕提升民族和人民的精神境界、建设民族精神家园，以振奋起人们的精气神、增强全民族的精神纽带为中心，企业利用“粘致效应”，构建企业—顾客诚信高地，形成好人好报、恩将德报的正向效应，培植企业忠诚的消费者群，提升公司的非财务指标的吸引力，建立自己的“常青基业”。通过社会主义核心价值观的企业伦理运营与管理，实现企业效益和社会的效益的最大化，为中华民族的伟大复兴贡献力量。

## 9.2 应用前景

本书综合运用规范分析方法和实证分析方法研究基于社会主义核心价值观的企业伦理问题，得出的结论在理论和实践上的应用前景可以概括如下：

从理论应用看，基于社会主义核心价值观的企业伦理理论的分析，是将社会主义核心价值观的三个层面：国家层面、社会层面与个人层面作为研究出发点，借此讨论了基于不同层面的企业伦理的管理机制，详细阐述了有关企业伦理的运行管理、社会主义核心价值观对企业伦理的影响、社会主义核心价值观的概念与分类、基于此理论进行的企业层面的实证分析以及数字经济环境下企业伦理发展的新趋势，从而建立了一个基于社会主义核心价值观的企业伦理分析框架。这个理论分析框架下的企业伦理治理是超越一般产权关系的，其本质是以社会主义核心价值观理论为基础的新型企业价值观的运营与管理，相比于“股东至上”的委托—代理理论与“共同治理”的利益相关者理论有价值管理方面的进步，对完善企业伦理理论和公司治理理论具有较重要的理论价值。

从实践应用看，本书的研究过程和研究结论可以应用于今后公司的企业伦理建设，并可为有关部门制定政策和措施提供借鉴。美籍华人学者成中英教授把企业伦理定义为“任何商业团体或机构以合法手段从事营利时所遵守的伦理规则”，通俗来讲，企业伦理是指企业作为市场主体，在经营发展过程中，在处理与员工、股东、竞争者、政府、社会和生态环境等利益相关者的关系时所遵循的道德规范、伦理原则和实践行为的总和。可以看到，改革开放以来，中国经济快速发展，从原来的计划经济体制转变为社会主义市场经济体制，从原来落后的农业大国一跃成为世界第二大经济体，国家的强盛离不开经济的繁荣，而经济的繁荣离不开企业的活力。我们在看到经济快速发展所带来的繁荣景象时，各种企业丑闻也不绝于耳。“三鹿毒奶粉”“长春长生假疫苗事件”“滴滴司机杀人事件”等，企业侵害消费者权益，使消费者的健康、财产甚至是生命安全难以获得保障；另外，企业员工的合法权益也受到了侵害，一些员工承受着恶劣的工作环境和高强度的工作量，工资待遇也不平等，类似拖欠农民工工资的情况在中国也司空见贯；此外，政商勾结的丑闻屡见不鲜，权力寻租破坏了市场竞争的秩序，行贿企业生产的产品和服务还可能因质量问题产生诸多恶性社会事件；而随着人们对生活质量要求的提高和对环境的重视，我们也发现不少高污染高消耗的企业对环境产生的不可逆转的破坏。这些企业丑闻的出现，使企业出现了新的可持续发展危机和管理危机，再加上大数据时代信息传播的广泛性和及时性，使大众的视角再次聚焦在企业对内外部利益相关者的关系处理上，企业伦理的构建成为企业亟须思考和解决的问题之一。因此，基于社会主义核心价值观的企业伦理分析框架可为特定经济环境下的企业伦理的变革或改进提供协调相关者关系的参考。一是任何企业均可从本书研究所提出的国家、社会和个人三层面价值框架构成的企业伦理管理与运行机制上得到借鉴。二是有关企业在进行企业伦理改革时可以参照社会主义核心价值观与企业伦理的关系进行改进。三是本书的研究结论是关于价值关系的管理，可从制度与道德层面把握利益相关者的诉求，并处理企业伦理各方主体的关系。四是本书的研究适应了数字经济泛化形势下，新产业、新业态、新模式对企业社会责任承担、企业伦理建设的新的需求。

## 9.3 研究局限与展望

本书虽然系统地分析了社会主义核心价值观三个层面下的中国企业伦理构建，但笔者深知仍然有一些问题值得进一步探讨。研究还存在局限和不足，主要体现在几个方面：

(1) 研究范围较为狭窄，样本代表性有限。笔者开展了多次问卷调查并与企业管理者访谈，目的是证明坚持社会主义核心价值观可以直接指导企业伦理建设，间接促进企业绩效的增长，也为了证明企业伦理的建设可以促进社会主义核心价值观的再构建。但是，由于时间、人力和经费等现实因素的限制，以及企业伦理问题本身的敏感性，在研究对象上，本书仅针对中层管理者和北方地区的企业进行调查和实证，并未将企业按照地域、行业和性质进行分类，也缺少对高层管理者的访谈，那么就存在一种可能，企业伦理导致的企业经营绩效和伦理价值观，是否会因为行业的不同、企业性质的不同乃至是地区的不同，而存在不同的特征呢？这是否会影响结论的普适性呢？因此，本书所得结论还需要做进一步的检验。如果能够将调查拓展到全国范围，则会更为全面和准确。

(2) 对于以企业伦理建设社会主义核心价值观的措施缺乏实证分析。以企业伦理构筑社会核心价值观的可行路径和对策措施虽然是基于企业伦理行为选择做出的理性分析，但这仅仅是应然性研究，未对其相关性和作用原理做出实证研究，因此，其中的对策措施的论证还有待于进一步强化和加深。在探讨和研究企业伦理与社会主义核心价值观的关系时，应能通过一定的方法和途径进行量化研究，不能仅止步于社会主义核心价值观与企业绩效的实证分析。

根据上面提到的研究结论以及研究局限，笔者就未来研究提出下列展望和建议：

(1) 未来研究考虑增加样本的代表性和广泛性。考虑增加不同行业、不同地域、不同层次管理者的样本。对于跨文化背景的研究比较少见，因此，后续研究也可以扩大样本采集的文化背景。研究对象要扩展到全国的企业，补充对于西南地区、江南经济发达地区和南部地区的访谈与实证分析。管理者方面要加强对高层管理者的访谈和实证分析，针对其企业运行中的具体的伦理实践问题和表现，为其提供解决问题的方案。

（2）未来研究考虑补充研究对象和研究方法。可以考虑在更多高校的 MBA 商业伦理课程中进行实验并且验证书中的研究假设，从而证明本书的研究具有较强的外部有效性。另外，个体本身的道德特质也是样本特点的重要研究对象。如果某个样本对象存在干预管理层决策制定的习惯，那么其道德勇气甚至道德功效的提升程度可能都会有所不同，此项也应该得到更深入的探讨。因此，在未来的研究中还应当进一步加强对企业伦理践行者的特质概括以及跨文化概括。

（3）未来考虑增加对于企业伦理多元构筑主体的互动关系研究。企业伦理是企业在商业活动中所应遵循的行为准则，它包括三个方面：规范准则、行为准则以及观念准则。这种准则可由行业、企业管理部门、领导者、员工等多元主体提出，因此，要加强社会主义核心价值观与企业伦理的互动研究，在构筑数字经济时代下的指导性价值观时，多元主体对其有什么样的影响程度？多元主体的互动又是如何的程度？这些有待后续研究进一步讨论。

# 附录1

## 新时代背景下中国企业伦理研究调查问卷

尊敬的先生/女士：您好！

我们正在进行社会主义核心价值观对企业经营绩效的影响研究方面的调研工作，目的在于了解在社会主义核心价值观的影响下企业经营绩效的情况，您的宝贵意见将有利于我们的研究和进一步改善企业的经营。本问卷采用不记名方式，您所填写的数据信息仅供学术之用，不会对外公开，希望您能给予支持。

1. 本调查问卷共计两个部分：第一部分是您和公司的基本情况；第二部分是社会主义核心价值体系对企业经营绩效的影响调查。

2. 请您选择在一般情况下所持有的最直接的观念、感觉或行为的选项。

3. 概念说明：企业经营绩效是指一定经营期间的企业经营的效益和经营者的业绩，主要体现在企业的盈利能力、资产运作效率、偿债能力与持续发展能力等方面。

4. 您填写的信息对本研究极为重要，请您将题目做完。

感谢您的支持与帮助！

### 一、您的个人情况与公司的基本状况（打“√”）

（一）您的年龄

□ 25 岁及以下　　□ 26—35 岁　　□ 36—45 岁

□ 46—55 岁　□ 56 岁以上

（二）您的职位

□ 公司主要管理者　□ 公司中层管理者　□ 公司基层管理者

□ 公司业务人员　□ 其他

（三）您的最高学历

□ 大专　□ 本科　□ 研究生

□ 博士　□ 其他

（四）公司所属行业

□ 传统制造业　□ 零售和贸易行业　□ 信息技术行业

□ 建筑业　□ 餐饮业　□ 金融行业

□ 房地产业　□ 仓储运输业　□ 其他

（五）2017 年公司的整体经营状况

□ 好　□ 较好　□ 一般

□ 较差　□ 很差

## 二、调查问卷的量表（打“√”）

社会主义核心价值体系与企业经营绩效之间关系调查（以下是针对贵公司在社会主义核心价值观影响下经营绩效的情况描述，请给出您对下列描述的同意程度：1 非常不同意；2 不同意；3 不知道；4 同意；5 非常同意）。

| 具体测项 | 非常不同意 | 不同意 | 不知道 | 同意 | 非常同意 |
|---|---|---|---|---|---|
| 1. 企业受到政府政策影响程度深 | | | | | |
| 2. 企业认可政府出台的政策法规 | | | | | |
| 3. 企业关注政府产业政策导向 | | | | | |
| 4. 企业经常受到政府表扬 | | | | | |
| 5. 企业经常受到政府补助 | | | | | |
| 6. 企业很少受到政府处罚 | | | | | |
| 7. 企业对政府信息公开关注度高 | | | | | |
| 8. 企业纳税及时，准确 | | | | | |

续表

| 具体测项 | 非常不同意 | 不同意 | 不知道 | 同意 | 非常同意 |
|---|---|---|---|---|---|
| 9. 企业响应政府号召的程度高 | | | | | |
| 10. 企业社会形象好 | | | | | |
| 11. 企业产品口碑好 | | | | | |
| 12. 企业参与社会公益事业程度高 | | | | | |
| 13. 企业产品的市场份额高 | | | | | |
| 14. 企业在同行业中处于领先水平 | | | | | |
| 15. 企业很少接到投诉信息 | | | | | |
| 16. 企业对投诉情况处理得当 | | | | | |
| 17. 企业客户关系良好，交易摩擦少 | | | | | |
| 18. 企业工作机会很受社会从业者欢迎 | | | | | |
| 19. 企业信息公开全面，真实度高 | | | | | |
| 20. 企业员工工作热情高 | | | | | |
| 21. 企业员工很少有违规行为 | | | | | |
| 22. 企业有党员身份的员工比较少 | | | | | |
| 23. 企业员工整体思想道德水平高 | | | | | |
| 24. 企业管理层重视员工个人发展 | | | | | |
| 25. 企业上下级关系良好，交流顺畅 | | | | | |
| 26. 企业生产规范程度高 | | | | | |
| 27. 企业有良好的企业文化与价值观 | | | | | |
| 28. 企业有活力，创新能力强 | | | | | |

附录 2

# 图表索引

# 参考文献

## 一、中文参考文献


1. 王小锡，等．中国伦理学 60 年［M］．上海：上海人民出版社 2009 年版．

2. 王泽应．伦理学［M］．北京：北京师范大学出版社 2012 年版．

3. 万俊人．伦理学新论——走向现代伦理［M］．北京：中国青年出版社 1994 年版．

4. 唐凯麟．伦理大思路——当代中国道德和伦理学发展的理论审视［M］．长沙：湖南人民出版社 2000 年版．

5. 王海明．伦理学原理［M］．北京：北京大学出版社 2009 年版．

6. 刘琳．《资本论》的经济伦理思想研究［M］．合肥：安徽大学出版社 2008 年版．

7. 王秀华，程瑞山．为政治立"法"：毛泽东政治伦理思想研究［M］．北京：人民出版社 2008 年版．

8. 罗国杰．中国伦理思想史［M］．北京：中国人民大学出版社 2008 年版．

9. 朱贻庭．中国传统伦理思想史［M］．上海：华东师范大学出版社 2012 年版．

10. 乐爱国. 中国道教伦理思想史稿 [M]. 济南: 齐鲁书社 2010 年版.

11. 汪洁. 中国传统经济伦理研究 [M]. 南京: 江苏人民出版社 2005 年版.

12. 上海国家会计学院. 商业伦理与 CFO 职业 [M]. 北京: 经济科学出版社 2011 年版.

13. 李培超. 伦理拓展主义的颠覆: 西方环境伦理思潮研究 [M]. 长沙: 湖南师范大学出版社 2004 年版.

14. 孙伟平. 伦理学之后: 现代西方元伦理学研究 [M]. 南昌: 江西教育出版社 2004 年版.

15. 陈真. 当代西方规范伦理学 [M]. 南京: 南京师范大学出版社 2006 年版.

16. 乔洪武. 西方经济伦理思想研究 [M]. 北京: 商务印书馆 2017 年版.

17. 欧阳润平. 义利共生论——中国企业伦理研究 [M]. 长沙: 湖南教育出版社 2000 年版.

18. 万俊人. 现代公共伦理学导论 [M]. 北京: 人民出版社 2005 年版.

19. 罗能生. 产权的伦理维度 [M]. 北京: 人民出版社 2004 年版.

20. 王淑芹, 等. 信用伦理研究 [M]. 北京: 中央编译出版社 2005 年版.

21. 王珏. 组织伦理——现代性文明的道德哲学悖论及其转向 [M]. 北京: 中国社会科学出版社 2008 年版.

22. 梅世云. 论金融道德风险 [M]. 北京: 中国金融出版社 2010 年版.

23. 周祖城. 企业伦理学 [M]. 北京: 清华大学出版社 2015 年版.

24. 刘可风. 企业伦理学 [M]. 武汉: 武汉理工大学出版社 2011 年版.

25. 夏绪梅. 企业伦理学——转型经济条件下的企业伦理问题研究 [M]. 北京: 科学出版社 2008 年版.

26. 毛郁欣, 赵亮. 大数据时代电商伦理前沿问题研究 [M]. 沈阳: 东北大学出版社 2016 年版.

27. 谢晓娟. 社会主义核心价值观研究 [M]. 北京: 中国社会科学出版

社 2012 年版.

28. 郭建宁. 社会主义核心价值观基本内容释义［M］. 北京：人民出版社 2014 年版.

29. 章伟文. 中国的价值观［M］. 北京：中国社会科学出版社 2016 年版.

30. 中共中央文献研究室. 习近平关于社会主义文化建设论述摘编［M］. 北京：中央文献出版社 2017 年版.

31. 黄群慧. 中国企业社会责任研究报告［M］. 北京：社会科学文献出版社 2018 年版.

32. 唐凯麟，陈科华. 中国古代经济伦理思想史［M］. 北京：人民出版社 2004 年版.

33. 孙健. 海尔的企业文化［M］. 北京：企业管理出版社 2002 年版.

34. 卜卫进. 企业文化与企业精神［M］. 北京：人民出版社 1996 年版.

35. ［日］松下幸之助. 实践经营哲学［M］. 北京：中国社会科学出版社 1989 年版.

36. ［美］凯文·莱恩·凯勒著. 战略品牌管理［M］. 北京：中国人民大学出版社 2009 年版.

37. ［德］霍尔斯特·施泰因曼，阿尔伯特·勒尔. 企业伦理学基础［M］. 李兆雄，译. 上海：上海社会科学院出版社 2001 年版.

38. ［德］马克斯·韦伯. 新教伦理与资本主义精神［M］. 李修建，张云江，译. 北京：九州出版社 2007 年版.

39. ［美］道格拉斯·C. 诺斯. 制度、制度变迁与经济绩效［M］. 杭行，译. 上海：格致出版社 2008 年版.

40. ［美］威廉·大内. Z 理论［M］. 朱雁斌，译. 北京：机械工业出版社 2013 年版.

41. ［美］劳拉·哈特曼，约瑟夫·德斯贾丁斯. 企业伦理学［M］. 苏勇，郑琴琴，译. 北京：机械工业出版社 2015 年版.

42. ［英］亚当·斯密. 道德情操论［M］. 谢宗林，译. 北京：中央编译出版社 2008 年版.

43. 叶明，陈耿华. 反不正当竞争法视野下商业道德认定的新思路——基于法律论证分析框架 [J]. 商业研究，2017：(12).

44. 李生龙. 互联网领域公认商业道德研究 [J]. 法律适用，2015：(9).

45. 王淼. 企业文化对企业行为伦理性的影响研究 [J]. 兰州学刊，2010：(1).

46. 李金生，张迪. 核心企业伦理型领导与合作创新绩效——心理距离的调节作用 [J]. 科技进步与对策，2018：(18).

47. 杨栩，廖姗. 环境伦理与新创企业绿色成长的倒 U 型关系研究 [J]. 管理学报，2018：(7).

48. 吕力，李君，李倩，田勰. 道德动机引致的经济增长、社会企业和以“德治”为手段的经济发展 [J]. 科技创业月刊，2016：(21).

49. 张志丹. 新时代中国特色社会主义思想的经济伦理意蕴 [J]. 学术界，2018：(2).

50. 乔法容，周林霞，黄卫华. 企业履行社会责任的成就、问题与对策——以河南省上市公司为例 [J]. 伦理学研究，2017：(6).

51. 姜志强，王琼琼. 当前民营企业的伦理责任：问题与对策 [J]. 杭州电子科技大学学报（社会科学版），2017：(5).

52. 周祖城，张四龙，冯天丽. 中国本土企业道德及其管理现状——一项对东、中、西部 212 家企业的问卷调查 [J]. 统计与信息论坛，2017：(7).

53. 王珏. “后单位时代”集体道德行动的特征及其规律——基于社会调查的实证研究 [J]. 道德与文明，2010：(4).

54. 许建良. 中国企业道德状况的调查与思考——以苏州与盐城地区企业为例 [J]. 桂海论丛，2011：(6).

55. 宋增伟，李国涛. 制度正义与人性缺陷 [J]. 管理学刊，2016：(6).

56. 邢盘洲，刘秀珍. “包容发展”语境下中国企业伦理建设的战略价值与实践进路 [J]. 南京政治学院学报，2017：(3).

57. 范恒，周祖城．道德认同与伦理型领导：一个被中介的调节模型［J］．工业工程与管理，2017：(2).

58. 韩喜平，王立新．可持续生存：当代经济伦理的至上性法则［J］．南京师大学报（社会科学版），2017：(1).

59. 王小锡．论企业道德管理［J］．新视野，2016：(4).

60. 窦争妍．中国企业伦理失衡现状及其理性建构［J］．商业经济研究，2015：(22).

61. 徐大建．利益平衡：管理思想中的伦理观念［J］．上海财经大学学报，2014：(6).

62. 陈晖涛．中小企业社会责任与社会和谐的相关性研究［J］．哈尔滨商业大学学报（社会科学版），2009：(1).

63. 聂裕鹏，卢润德．基于企业战略的企业伦理建设研究［J］．社会科学家，2006：(1).

64. 刘利萍，章喜为．我国企业伦理缺失的内因分析［J］．企业改革与管理，2006：(11).

65. 曾昭斌．经济全球化背景下中国企业的道德精神［J］．商丘师范学院学报，2006：(4).

66. 马苓，陈昕，赵曙明．企业社会责任在组织行为与人力资源管理领域的研究述评与展望［J］．外国经济与管理，2018：(6).

67. 张佳良，袁艺玮，刘军．伦理型领导对员工环保公民行为的影响［J］．中国人力资源开发，2018：(2).

68. 伍如昕．“人治”和“法治”谁更有效？——组织伦理制度、伦理型领导对员工非伦理行为影响的比较研究［J］．中南大学学报（社会科学版），2017：(4).

69. 蒋妍琳，陈吉佳．浅论新形势下国有企业思想政治教育价值［J］．大众科技，2015：(8).

70. 文军．个体主义还是整体主义：社会工作核心价值观及其反思［J］．社会科学，2008：(5).

71. 龚群．论道义论与功利论的一个根本区分：正当与善何者优先［J］．

道德与文明，2008：(1).

72. 王克敏．国外企业伦理学的研究进展［J］．经济学动态，1997（2）．

73. 成海鹰，伍雨欣．大数据技术背景下的电子商务伦理建构探析［J］．湖南工业大学学报（社会科学版），2018：(1).

74. 蒋洁，陈芳，何亮亮．大数据预测的伦理困境与出路［J］．图书与情报，2014：(5).

75. 曹峻．道德失范及当代中国的伦理建构探析［J］．南京理工大学学报（社会科学版），2012：(4).

76. 王菁，徐小琴．伦理与社会责任——来自企业层面的实证分析［J］．伦理学研究，2014：(6).

77. 周祖城．论企业伦理责任在企业社会责任中的核心地位［J］．管理学报，2014：(11).

78. 石娟，黎建飞．以社会责任为基础的企业统合模式构建［J］．法治研究，2014：(8).

79. 田海平，岳瑨．"信任流"与"忠诚流"——对美日企业治理伦理路径依赖的案例分析［J］．苏州大学学报（哲学社会科学版），2013：(6).

80. 糜海波．"道德性生产力"理念释义［J］．道德与文明，2010：(3).

81. 王小锡．三谈道德生产力［J］．伦理学研究，2008：(2).

82. 刘俊海．论全球金融危机背景下的公司社会责任的正当性与可操作性［J］．社会科学，2010：(2).

83. 王丹，聂元军．论政府在强化企业社会责任中的作用——美国政府的实践和启示［J］．理论探索，2008：(6).

84. 高小玲，苏勇．企业伦理研究的困境与突破——一个关系主义的新视角［J］．软科学，2007：(3).

85. 姜雨峰，田虹．责任和伦理是解锁中国转型经济下企业社会绩效的绿色键吗？［J］．中国地质大学学报（社会科学版），2015：(2).

86. 叶陈刚．叶陈刚：商业伦理是企业入场券［J］．中国房地产业，

2015：(1).

87. 管亚梅．在华跨国公司社会责任信息披露的理性选择［J］．财经论丛，2014：(12).

88. 顾文涛．企业的伦理需要分析［J］．社会科学，2007：(6).

89. 杨一凡．企业道德责任重塑［J］．人民论坛，2015：(29).

90. 张萍，孙柳国．有企业道德风险评价指标体系构建——基于声誉效应的研究［J］．经济与管理，2013：(10).

91. 金桂生，林笑智．企业道德对企业声誉影响机制实证研究——基于消费者企业道德支持［J］．经营与管理，2013：(8).

92. 卜长莉．工会与企业社会责任互动机制的构建［J］．学习与探索，2012：(11).

93. 常宏建，张体勤，李国锋．项目利益相关者协调度测评研究［J］．南开管理评论，2014：(1).

94. 张川，娄祝坤，詹丹碧．政治关联、财务绩效与企业社会责任——来自中国化工行业上市公司的证据［J］．管理评论，2014：(1).

95. 田虹，姜雨峰．网络媒体企业社会责任评价研究［J］．吉林大学社会科学学报，2014：(1).

96. 龙文滨，宋献中．社会责任投入增进价值创造的路径与时点研究——一个理论分析［J］．会计研究，2013：(12).

97. 张兆国，靳小翠，李庚秦．企业社会责任与财务绩效之间交互跨期影响实证研究［J］．会计研究，2013：(8).

98. 周中胜，何德旭，李正．制度环境与企业社会责任履行：来自中国上市公司的经验证据［J］．中国软科学，2012：(10).

99. 祁怀锦，曹修琴，刘艳．数字经济对公司治理的影响——基于信息不对称和管理者非理性行为视角［J］．改革，2020：(4).

100. 赵桢．数字经济时代开展企业数据安全防护的思考［J］．智慧商业，2020：(4).

101. 张怀印．数字经济时代企业市场支配地位认定：基于德国反垄断执法案例的评析［J］．法律与经济，2019：(4).

102. 张华. 数字经济下企业发展的机遇与挑战 [J]. 企业管理, 2018:(24).

103. 高运根. 数字经济背景下的国际税改及其对中国的影响和建议 [J]. 国际税收, 2015:(3).

104. 延峰, 冯炜, 崔煜晨. 数字经济对国际税收的影响及典型案例分析 [J]. 国际税收, 2015:(3).

105. 陈端. 数字治理推进国家治理现代化 [J]. 前线, 2019:(9).

106. 彭有为, 管永. 应对数字经济发展的税收政策研究 [J]. 税收经济研究, 2018:(3).

107. 张晓. 数字经济发展的逻辑: 一个系统性分析框架 [J]. 电子政务, 2018:(6).

108. 杜庆昊. 关于建设数字经济强国的思考 [J]. 行政管理改革, 2018:(5).

109. 崔宏轶, 潘梦启. 社会主义核心价值观个人价值层面的理论剖析与培育实践 [J]. 汉江师范学院学报, 2019:(1).

110. 尹旭.《论语》与个人层面社会主义核心价值观的关系 [J]. 西部学刊, 2018:(11).

111. 李璐. 新时代文化自信与核心价值观的共通因素及路径探究 [J]. 中共太原市委党校学报, 2018:(6).

112. 曹琳琳. 中国经济伦理学的理论前沿与实践面向——第八次全国经济伦理学学术研讨会综述 [J]. 道德与文明, 2015:(1).

113. 陈炳富, 柳茂平, 蔡宏. 我国传统伦理思想与现代企业伦理建设 [J]. 国际经贸研究, 1998:(2).

114. 陈东, 黄旭锋. 机会不平等在多大程度上影响了收入不平等?——基于代际转移的视角 [J]. 经济评论, 2015:(1).

115. 陈宏辉, 贾生华. 利益相关者理论与企业伦理管理的新发展 [J]. 社会科学, 2002:(6).

116. 陈进华, 欧文辉. 国家治理现代化中企业伦理的转向 [J]. 哲学研究, 2014:(11).

117. 陈涛，梁俊玲．论社会层面的社会主义核心价值观［J］．法制与社会，2014：（26）．

118. 程月明，黄倩铭，程怡，陈德成．新时代背景下企业伦理管理的价值与对策研究［J］．江西科技师范大学学报，2020：（1）．

119. 迟爱敏，李慧珍．中国企业伦理的研究与发展述评［J］．中国矿业大学学报（社会科学版），2004：（2）．

120. 丁辉，刘莉．程序公平管理［J］．苏南科技开发，2003：（6）．

121. 方辉振．个人自由发展与市场经济体制［J］．理论建设，1995：（1）．

122. 费英秋．关于道德生产力的几点探讨［J］．社会科学论坛，2005：（5）．

123. 高山．程序公平、人际公平对高科技企业员工创造力的影响研究——基于心理授权的调节作用［J］．中国劳动，2016：（24）．

124. 耿永志，蔺丽．道德生产力理论是对马克思主义生产力理论的继承与发展［J］．求实，2005：（11）．

125. 龚天平．伦理管理．当代企业伦理的践行机制［J］．上海财经大学学报，2010：（12）．

126. 龚天平．企业公民、企业社会责任与企业伦理［J］．河南社会科学，2010：（18）．

127. 郭凯明，颜色．劳动力市场性别不平等与反歧视政策研究［J］．经济研究，2015：（50）．

128. 郭志云．富强 民主 文明 和谐——社会主义核心价值观国家层面价值目标的再解读［J］．天津市社会主义学院学报，2017：（4）．

129. 霍季春．从“企业社会责任”到“企业公民”［J］．理论与现代化，2007：（1）．

130. 何东．论社会层面的社会主义核心价值观［J］．黄河科技大学学报，2014：（16）．

131. 黄家瑶．信用：经济社会发展的道德生产力［J］．社会科学家，2009：（9）．

132. 姜丽群．“企业公民”社会责任观的发展及内涵分析［J］．中国经贸导刊，2011：(10).

133. 焦晓波，孔大超．企业公民理论与实证研究动态［J］．阜阳师范学院学报（社会科学版），2011：(1).

134. 金明伟．企业公民：交换的“资源”与“第四级契约”［J］．财贸经济，2006：(5).

135. 靳楠．性别平等视野下我国就业性别歧视问题研究［J］．劳动保障世界，2019：(9).

136. 刘文纲，唐立军．我国企业社会责任体系的构建［J］．北京工商大学学报（社会科学版），2009：(5).

137. 陈秀峰，李莉．企业社会责任的兴起与中国公益基金会事业的发展［J］．经济社会体制比较，2008：(3).

138. 史文，臧贻敏．春风劲催马蹄疾——访中国神华股份有限公司副总裁、神华乌海能源公司董事长、党委书记张子飞［J］．中国煤炭工业，2017：(2).

139. 刘向伟．资源型企业环境信息披露研究——以中国神华能源股份有限公司为例［J］．企业技术开发，2016：(35).

140. 王安．中国神华能源股份有限公司神东煤炭分公司 产环保煤炭 建绿色矿区［J］．环境保护，2008：(12).

141. 郭旭．实施内审战略转型 促进企业健康发展——访神华集团公司党组成员、中国神华能源股份有限公司总裁凌文［J］．中国内部审计，2008：(3).

142. 寇楠楠．“第八届全国经济伦理学”学术研讨会综述［J］．中国人民大学学报，2015：(29).

143. 李蕙鑫．社会主义核心价值观的社会层面引领企业文化建设［J］．企业导报，2014：(20).

144. 李季芳．以社会互利导向构建我国企业价值观——基于“三聚氰胺”奶粉事件的反思［J］．经济管理，2010：(32).

145. 李建民，王丽霞．企业的社会责任问题与中国经济的伦理化［J］.

当代经济研究，2005：(1).

146. 李敏．道德生产力研究综述［J］．资料通讯，2005：(Z1).

147. 李明建．创新与发展中的中国经济伦理学——第八次全国经济伦理学学术研讨会综述［J］．伦理学研究，2015：(3).

148. 李燕萍，吴丹．程序公平对员工工作投入影响的研究——状态焦虑与上下级沟通的作用［J］．科学学与科学技术管理，2016：(37).

149. 李长成．社会层面的社会主义核心价值观探论［J］．广西师范大学学报（哲学社会科学版)，2015：(51).

150. 刘春雷，周长美．国家层面社会主义核心价值观基本范畴探析［J］．北方经贸，2013：(3).

151. 刘春友．对企业社会责任的价值理性追求及其伦理内涵［J］．重庆社会科学，2004：(S1).

152. 刘国光．加强企业伦理建设是建立社会主义市场经济体制的需要［J］．哲学研究，1997：(6).

153. 刘占军，陈艳．管理与伦理结合：现代企业管理的必然趋势［J］．商业研究，2003：(15).

154. 刘志彪．平等竞争：中国民营企业营商环境优化之本［J］．社会科学战线，2019：(4).

155. 罗殿军，张思亮．从企业社会责任到企业公民——新时代的企业竞争力［J］．上海管理科学，2004：(6).

156. 罗长海．培育适应市场经济的企业伦理观念［J］．社会科学辑刊，1994：(2).

157. 马小红，胡孝红．关于加强民营企业精神文明建设的思考［J］．三峡大学学报（人文社会科学版)，2006：(2).

158. 马小红，胡孝红．新时期民营企业精神文明建设研究［J］．社科纵横，2006：(2).

159. 马昀锋，杜娟．企业文化建设与思想政治工作的融合思路初探［J］．经济研究导刊，2019：(34).

160. 聂海峰，岳希明．行业垄断对收入不平等影响程度的估计［J］．中国工业经济，2016：(2).

161. 钱广荣．论道德作为一种生产力——兼评王小锡教授对“道德生产力”问题的探讨［J］．道德与文明，2009：(2).

162. 吴新文．国外伦理学：三十年透视［J］．国外社会科学，1996：(3).

163. 冉亚辉．论社会主义核心价值观基本内容的理论内涵与伦理意义［J］．理论月刊，2015：(2).

164. 束学康．论企业管理与伦理道德的结合［J］．华东经济管理，1998：(1).

165. 孙敬水，程芳芳．起点公平、过程公平、结果公平与分配公平满意度［J］．经济理论与经济管理，2016：(10).

166. 孙敬水，吴娉娉．初次分配公平满意度研究——基于起点公平、过程公平、结果公平的微观证据［J］．浙江大学学报（人文社会科学版），2019：(49).

167. 孙明贵．美国企业伦理管理的新措施［J］．工厂管理，2001：(5).

168. 孙尚诚．作为一种道德生产力的商业诚信［J］．井冈山大学学报（社会科学版），2012：(33).

169. 唐更华，史永隽．企业公民理论视角下的企业社会责任观［J］．广东行政学院学报，2009：(21).

170. 田宪臣．以“富强、民主、文明、和谐”引领国家价值追求——论国家层面的社会主义核心价值观［J］．黄河科技大学学报，2014：(16).

171. 王小锡，朱金瑞．中国企业伦理模式论纲［J］．道德与文明，2003：(4).

172. 王小锡．九论道德资本——企业道德资本类型及其评估指标体系［J］．道德与文明，2014：(6).

173. 王小锡．三谈道德生产力［J］．伦理学研究，2008：(2).

174. 王永友．社会主义核心价值观的基本逻辑［J］．高校辅导员，2017：(1).

175. 吴雪燕. 新时代民营企业党组织建设的思考——基于组织信任的视角 [J]. 河北省社会主义学院学报, 2020: (2).

176. 谢舒舒. 起点公平和机会公平对收入分配的影响分析 [J]. 现代商业, 2019: (13).

177. 杨道广, 陈汉文. 内部控制、法治环境与守法企业公民 [J]. 审计研究, 2015: (5).

178. 杨杨, 陈思. 起点公平、过程公平和结果公平辨析 [J]. 辽宁师范大学学报 (社会科学版), 2010: (33).

179. 于咏华. 论道德生产力 [J]. 理论学刊, 2004: (5).

180. 张弘, 赵曙明, 方洪波. 雇佣保障、组织承诺与程序公平感知 [J]. 经济管理, 2009: (31).

181. 张辉. 竞争起点公平与过程公平的实现——我国构建公平竞争的法律保障制度刍议 [J]. 华南师范大学学报 (社会科学版), 2007: (6).

182. 张丽芳. 社会主义核心价值观的三个层面及培育策略 [J]. 中学政治教学参考, 2020: (7).

183. 张卫国, 李成. 管理好人格实现向道德生产力的转化 [J]. 岭南学刊, 2003: (1).

184. 赵德志. 现代西方企业伦理研究进展 [J]. 哲学动态, 2004: (7).

185. 周丹. 社会层面的社会主义核心价值观解析 [J]. 求实, 2016: (9).

186. 朱金瑞. 当前我国企业伦理研究的热点及着力点 [J]. 中州学刊, 2019: (10).

187. 朱贻庭, 徐定明. 企业伦理论纲 [J]. 华东师范大学学报 (哲学社会科学版), 1996: (1).

188. 朱贻庭. 略论企业伦理与社会文化背景——关于建设有中国特色企业伦理的一种思路 [J]. 江苏社会科学, 2000: (3).

189. 岳磊, 晁罡. 中国本土企业的家庭伦理泛化机制——基于 GD 公司的单案例研究 [J]. 管理案例研究与评论, 2019: (6).

190. 李高勇，毛基业．案例选择与研究策略——中国企业管理案例与质性研究论坛（2014）综述［J］．管理世界，2015：(2)．

191. 赵红丹，周君．企业伪善、道德推脱与亲组织非伦理行为：有调节的中介效应［J］．外国经济与管理，2017：(1)．

192. 曾伏娥，袁靖波．多市场接触、市场集中度与企业非伦理行为［J］．管理世界，2016：(6)．

193. 刘丽莎．中国员工企业伦理态度调查及分析［J］．西南石油大学学报（社会科学版），2015：(1)．

194. 王菁，徐小琴．伦理与社会责任——来自企业层面的实证分析［J］．伦理学研究，2014：(6)．

195. 曹思华，刘鸿宇，王珏．社会转型期我国企业组织伦理状况实证研究——基于江苏省企业员工的样本调查［J］．重庆理工大学学报（社会科学），2018：(3)．

196. 王小锡．新中国伦理学70年发展述要［J］．伦理学研究，2019：(4)．

197. 张津琛．商业伦理与企业发展——以HZ公司为例［J］．中国市场，2019：(23)．

198. 吴良海，徐铭乾，周银．青岛海尔公益性捐赠助推营运资本周转的案例分析［J］．商业会计，2019：(9)．

199. 韦晓英．开放式创新下的企业人力资源管理变革策略研究——基于海尔实践的案例分析［J］．管理现代化，2019：(39)．

200. 张锦智．企业伦理的现代价值解读——论企业伦理的经济效益［J］．山西高等学校社会科学学报，2008：(20)．

201. 范英杰，李智彩．环境责任践行的公司内部管理机制研究——以HZ公司为例［J］．会计之友，2015：(10)．

202. 刘光明．文化力与经济发展——海尔的文化战略和理念营造［J］．中外企业家，2000：(5)．

203. 吴斌，程宏毅．习近平：把培育和弘扬社会主义核心价值观作为凝魂聚气强基固本的基础工程［N］．人民日报，2014-2-26．

204. 朱书缘，谢磊．方国元：践行核心价值观 国企必须发挥示范和引领作用［Z］．人民网－中国共产党新闻网，2014－1－16.

205. 王寅浩．2020中国房企社会责任报告：捐款之外 头部房企整合资源战疫［N］．北京商报，2020－6－15.

206. 吕晓勋．网络交易，分享从信任开始［N］．人民日报，2017－7－3.

207. 王育琨．稻盛和夫经营哲学的中国之根［N］．上海证券报，2013－1－11.

208. 刘坤，陈海波，杨舒，张国圣．数字，为经济注入新活力［N］．光明日报，2018－8－25.

209. 陈端．强化金融支持对数字经济创新发展的引领作用［N］．每日经济新闻，2020－6－9.

210. 厉飞芹，易开刚．数字经济背景下企业社会责任管理新趋势［N］．光明日报，2019－4－17.

211. 连铁源．把握好党的领导和公司治理的关系［N］．学习时报，2020－4－20.

212. 苏东水．“以人为本”与东方管理文化［N］．中华读书报，2003－3－19.

213. 徐延辉．社会资本与道德生产力［G］．福建省社会学2006年会论文集［C］．2006年．

214. 黄世玉．试论民营企业高质量发展的法治道路［G］．第十二届“中部崛起法治论坛”论文汇编集［C］．2019年．

215. 张娟．中华优秀传统文化在现代企业文化建设中的应用研究［D］．安徽工程大学，2018年．

216. 何怀宏．儒家生态伦理思想述略［J］．中国人民大学学报，2000：(2).

217. 熊伟．传统生态伦理促进生态经济的机理与对策［J］．社会科学家，2017：(8).

218. 辛杰，兰鹏璐．传统文化背景下企业家儒释道价值观及其价值创造机制［J］．财经论丛，2018：(11).

219. 赵薇，解冬冬．儒家伦理视域下的当代社会伦理问题探析［J］．孔子研究，2018：(2)．

220. 王乾宇，彭坚．CEO绿色变革型领导与企业绿色行为：环境责任文化和环保激情气氛的作用［J］．中国人力资源开发，2018：(35)．

221. 袁胜军，符国群．中国企业品牌战略选择——基于生物进化论的思考［J］．同济大学学报（社会科学版），2012：(5)．

222. 孙先锦，左小明．我国企业品牌战略管理的现状及对策［J］．江苏商论，2005：(6)．

223. 仇立．基于绿色品牌的消费者行为研究［J］．商业经济研究，2015：(7)．

224. 郝金锦，马钦海，范广伟．独特性需求对绿色品牌购买的影响：一个有调节的中介模型［J］．预测，2018：(37)．

225. 王洪水．让信息化强化企业生产力，为企业创造更大效益［J］．冶金自动化，2006：(1)．

226. 邢瑞煜．儒家的“合一”观所蕴涵的管理哲学思想［J］．齐鲁学刊，2007：(4)．

227. 陈爱清．中小企业伦理道德体系建设——基于儒学伦理分析［J］．管理世界，2009：(12)．

228. 肖知兴．中国企业需要什么价值观［J］．中国新时代，2005：(1)．

229. 徐磊，董鹂馥．大数据时代下我国跨境商业个人数据隐私保护探讨［J］．当代经济管理，2014：(11)．

230. 杨彬．大数据时代电子商务的机遇与挑战探析［J］．现代营销（信息版），2019：(10)．

231. 苏勇．中国电子商务运作中的伦理障碍及其［J］．复旦学报（自然科学版），2011：(2)．

232. 周延云，胡麦秀．基于系统思维的中国电子商务伦理问题及对策［J］．经济问题，2016：(10)．

233. 张中美．制约我国电子商务发展的伦理障碍及对策分析［J］．黑龙江对外经贸，2007：(4).

234. 徐磊，董鹂馥．大数据时代下我国跨境商业个人数据隐私保护探讨[J]．当代经济管理，2014：(11).

235. 丁文婷，杨科．C2C 电子商务的伦理分析 [J]．科教导刊（中旬刊），2011：(8).

236. 冯华．电子商务中的隐私权保护问题探索 [J]．产业与科技论坛，2014：(8).

237. 赵宏霞，杨皎平．B2C 电子商务中介的道德风险与声誉模型 [J]．电子科技大学学报，2009：(1).

238. 王桂堂，闫盼盼．互联网金融、诚信与征信体系建设问题探讨[J]．征信，2014：(4).

239. 杨丰梅，王安瑛，吴军．基于博弈论的 C2B2C 模式下电商信用监管机制研究 [J]．系统工程理论与实践，2017：(8).

240. 黄晴晴．C2C 电子商务诚信问题分析及对策研究 [J]．商，2014：(26).

241. 薛丽丽．我国电子商务时代的道德失范及其伦理调控 [J]．世纪桥，2009：(15).

242. 吴伟光．电子商务环境中的不正当竞争行为判析——商业伦理道德的目标与标准 [J]．中国工商管理研究，2012：(2).

243. 郭恺．我国电子商务企业伦理道德建设的思考 [J]．生产力研究，2013：(8).

244. 卢金荣，李意．电子商务平台交易双方信任问题的博弈分析 [J]．西南石油大学学报（社会科学版），2019：(1).

245. 程新华，冯邦彦．电子商务中信用风险的博弈分析 [J]．江苏商论，2009：(4).

246. 蔡礼辉，饶光明．电商诚信博弈与法律规制分析 [J]．商业经济研究，2016：(19).

247. 王昳玢．电子商务 C2C 交易模式中诚信问题分析——基于博弈论视角 [J]．中国管理信息化，2014：(2).

248. 娄迎军．新形势下电子商务 C2C 模式交易诚信问题的博弈分析与应对［J］．生产力研究，2018：(3).

249. 尹爱春．基于博弈模型的 C2C 电商诚信问题分析［J］．现代商贸工业，2016：(17).

250. 窦茂伟，张宝明．电商平台退货的动态博弈分析［J］．电子商务，2019：(6).

251. 杨柳晓，毛郁欣．面向移动电商的女性消费者行为分析及营销对策研究［J］．经济研究导刊，2016：(9).

252. 李芳，周维浩．《劳动合同法》对社会主义核心价值观的彰显——以诚信观为例［J］．广西社会科学，2019：(7)．

253. 沈壮海．爱国、敬业、诚信、友善：公民的价值准则［J］．湖北社会科学，2014：(10)．

254. 徐秀娟，高春花．当代中国社会诚信道德的缺失与重构——以社会主义核心价值观建设为视角［J］．伦理学研究，2016：(4)．

255. 慕怀琴．构建诚信体系该从哪些方面着手［J］．社会治理，2017：(22)．

256. 杨登峰．核心价值观“诚信”融入法治政府建设的几个问题［J］．南京师大学报（社会科学版），2018：(5)．

257. 洪向华．论领导干部诚信观构建及对策［J］．理论探究，2012：(6)．

258. 陈玮．论社会主义核心价值观视域下的诚信文化建设［J］．湖北民族学院学报（哲学社会科学版），2014：(6)．

259. 陶悦．社会主义核心价值观之诚信的传统文化根源［J］．学术交流，2015：(12)．

260. 唐明燕，王磊．“友善”价值观研究的热点与发展趋势——21 世纪以来“友善”价值观研究综述［J］．道德与文明，2015：(5)．

261. 艾国，刘艳．从四个维度把握社会主义核心价值观之友善的内涵［J］．社会主义核心价值观，2015：(10)．

262. 梅萍，贾月．论当前社会友善价值观的培育机制［J］．中州学刊，

2017：(3)．

263. 王翠华．论社会主义核心价值观之友善［J］．湖北社会科学，2014：(5)．

264. 黄明理，任君．论友善核心价值观信仰化及其根据［J］．河海大学学报（哲学社会科学版），2021：(23)．

265. 高国希，凌海青．论作为社会主义核心价值观的“友善”［J］．中州学刊，2020：(8)．

266. 孙伟平，尹江燕．论作为社会主义核心价值观的“友善”［J］．学习与探索，2017：(6)．

267. 吴东华，吴宁．社会主义友善价值观的根本性质及培育探析［J］．理论学刊，2019：(4)．

268. 李楠，王磊．深入解读社会主义核心价值观——友善价值观的传统价值和现代意涵［J］．学术论坛，2015：(2)．

269. 朱书刚．新时代友善的价值内涵与实现路径［J］．学习与实践，2019：(2)．

270. 曾琰．友善的实践样态及范式变更——从公民道德到社会主义核心价值观［J］．社会主义研究，2017：(3)．

271. 徐梓彦，黄明理．友善核心价值观研究述评［J］．伦理学研究，2019：(1)．

272. 李嘉谊，潘格格．友善核心价值观研究凸显理论与现实的双重价值——读黄明理《社会主义核心价值观研究丛书》——友善篇［J］．河海大学学报（哲学社会科学版），2015：(17)．

273. 杨进，张攀．地区法治环境与企业绩效——基于中国营商环境调查数据的实证研究［J］．山西财经大学学报，2018：(9)．

274. 刘作翔，郭安元．法治化：中国企业集团发展的必由之路——对中国企业集团法治化的几点思考［J］．当代经济科学，1998：(3)．

275. 梁小惠，姚思妤．法治化营商环境下中国民营企业之重整纾困——以浙江金盾系破产重整案为例［J］．河北学刊，2020：(6)．

276. 苗妙，魏建，刘安．法治环境、金融深化与企业投资结构偏［J］．

中国经济问题，2016：（2）.

277. 邵传林．法治环境、所有制差异与债务融资成本——来自中国工业企业的微观证据［J］. 浙江社会科学，2015：（9）.

278. 何颖珊，刘志铭．法治环境的改善有助于缓解创业企业的“双边信任困境”吗？——基于中国省级面板数据的研究［J］. 华南师范大学学报（社会科学版），2018：（2）.

279. 万良勇．法治环境与企业投资效率——基于中国上市公司的实证研究［J］. 金融研究，2013：（12）.

280. 解洪涛，张薇，张建顺．法治政府建设降低了企业制度性成本吗——基于世界银行营商环境调查数据的实证研究［J］. 财经科学，2018：（10）.

281. 魏凯琳．国际法治视域下的企业信息公开制度研究——以“一带一路”倡议框架下的企业为研究视角［J］. 社会科学家，2019：（2）.

282. 张朝宓．国有企业监督——从“人治”向“法治”转变［J］. 经济科学，1998：（4）.

283. 张帆．基于智能评估系统的双创企业续融风险治理及其法治化——以南京市双创企业为例［J］. 中国科技论坛，2019：（2）.

284. 张惠琳，倪骁然．金融发展、法治深化与上市企业风险承担［J］. 投资研究，2017：（4）.

285. 许多奇．论跨境数据流动规制企业双向合规的法治保障［J］. 东方法学，2020：（2）.

286. 李乾贵，邹小丽．民营企业发展的法治环境研究［J］. 南京社会科学，2015：（9）.

287. 胡晓峰．浅谈国有文化企业管理中的“法治思维”［J］. 出版发行研究，2013：（10）.

288. 余明桂，潘红波．政府干预、法治、金融发展与国有企业银行贷款［J］. 金融研究，2008：（9）.

289. 刘慧龙，吴联生．制度环境、所有权性质与企业实际税率［J］. 管理世界，2014：（4）.

290. 钟声，张薇．略论企业公民责任［J］．工会论坛，2007：（6）．

291. 杨道广，陈汉文．内部控制、法治环境与守法企业公民［J］．审计研究，2015：（5）．

292. 龙艳宁．试论企业公民与和谐社会［J］．中共乐山市委党校学报，2007：（6）．

293. 虎岩．我国企业公民建设的法律思考［J］．经济师，2008：（3）．

294. 李红．我国企业公民建设问题剖析［J］．新经济，2013：（8）．

295. 尹永凤．企业工会建设和企业民主政治建设的有效措施［J］．办公室业务，2014：（2）．

296. 郑尚元，李海明．企业管理民主化与职工参与企业管理的互动［J］．中国工人，2012：（6）．

297. 李海金，贺青梅．我国现阶段劳资矛盾的应对机制——基于企业民主治理视角的分析与思考［J］．中州学刊，2014：（2）．

298. 倪豪梅．职代会制度是我国基层民主政治建设和现代企业制度的重要特色［J］．中国工运，2005：（4）．

299. 刘元文．职工基层民主参与的产生、效果衡量与保障条件［J］．中国劳动关系学院学报，2020：（2）．

300. 汪仕凯，马晨．中国企业民主的实践形态及其政治机理［J］．党政研究，2019：（5）．

301. 陈金钊．“社会主义核心价值观融入法治建设”的方法论诠释［J］．当代世界与社会主义，2017：（4）．

302. 冯玉军．把社会主义核心价值观融入法治建设的要义和途径［J］．当代世界与社会主义，2017：（4）．

303. 黄涛．从社会主义核心价值观看当代中国法治理论的应有品格——对当前法治理论之反思［J］．当代世界与社会主义，2017：（4）．

304. 陈金钊．对法治作为社会主义核心价值观的诠释［J］．法律科学（西北政法大学学报），2015：（1）．

305. 莫纪宏．法安天下 德润人心——把社会主义核心价值观融入法治建设［J］．中国特色社会主义研究，2017：（5）．

306. 吴爱萍．法治文化建设的内在逻辑及路径——以社会主义核心价值观为视域［J］．江西社会科学，2017：(3)．

307. 孙德超，周媛媛．法治中国建设吸纳社会主义核心价值观的过程机理研究［J］．理论探究，2018：(6)．

308. 刘风景．核心价值观建设的法治之维［J］．中国社会科学院研究生学报，2015：(4)．

309. 莫文秀．核心价值观融入法治的历史进程、时代特征与实践路径［J］．中共中央党校（国家行政学院）学报，2021：(2)．

310. 肖北庚，李泽中．论社会主义核心价值观融入文化法治：理据、内涵与规范表达［J］．湖南大学学报（社会科学版），2022：(3)．

311. 亓利，韩泊尧，王培洲．培育和践行社会主义核心价值观需要法治思维［J］．科学社会主义，2015：(6)．

312. 叶承芳．社会主义核心价值观内容解读之“法治”［J］．思想政治教育研究，2015：(1)．

313. 李其瑞，王金霞．社会主义核心价值观融入法治文化建设研究的现状，意义及前景［J］．陕西师范大学学报（哲学社会科学版），2018：(4)．

314. 赵蓉，黄明理．社会主义核心价值观融入法治建设的逻辑理路［J］．理论探讨，2018：(5)．

315. 戴津伟．作为社会层面核心价值的“法治”探析［J］．学习与探索，2017：(8)．

316. 侯彦杰，生力元．社会主义核心价值观融入法治建设探析［J］．思想理论教育导刊，2021：(3)．

317. 李成林．社会主义核心价值观融入法治政府建设的思考［J］．新时代中国特色社会主义研究·新视野，2019：(2)．

318. 张剑平．社会主义核心价值观融入行政法治的软法范式［J］．求索，2021：(2)．

319. 刘奇英．社会主义核心价值观入法入规与惩罚性赔偿制度——以自由价值观为分析中心［J］．云南社会科学，2018：(2)．

320. 刘旺洪．社会主义核心价值观是中国特色社会主义法治的灵魂[J]．红旗文摘，2017：(3)．

321. 周丹，尹江燕．社会主义核心价值观体系下的法治意蕴[J]．求是学刊，2021：(1)．

322. 肖周录，高博．社会主义核心价值观与法治文化的耦合关系研究[J]．陕西师范大学学报（哲学社会科学版），2021：(3)．

323. 孙伟平．社会主义核心价值观与法治中国建设[J]．思想教育研究，2018：(12)．

324. 张凡．社会主义核心价值观中"法治"内涵解读[J]．新疆社会科学，2016：(6)．

325. 尹蕾，王让新．推动社会主义核心价值观融入法治建设的价值意蕴[J]．学校党建与思想教育，2020：(7)．

326. 杨威，高昕．文化自信视域下社会主义核心价值观融入法治建设探析[J]．思想理论教育导刊，2020：(4)．

327. 刘卓红，张堃．以社会主义核心价值观引领新时代中国特色社会主义法治文化建设[J]．马克思主义理论学科研究，2020：(4)．

328. 韩震．"民主，公正，和谐"体现了社会主义的核心价值追求——兼论社会主义核心价值观的凝练及其原则[J]．红旗文摘，2012：(6)．

329. 张晓飞．公正感的培育：社会主义核心价值观教育的着力点[J]．思想理论教育，2015：(1)．

330. 欧清华．公正是社会主义核心价值观的基本平台[J]．科学社会主义，2010：(5)．

331. 田海平．公正是制度之"善"——公正作为社会主义核心价值观的本质内涵[J]．江苏行政学院学报，2020：(1)．

333. 钱广荣．论以公正为社会主义核心价值观的基本理念[J]．学校党建与思想教育，2018：(1)．

333. 段妍．社会主义核心价值观中"公正"真谛及其实现路径[J]．思想理论教育导刊，2016：(4)．

334. 王兆响，张益刚．社会主义核心价值观视域中的分配公正[J]．山东社会科学，2011：(5).

335. 李伟斌．社会主义核心价值观视阈中的公正释义［J］．科学社会主义，2015：(3).

336. 崔兵，徐彬．国有企业改革成本分摊的社会公正原则及其分摊机制［J］．经济纵横，2012：(7).

337. 程立显．可持续发展、社会公正与企业伦理［J］．道德与文明，2001：(5).

338. 侯仕军．论经济赢利与社会公正综合诉求下企业可持续竞争力［J］．华东师范大学学报（哲学社会科学版），2012：(3).

339. 胡凯，胡骄平．论企业道德责任边界公正的充要条件［J］．伦理学研究，2014：(6).

340. 李兰芬，倪黎．企业社会责任与社会公正［J］．道德与文明，2006：(4).

341. 阳芳．企业薪酬分配公正体系初探［J］．社会科学家，2009：(11).

342. 侯昊鹏．企业信用评级指标体系创新的引领维度［J］．社会科学研究，2012：(5).

343. 程立显．社会公正·经济公正·企业公正［J］．海南大学学报社会科学版，1998：(3).

344. 郝云，贺然．新时代我国企业共享利益的公正实施机制［J］．伦理学研究，2020：(4).

345. 王灿，干胜道，孙维章．员工薪酬财务公正性测度研究——基于四川省上市公司的经验数据［J］．四川大学学报（哲学社会科学版），2012：(5).

346. 金星彤．组织公正垂滴影响能否引发员工建言行为？——基于民营企业的实证分析［J］．财经问题研究，2018：(10).

347. 许娟，秦登峰．大数据挖掘技术下的企业产权平等保护［J］．江西社会科学，2020：(10).

348. 卫旭华，刘咏梅．高管团队子群体薪酬不平等对企业绩效的影响

[J]. 财贸研究，2016：(1).

349. 袁银传，赵倩. 社会主义平等价值观及其培育路径 [J]. 思想政治教育研究，2014：(5).

350. 孙楚仁，赵瑞丽. 集聚经济对地区行业内工资不平等的影响——基于中国工业企业数据库和城市统计年鉴数据库 1998 - 2007 年的匹配数据 [J]. 产业经济研究，2015：(5).

351. 孙一平，许苏皓，卢仕，贸易政策不确定性对企业工资不平等影响研究：中国经验 [J]. 宏观经济研究，2018：(12).

352. 霍玉芬. 民营企业平等参与国有资产产权交易的正当性证成 [J]. 中国政法大学学报，2019：(4).

353. 刘志彪. 平等竞争：中国民营企业营商环境优化之本 [J]. 社会科学战线，2019：(4).

354. 高山行，周匀月，舒成利. 企业的每种创新都生而平等吗——创新、企业绩效和竞争者联系的调节作用 [J]. 科学学研究，2015：(10).

355. 王萍. 企业集群的动力机制：权利不平等的流动性本质 [J]. 中央财经大学学报，2005：(6).

356. 李蕙鑫. 社会主义核心价值观的社会层面引领企业文化建设 [J]. 企业导报，2014：(20).

357. 王若兰，刘灿雷. 市场竞争、利润分享与企业间工资不平等—来自外资管制政策调整的证据 [J]. 中国工业经济，2019：(11).

358. 胡进祥. 中国企业平等问题研究 [J]. 学习与探索，2000：(4).

359. 宿钟文. 对社会主义核心价值观中“平等”的思考——浅析“平等”在城乡一体化实现过程中的重要性 [J]. 中央民族大学学报（哲学社会科学版），2015 年增刊第 42 卷。

360. 张建忠. 公、平、正、义、和：社会主义核心价值观试探 [J]. 探索，2012：(2).

361. 张晖. 关于社会主义核心价值观平等内涵的思考 [J]. 思想理论教育导刊，2015：(10).

362. 贾英健. 论作为社会主义核心价值观的平等 [J]. 北京师范大学学

报（社会科学版），2015：（3）.

363. 李正义. 平等问题的历史逻辑与当代价值［J］. 东岳论丛，2021：（8）.

364. 秦书生. 社会主义核心价值观的平等之维论析［J］. 伦理学研究，2015：（2）.

365. 陈华. 社会主义核心价值观内容解读之“平等”［J］. 思想政治教育研究，2015：（1）.

366. 王昱清. 社会主义核心价值观中的平等论析［J］. 思想政治教育研究，2018：（6）.

367. 郑流云. 试论社会主义核心价值观中的平等理念［J］. 学术论坛，2016：（10）.

368. 胡税根，冯锐，杨竞楠. 不平衡与协同优化：我国区域营商环境研究［J］. 行政论坛，2022：（1）.

369. 郭飞，马睿，谢香兵. 产业政策、营商环境与企业脱虚向实——基于国家五年规划的经验证据［J］. 财经研究，2022：（2）.

370. 赖先进. 改善优化营商环境的举措、成效与展望——基于世界银行《营商环境报告 2020，的分析［J］. 宏观经济管理，2020：（4）.

371. 彭向刚. 技术赋能，权力规制与制度供给——“放管服”改革推进营商环境优化的实现逻辑［J］. 理论探究，2021：（5）.

372. 李富成. 论中国法治化营商环境的优化取向［J］. 上海交通大学学报（哲学社会科学版），2021：（29）.

373. 杜运周，刘秋辰，程建青. 什么样的营商环境生态产生城市高创业活跃度？——基于制度组态的分析［J］. 管理世界，2020：（9）.

374. 霍春辉，张银丹. 水深则鱼悦：营商环境对企业创新质量的影响研究［J］. 中国科技论坛，2022：（3）.

375. 李建伟. 习近平法治思想中的营商环境法治观［J］. 法学论坛，2022：（3）.

376. 姜扬. 新时代东北地区优化营商环境的现实困境与路径选择——基于市场主体的视角［J］. 吉林大学社会科学学报，2022：（2）.

377. 韩书成，梅心怡，杨兰品．营商环境、企业家精神与技术创新关系研究［J］．科技进步与对策，2022：（9）．

378. 李言，张智．营商环境、企业家精神与经济增长质量——来自中国城市的经验证据［J］．宏观质量研究，2021：（3）．

379. 陈太义，王燕，赵晓松．营商环境、企业信心与企业高质量发展——来自2018年中国企业综合调查（CEGS）的经验证据［J］．宏观质量研究，2020：（2）．

380. 王刚，韦东明，王克明，欧阳帅．营商环境便利化对“走出去”模式选择的作用机制与影响效应研究——基于中国企业大型投资数据库的经验证据［J］．国际经贸探索，2021：（8）．

381. 谢繁宝，樊瑶．营商环境对企业劳动生产率影响效应的实证检验［J］．统计与决策，2022：（8）．

382. 赵天骄，李成．营商环境对企业税收不确定性的影响研究——基于企业生命周期的视角［J］．财政研究，2021：（9）．

383. 王磊，景诗龙，邓芳芳．营商环境优化对企业创新效率的影响研究［J］．系统工程理论与实践，2022：（6）．

384. 雷挺，栗继祖．营商环境优化如何激发企业的创新活力——内在机制及创新边际［J］．山西财经大学学报，2020：（12）．

385. 赵德森，窦垚，张建民．营商环境与绿色经济增长——基于企业家精神的中介效应与遮掩效应［J］．经济问题探索，2021：（2）．

386. 史宇鹏，王阳．营商环境与企业数字化转型：影响表现与作用机制［J］．北京交通大学学报（社会科学版），2022：（2）．

387. 龚新蜀，靳媚．营商环境与政府支持对企业数字化转型的影响——来自上市企业年报文本挖掘的实证［J］．科技进步与对策，2022：（5）．

388. 张敏．营商制度环境对企业家精神的影响研究——以中国地方行政审批改革为例［J］．中央财经大学学报，2021：（6）．

389. 胡税根，冯锐，杨竞楠．优化营商环境　培育和激发市场主体活力［J］．中国行政管理，2021：（8）．

390. 张婉苏．优化营商环境背景下税收优惠政策定位研究［J］．学海，

2021：(6)．

391. 沈荣华．优化营商环境的内涵、现状与思考［J］．行政管理改革，2020：(10)．

392. 张邦辉，万秋兰，吴健．在线政务服务的营商环境优化效应探析——“数字红利”与“数字鸿沟”［J］．中国行政管理，2021：(4)．

393. 马冉，马帅．政策工具视角下我国优化营商环境高质量发展研究［J］．重庆社会科学，2021：(11)．

394. 陈涛，郜啊龙．政府数字化转型驱动下优化营商环境研究——以东莞市为例［J］．电子政务，2021：(3)．

395. 张景华，林伟明．治理视角下的税收营商环境优化研究［J］．税务研究，2020：(9)．

396. 余娟娟，魏霄鹏．中国企业海外并购看重东道国的营商环境吗——基于环境不确定性及交易成本减低的视角［J］．国际商务——对外经济贸易大学学报，2022：(1)．

397. 张三保，康璧成，张志学．中国省份营商环境评价：指标体系与量化分析［J］．经济管理，2020：(4)．

398. 谢则全．对社会主义核心价值观中“自由”的理解［J］．教育科学研究，2017：(10)．

399. 谌林．两种自由的定义——社会主义核心价值观的自由和自由主义的自由的根本区别［J］．哲学研究，2015：(4)．

400. 杨永志，陈秀丽．论马克思主义自由观与社会主义——对社会主义核心价值观中“自由”认识的一个视角［J］．天津师范大学学报（社会科学版），2016：(2)．

401. 李万春，袁久红．论社会主义核心价值观中的自由理念［J］．河海大学学报（哲学社会科学版），2014：(4)．

402. 郝娜，李嘉谊．论自由核心价值观的三重属性［J］．河海大学学报（哲学社会科学版），2017：(1)．

403. 史为磊．论作为社会主义核心价值观的“自由”［J］．中共福建省委党校学报，2013：(4)．

404. 江国华，彭超．马克思主义自由价值观：内涵与道路——对社会主义核心价值观中自由的理解［J］．青海社会科学，2016：(3)．

405. 徐能毅．如何认识社会主义核心价值观中的“自由”［J］．红旗文摘，2015：(2)．

406. 李蕙鑫．社会主义核心价值观的社会层面引领企业文化建设［J］．企业导报，2014：(20)．

407. 师帅朋，张军霖．社会主义核心价值观与西方普世价值观中的“自由”理念比较［J］．思想教育研究，2015：(3)．

408. 裴艳丽．社会主义核心价值观之自由的内涵［J］．思想政治教育，2016：(6)．

409. 段妍．社会主义核心价值观中“自由”真谛及其实现路径［J］．理论探究，2016：(2)．

410. 郝娜，黄明理．社会主义市场经济视域下自由核心价值观的三维诠释［J］．现代经济探讨，2019：(8)．

411. 魏建国．自由：社会主义核心价值观的一个基本要素［J］．理论学刊，2014：(3)．

412. 王战．“直播带货”中消费者权益保护对策研究［D］．中央财经大学，2022：(4)．

413. 王才，周文斌，赵素芳．机器人规模应用与工作不安全感——基于员工职业能力调节的研究［J］．经济管理，2019：(4)．

414. 谢洪明，陈亮，杨英楠．如何认识人工智能的伦理冲突？——研究回顾与展望［J］．外国经济与管理，2019：(10)．

415. 沈奎．关于数字经济发展的几个理论问题［J］．南方经济，2021：(10)．

416. 谢康，肖静华．面向国家需求的数字经济新问题，新特征与新规律［J］．改革，2022：(1)．

417. 李爱敏．数字经济产业园区融资问题探讨［J］．商场现代化，2022：(11)．

418. 康倩．数字经济发展下企业数字化转型问题和建议［J］．全国流通经济，2022：(4)．

419. 王震．数字经济驱动下传统企业转型问题与对策［J］．中阿科技论坛，2022：(1)．

420. 向书坚，孔晓瑞，李凯．数字经济时代数据变化引起的统计问题及对策建议［J］．调研世界，2022：(6)．

421. 秦娓婷，王磊．数字经济下的税收征管问题分析［J］．经济观察，2022：(6)．

422. 河南省社会科学院课题组．我国数字经济发展中的问题探讨及对策研究［J］．区域经济评论，2022：(1)．

423. 孟林秀．新时代数字经济发展中存在的问题及解决路径［J］．经贸纵横，2022：(4)．

424. 王绍绍．把握技术变革新机遇 做强做优做大数字经济［J］．大众投资指南，2022：(6)．

425. 陈思宇．互联网时代我国数字经济发展的机遇与挑战探析［J］．商场现代化，2022：(4)．

426. 丁正良．抢抓数字经济发展机遇 推动制造业高质量发展［J］．奋斗，2022：(3)．

427. 尹希宁，胡宁．数字经济逆势上扬 如何共享数字经济发展机遇［J］．中国青年报，2022年8月2日第003版．

428. 胡世良．数字经济迎来更大的发展机遇［J］．产业，2022：(11)．

429. 张辉．抓住数字经济发展机遇 打造我国数字经济新优势［J］．中国党政干部论坛，2022：(3)．

430. 安晓明．"一带一路"数字经济合作的进展、挑战与应对［J］．区域经济评论，2022：(4)．

431. 王华，张润哲，阳维．数字经济对中国知识产权制度的挑战与对策研究［J］．科技管理研究，2022：(11)．

432. 王佳元《数字经济赋能产业深度融合发展：作用机制、问题挑战及政策建议［J］．宏观经济研究，2022：(5)．

433. 尤子文，赵华伟，董晓旭．数字经济时代的新挑战以及应对建议［J］．中国市场，2022：（11）．

434. 孟浩亮．新形势下我国数字经济高质量发展面临的安全挑战［J］．中国产经，2022：（14）．

435. 李雪松，蔡跃洲．准确把握数字经济内涵 客观认识发展前景挑战［J］．秘书工作，2022：（5）．

436. 李晓华．数字经济新特征与数字经济新动能的形成机制［J］．改革，2019：（11）．

437. 童锋，张革．中国发展数字经济的内涵特征、独特优势及路径依赖［J］．科技管理研究，2020：（2）．

438. 刘淑春．中国数字经济高质量发展的靶向路径与政策供给［J］．经济学家，2019：（6）．

439. 童广印，王洁，孙甜甜，单艺．国外数字经济商业模式创新：热点挖掘与未来展望——基于 WOS（2011－2020 年）的文献计量分析［J］．技术与创新管理，2022：（1）．

440. 易加斌，柳振龙，杨小平．数字经济能力驱动商业模式创新的机理研究［J］．会计之友，2021：（8）．

441. 郑思权．数字经济驱动企业商业模式创新的路径分析［J］．全国流通经济，2021：（6）．

442. 邱刚．数字经济时代下"正在进行时"的商业模式［J］．中国物业管理，2020：（10）．

443. 曾鸣，程慧慧，张忠良．数字经济下服务商业模式的构建——基于商业模式画布［J］．信息与管理研究，2022：（2－3）．

444. 张华．数字经济下企业发展的机遇与挑战［J］．商业经济研究，2018：（24）．

445. 杜庆昊．数字经济治理逻辑演进和路径选择［J］．互联网经济，2020：（1－2）．

446. 陈端．数字治理推进国家治理现代化［J］．前线，2019：（9）．

447. 陈端，张涵，聂玥煜，马紫涵，张琳宜．我国国家数字竞争力现状

与痛点 [J]. 产业，2019：(7).

448. 余达淮，金姿妏．数字经济视阈下平台企业经济伦理探索 [J]. 河南社会科学，2021：(2).

449. 王颖．我国企业伦理研究现状及发展趋势 [J]. 改革与开放，2019：(12).

450. 黄建伟，陈玲玲．国内数字治理研究进展与未来展望 [J]. 理论与改革，2019：(1).

451. 张仲涛，周蓉．我国协同治理理论研究现状与展望 [J]. 社会治理，2016：(3).

452. 郑巧，肖文涛．协同治理：服务型政府的治道逻辑 [J]. 中国行政管理，2008：(7).

453. 黄在忠．简论“剩余数据”的生产逻辑——数字经济时代的平台资本盈利新模式 [J]. 华中科技大学学报（社会科学版），2022：(3).

454. 孙艺新，王智敏，王永利．能源数字经济平台的发展趋势研判与重点策略研究 [J]. 中国电力企业管理，2022：(2).

455. 彭俞超，王南萱，邓贵川，顾雷雷．数字经济时代的流量思维——基于供应链资金占用和金融获利的视角 [J]. 管理世界，2022：(8).

456. 刘庆峰．AI 的未来：算法突破、脑智同飞、人机耦合 [J]. 上海信息化，2018：(10).

457. 雷军．AI + IoT 为人们带来美好生活 [J]. 上海信息化，2018：(10).

458. 李彦宏．未来企业：具备 AI 思维、拥有 AI 能力、遵循 AI 伦理 [J]. 上海信息化，2018：(10).

459. 徐鹏，徐向艺．人工智能时代企业管理变革的逻辑与分析框架 [J]. 管理世界，2020：(1).

460. 李振兴．我国新型农村经济合作组织发展研究——基于“互联网 +” [D]. 中央财经大学，2017：(5).

461. 李开复．从 AI + 到 + AI，以技术重构中国经济 [J]. 经理人，2021：(11).

462. 房宏君，刘凤霞，李新娥．高新技术企业科技人才伦理管理的内涵，调控模式及实践路径［J］．科技管理研究，2014：(14)．

463. 朱巍．技术应用须守法律、伦理底线［J］．新闻战线，2019：(19)．

464. 孟伟，杨之林．人工智能技术的伦理问题——一种基于现象学伦理学视角的审视［J］．大连理工大学学报（社会科学版），2018：(5)．

465. 金海燕，余训培．软件反求工程中的行为冲突：企业与信息技术伦理［J］．情报科学，2006：(2)．

466. 陈小慧．未来已来，AI 将如何赋能企业［J］．理财顾问，2019：(6)．

467. 周翼翔，姜文杰．战略创业如何推动 AI 新创企业跨越式发展？——基于云从科技的案例研究［J］．管理案例研究与评论，2021：(3)．

468. 刘艳．AI+时代中小企业该如何突围［J］．中国商界，2018：(3)．

469. 陈昊，彭虎．AI+制造业：智能制造降本提效［J］．中国工业和信息化，2021：(9)．

470. 李婵，季凌斌，周苏．AI 背景下的伦理困境与解困之道［J］．计算机教育，2020：(11)．

471. 邹德宝．AI 在引领产业变革中需加紧构筑伦理“方舟”［J］．科技与金融，2021：(11)．

## 二、外文参考文献

1. Michael S. Baram, Trade Secrets: What Price Loyalty? Shaw & Barry, Moral Issues in Business, Wadsworth, 1989.

2. Norman E. Bowie, Accountants, Full Disclosure, and Conflicts of Interests, Business and Professional Ethics Journal, Vol. 5, Nos. 3 and 4.

3. Georges Enderle, Business Ethics, Blackwell Companion to Philosophy,

ed. by N. Bunnin, forthcoming.

4. Finn & Chonko & Hunt, Ethical Problems in Public Accounting. The View from the Top, Journal of Business Ethics, Vol. 7, 1988.

5. Gaa & Smith, Auditors and Deceptive Financial Statements: Assigning Responsibility and Blame, Contemporary Accounting Research, Vol. 1, 1985.

6. Thomas M. Jones, Ethical Decision Making by Individuals in Organizations: An Issue – Contingent Mode, The Academy of Management Review, Vol. 16, No. 2, April 1991.

7. Lawrence Kohlberg, Moral Development and the Education of Adolescents, Ellis D. Evansed, Adolescents: Readings in Behavior and Development, Dryden Press, 1970.

8. Arthur M. Louis, The Unwinnable War on Insider Trading, Fortune, July 13, 1981.

9. Verne L. Robert, The Origins of Product Safety, Journal of Product Liability, Vol. 7, 1984.

10. Daniel Seligman, An Economic Defense of Insider Trading, Fortune, September 5, 1983.

11. Buchholz, Evans & Wagley, Management Response to Public Issues, Prentice – Hall, 1989.

12. Combee & Norton, Economic Justice in Perspective: A Book of Readings, Prentice – Hall, 1989.

13. Fritzsche, Business Ethics: A Global and Managerial Perspective, McGraw – Hill, 1997.

14. Hoffman & Moore, Business Ethics, McGraw – Hill, 1990.

15. Hunt, Property and Prophets, HarperCollins, 1990.

16. Kotter & Heskett, Corporate Culture and Performance, The Free Press, 1992.

17. Paine, Cases in Leadership, Ethics, and Organizational Integrity, McGraw – Hill, 1997.

18. Samuelson & Nordhaus, Economics, McGraw - Hill, 2001.

19. Sopolsky, Consuming Fears: The Politics of Product Risks, Basic Books, 1986.

20. Stevenson, Corporation and Information: Secrecy, Access, and Disclosure, Johns Hopkins University Press, 1980.

21. Khare A, Influence of green self - identity, past environmental behaviour and income on Indian consumers' environmentally friendly behaviour, Journal of Global Scholars of Marketing Science, Vol. 25, No. 4, 2015, pp. 379 - 395.

22. Hahnel U J J, Arnold O, Waschto M, et al, The power of putting a label on it: green labels weigh heavier than contradicting product information for consumers' purchase decisions andpost - purchase behavior, Frontiers in Psychology, Vol. 6, 2015.

23. Miller, S. M., 2018, "AI: Augmentation, More So than Automation", Asian Management Insights, Vol, 5 (1), pp. 1 - 20.

24. Gacanin, H. and M. Wagner, 2019, "Artificial Intelligence Paradigm for Customer Experience Management in Next - Generationetworks: Challenges and Perspectives", IEEE Network, Vol, 33 (2), pp. 188 - 194.

# 致　谢

在本书付梓之际，感谢山东省社会科学规划办公室的支持；十分感谢山东省外汇管理局于洪平处长、浦发银行青岛分行丛威娜副行长、烟台科技学院郭迎昌副院长、中国神华集团李代民主任等领导在课题调研中的大力支持和帮助；十分感谢陈寒松教授、陈端教授等专家对课题研究内容的指导和建议；感谢卢慧等同学对课题的支持和帮助；特别感谢山东省社会科学规划办吴桂云副主任在课题研究和结项过程中，对课题组的指导和帮助；尤其感谢中国财政经济出版社教育分社翟永庆社长、葛新编辑对本书出版做出的鼎力支持和帮助；对于那些曾经关心帮助过我们的许许多多的师长、同学、亲友，限于篇幅，不能一一列举姓名，在此一并表达感谢之情。

**课题组**

2022 年 4 月 23 日